众论教育家

孙孔懿 选编

江蘇鳳凰教育出版社
Phoenix Education Publishing, Ltd

图书在版编目（CIP）数据

众论教育家 / 孙孔懿选编 . —南京：江苏凤凰教育出版社，2018.7

ISBN 978-7-5499-7508-2

Ⅰ. ①众… Ⅱ. ①孙… Ⅲ. ①教育家—人物研究—世界—文集 Ⅳ . ① K815.46-53

中国版本图书馆 CIP 数据核字（2018）第 169174 号

书　　名 众论教育家
选 编 者 孙孔懿
责任编辑 沈静明
出版发行 江苏凤凰教育出版社（南京市湖南路 1 号 A 楼 邮编 210009）
苏教网址 http://www.1088.com.cn
印　　刷 徐州绪权印刷有限公司（电话 0516-83867699）
厂　　址 徐州市高新技术产业开发区第三工业园区经纬路 16 号
开　　本 787 毫米 × 1092 毫米 1/16
印　　张 14.75
版　　次 2018 年 7 月第 1 版 2018 年 7 月第 1 次印刷
书　　号 ISBN 978-7-5499-7508-2
定　　价 35.00 元
网店地址 http://jsfhjycbs.tmall.com
新浪微博 http://e.weibo.com/jsfhjy
邮购电话 025-85406265, 85400774 短信 02585420909
盗版举报 025-83658579

目　录

“教育家”：词源与词义*

孙孔懿

何谓“教育家”？众说纷纭，莫衷一是，见仁见智，各持其理。与任何一项研究一样，教育家研究需要解放思想，需要最大限度地拓展发散性思维空间，同时也需要辐合性思维，以便搭建对话与交流的平台。在人类认识进程中，求异与求同，分化与综合，不可或缺亦不可偏颇；相互协同，交叉并进，庶可使研究不断深入。本文拟在求异与求同两条思路中取后一思路，试图从词源和词义的视角对“教育家”做一番探讨，以求正本清源，增进共识。

一、“教育家”一词可能源于梁启超等学者直接取自日文

古代有“儒家”“墨家”“法家”“兵家”乃至“小说家”等词，没有“教育家”一词，人们称孔子、孟子、荀子、董仲舒、朱熹等多为“人师”“良师”“严师”“国师”乃至“至圣先师”。我国最早何时出现“教育家”一词的呢？孔子他们又是从何时起被称为“教育家”的呢？

在笔者视野中，最早在著作中使用“教育家”一词的是梁启超。1898 年 9 月 26 日，梁启超因“戊戌变法”失败流亡日本，同年 12 月在旅日华商资助下创办旬刊《清议报》，亲任主笔。1901 年 12 月 21 日，他在《清议报》第 100 期上发表《南海康先生传》一文，其第五章为《教育家之康南海》，乃笔者见到的最早出现“教育家”一词的文献。笔者进而猜想，“教育家”一词似非梁氏本人生造，可能是他直接取自日文。从背景看，当年急速“脱亚入欧”的日本对中国新文化，特别是新词汇方

* 本文节选自作者的《论教育家》（人民教育出版社 2006 年版），收入本书时作者做了较大修改。作者孙孔懿，系江苏省教育科学研究院研究员。

面的影响甚大，一定程度上成了中国人接触西方文明的窗口。中国的先进分子接受近代西方启蒙思想甚至马克思主义，多是通过日本学者译介开始的。据考证，中国近代使用的作为学科名称的"教育"一词，就可能源于日本学者采用的汉字译名。① 就具体情境而言，早在 19 世纪末，日本就已出现了"教育家""教育改良家"等词，并且出现了一批被称为"教育家"的学者。② 梁启超逃亡日本后，仅以半年时间就基本掌握了日语，遂"广搜日本书而读之，若行山阴道上，应接不暇，脑质为之改易，思想言论与前者若出两人"③。在此情境中将日语中的"教育家"一词顺手拿来，极为自然。笔者还注意到，这一期间中国其他学者使用"教育家"一词，也多与日本有关。例如 1902 年 9 月由上海广智书局印行的中国军事教育家蒋百里的《教育家言》一书，就是根据日本学者苏峰生的《教育小言》的第一部分编译而成的，其论及"教育家之资格"时提出：教育家必须深切了解世界大势和国家、民族的前途、命运，"浅言之即所谓识时务者是矣"；"教育家而不识时务也，则不知国家之所需者何，而其结果也，则有骨骸而无精气"。又如张之洞，从 1898 年起就数次派员赴日本考察，1902 年 10 月，他在《筹定学堂规模次第兴办折》中提出有关普通教育主张时，亦以"日本教育家苦口详言皆以普通学为文武百事之基"为例。④ 可见这一时期中国学者使用"教育家"一词，多在与日本学者接触之后。此外，鉴于当时中日共用的文字甚多，故一些不通日语的中国教育家（如吴汝纶）访问日本时，除以译员为中介外，还以"笔谈"方式与日本教育家直接交流。⑤ 这也是日文"教育家"直接进入中国的一条可能的通道。

最值得称道的并不是梁启超将"教育家"一词直接"拿来"，而是他在拿来之后注入了自己的研究与理解。他在《教育家之康南海》一章中写道：

---

① 陈桂生：《教育学的建构》，湖南教育出版社 1998 年版，第 184—185 页。

② 例如：王国维于 1900—1901 年留学日本，回国后与罗振玉一起创办《教育杂志》。1901 年王氏将日本学者花铣三郎的《教育学》译载于《教育杂志》，这部《教育学》"小序"中就已出现了"教育家"一词。见田正平主编：《中外教育交流史》，广东教育出版社 2004 年版，第 351 页。

③ 梁启超：《夏威夷游记》。转引自罗检秋著：《新会梁氏》，中国人民大学出版社 1999 年版，第 67 页。

④ 陈景磐、陈学恂主编：《清代后期教育论著选》上册，人民教育出版社 1997 年版，第 381 页。

⑤ 参阅田正平主编：《中外教育交流史》，广东教育出版社 2004 年版，第 384 页。

先生能为大政治家与否，吾不敢知；虽然，其为大教育家，则昭昭明甚也。先生不徒有教育家之精神而已，又备教育家之资格。其品行方峻，其威仪严整。其授业也，循循善诱，至诚恳恳，殆孔子所谓“诲人不倦”者焉。其讲演也，如大海潮，如狮子吼，善能振荡学者之脑气，使之悚息感动，终身不能忘；又常反复说明，使听者涣然冰释，怡然理顺，心悦而诚服。……其为教也，德育居十之七，智育居十之三，而体育亦特重焉。……先生教育之大纲可知矣。……先生教育之组织，比诸东西各国之学校，其完备固多所未及，然当中国教育未兴之前，无所凭借，而自创之，其心力不亦伟乎！至其重精神，贵德育，善察中国历史之习惯，对治中国社会之病源，则后有起者，皆不可不师其意也。①

显然，文中的“教育家”并非梁氏随意封予的名号，而是经他反复思考和论证后，庄重地赋予康氏的一种具有现实与历史意义的身份。在梁氏看来，康有为之称得上一位教育家，是因为他具有“教育家精神”和“教育家资格”。就“精神”而言，梁氏从康氏之“品行”“威仪”“授业”“讲演”“自创”“重精神，贵德育”的“教育大纲”等方面逐一做出评价。就“资格”言，梁氏肯定了康氏以使弟子心悦诚服、终身不忘的教育，造就立志“治中国社会之病源”之人才的不朽业绩。可以说，“精神”与“资格”，主观与客观，构成了“教育家”内涵的两个基本维度，这是梁启超对“教育家”词义的创造性贡献。在我国，康有为很可能是在世时便被尊称为教育家的第一人。此后，梁启超在《保教非所以尊孔论》(1902 年)一文中提出：“孔子者，哲学家、经世家、教育家，而非宗教家。”这可能是孔子被称为“教育家”的开始。这样，“教育家”不是作为一个孤零零的名词，而是带着它的丰富内涵逐步进入了公众话语。

“教育家”一词诞生或引进于中华民族面临生死存亡的危急关头，当时，种种救亡图存的呼吁、倡议喷涌而出，其中呼声最高者乃“教育救国论”。换言之，“教育家”自诞生起便打着深刻的时代烙印，与民族振兴的伟大目标紧紧联系在一起，自然地被赋予“先天下之忧而忧”的社会担当。这一时期流行的“教育家”无疑是褒义词，是对具有天下情怀和勇于自创教育纲领的教育工

① 梁启超：《名人传记》，百花文艺出版社 2002 年版，第 378—381 页。

作者的敬称。可惜时隔不久，带“家”的称号日益增多，社会上陆续出现了“空想家”“清谈家”甚至“流言家”“阴谋家”“野心家”等名词，“教育家”一词逐渐用来泛指“从事教育工作的人”，其褒义色彩逐渐淡化，成为中性词，甚至一度成为贬义词，且看：

“吾以为已破坏之学校，罪在执政；未破坏之学校，其腐败堕落等于破坏者，则罪在教育家！”(1915 年)①

“一班官僚式教育家，死死盘踞，把学校当监狱，待学生如囚徒。”(1919 年)②

“……希望至今还存在的一班造孽的教育家死尽……”(1920 年)③

“不久的时间内，全省当有几万所学校在乡村中涌现出来，不若知识阶级和所谓‘教育家’者流，空唤‘普及教育’，唤来唤去还是一句空话。”(1927 年)④

1926 年前后，东南大学教授汪懋祖则将“最时髦的教育家”分为六类：

学究式的教育家(胸襟狭窄，只管自己)，乡愿式的教育家(自己毫无研究，以别人的是非为是非，表面却是很恭敬的样子)，小贩式的教育家(能懂一点外国文，常译些外国书，请名人作几篇序)，商人式的教育家(用商人的手段，广告的方法，请几位名人讲演)，江湖卖技式的教育家(从外国留学回来，便在报上大登广告，什么博士、硕士等，并有那商人式的教育家为之宣传)，政客式的教育家(这一种最坏，大多是地方土豪，并

---

① 陈独秀：《今日之教育方针》。陈学恂主编：《中国近代教育文选》，人民教育出版社 1983 年版，第 394 页。

② 毛泽东：《〈湘江评论〉创刊宣言》(1919 年 7 月 14 日)，《毛泽东早期文稿》，湖南出版社 1990 年版，第 294 页。

③《毛泽东致罗章龙信》，1920 年 11 月 25 日。滕纯主编：《毛泽东教育活动纪事》，湖南教育出版社 1993 年版，第 41 页。

④ 毛泽东：《湖南农民运动考察报告》，《毛泽东选集》第 1 卷，人民出版社 1991 年版，第 40 页。

不懂得什么教育)。①

这种将"教育家"当作贬义词的情况大致延续到 1946 年。这一年陶行知先生逝世,毛泽东亲笔题词:"痛悼伟大的人民教育家陶行知先生千古。"此后,"教育家"一词的褒义色彩逐步回归,专门用于称呼古今中外具有高尚人格、在教育上做出杰出贡献并产生过重大社会影响的人物,成为社会对优秀教育者的一种概括性肯定和精神性回报。

本世纪初,关于教育家全体研究的成果陆续问世,特别是《国家中长期教育改革和发展规划纲要(2010—2020 年)》提出"教育家办学"的要求后,"教育家"逐渐成为一个热词。不过,各人口中的和心中的"教育家"含义多不相同,重要原因就是它缺乏权威性解释。尽管"教育家"一词已被使用了百年之久,但 1999 年出版的大型综合辞书《辞海》中仍不见其踪影。于是,面对"教育家"一词有人会想起孔子、陶行知、蔡元培、杜威、裴斯泰洛齐等,有人会想起自己童年时遇上的好老师,有人则会想起"对教育做出过重大贡献的有影响的人士"这类抽象定义。按照索绪尔语言学的观点,"jiào yù jiā"这组声音和"教育家"三个汉字作为"音响形象"称为"能指",各人由此想到的有关对象和内容称为"所指"。能指与所指表明了概念与具体感觉的关系,素难重合。"教育家"作为一个固定的能指,在不同时代不同人那里有不同的所指,虽说是正常现象,却时时妨碍着有关讨论的顺利进行。我们需要形成关于"教育家"的基本共识,这是迫切的,在一定程度上也是可能的。

我们依据什么形成对"教育家"一词的共识呢?笔者以为,规范研究似应包括词义的规范。词典是词义的法典,按照词典追索词义当是规范研究的基本途径。具体而言,"教育家"的内涵不在别处,就潜藏在"教育家"的词义之中,需要依据词义分析自然地导出,或者从其基本词义出发作适当引申;倘若离开词义分析,凭空赋予"教育家"若干"内涵",就多少有些游谈无根的意味,缺乏应有的解释力。

鉴于《辞海》中找不到"教育家"词条,考虑到汉语中的"教育家"是由"教育"与"家"构成的合成词,因而我们不妨将"教育家"暂时分解成"教育"与"家"两个词,分别探究其各自的词义,然后合成"教育家"的整体内涵。

---

① 转引自杨贤江:《教育问题》,《杨贤江教育文集》,教育科学出版社 1982 年版,第 176—177 页。

二、“教育家”之“教育”，既符合本义又渗透着独到体验

《说文解字》称：“教，上所施，下所效也”；“育，养子使作善也”。“教”与“育”合成“教育”一词最早见于《孟子·尽心上》：“得天下英才而教育之，三乐也。”单独的“教”有时也含有“育”的意义，如“修道之谓教”，“修道”旨在“作善”。可以说，“教育”一词从来同“使人作善”有关。换言之，“使人作善”乃“教育”之固有含义，至今仍是“教育”的本质所在：“只要使人向善，即可认其为‘教育’；……所谓‘使人向善’，可以是道德的‘善’，也可以是涵盖德、智、体、美之‘完善’”。①

在西方，不同时期不同国度对教育的理解不尽相同，而使人“向善”“完善”则是对“教育”相对一致的基本理解。据有关学者考证，英文、德文、法文中的“教育”均源于拉丁文的“教育”，有“引出”之义。引出什么呢？当然是人的“善性”“善能”。在强调道德之善方面，苏格拉底认为教育的首要任务就是教人“怎样做人”，教人“努力成为有德行的人”。他一生都在劝人向善，教人美德，勉人敦品笃行。他使那些从他游学的人后来都成了更好的人，也使某些有犯罪倾向的人打消了犯罪念头。此后，赫尔巴特视道德为“教育的最高目的”，福禄培尔将“教育”视为“德育”的同义词。在强调包括道德在内的“完善”方面，康德说过，“使每个人都得到他所能达到的充分完善，这是教育的目的”，所谓“完善”就是指人的各种能力的和谐发展。② 可以说，使人向善、作善、完善，是中西方对教育本质的基本共识。

这里并非泛泛地议论“教育”，而是讨论“教育家”语境中的“教育”，亦即一位教育家眼中、心中、口中和手中的教育。笔者相信，教育家所理解和实践的“教育”当有别于一般教育工作者以之为职业的教育，教育家对教育的理解和体验当会更深刻，实践也会更自觉，更富创新精神。换言之，他所从事的教育除能坚守使人向善、完善的基本意义外，还必定渗透他自己独到的创造性的理解和体验。像孔子的“仁”，孟子的“义”，朱熹的“天理”，王守仁的“良知”，陶行知的“爱满天下”，小原国芳的“全人”，牧口常三郎的“创价”，苏霍姆林斯基的“幸福”“和谐”，弗莱雷的

---

① 陈桂生：《“教育学视界”辨析》，华东师范大学出版社 1997 年版，第 17 页。

② 张人杰、王卫东主编：《20 世纪教育学名家名著》，广东高等教育出版社 2002 年版，第 3 页。

"解放",等等,都是他们的教育理想乃至社会理想,也都是他们各自心中的"善"。英国拉德姆大学副校长乔伊·帕尔默教授主编的《教育究竟是什么》,收录了全世界包括孔子、苏格拉底、杜威等著名教育家对教育的各不相同的理解。这些理解既符合教育本义,又各有独到的深刻之处。它们均非纯粹思辨的产物,而是教育家们在实践中千淘万漉、吹沙见金的真知灼见。有学者指出:"'有意义的'教育思想的产生绝非信手拈来之举,而是必须建立在对实践需求的深刻洞察、历史脉络的准确把握及理论论证的充分展开的基础之上,而且是思想提出者本人也准备身体力行的。随意提出一些不面向实践、完全不考虑实践可能性的所谓'教育思想',这不是哗众取宠,便是自作多情。"①换言之,"教育家"中的"教育",并不仅仅限于理解,不限于一套可以言说的知识、一套自洽的命题或者一套可以演绎成篇的逻辑,而是自身的一种信念,一种见之于日常实践并一以贯之、终身不渝的坚定信念。

三、"教育家"之"家",远超出"教育专家"之"家"

考察过"教育",再来考察"家"。我们首先注意到,在《辞海》中"家"的第五义项称:"经营某种行业,掌握某种专门学识、技能或从事某种专门活动的人。如:商家;行家;专家;科学家。"此间未提及"教育家"。那么能否比照此义,将"教育家"解释为"掌握教育的专门知识或者有丰富的教育实践经验并且从事教育活动的人"呢?好像不能,这一定义不符合我们头脑中由无数具体教育家形象凝结而成的教育家印象。我们知道,任何定义都是对客观对象的真实摹写与准确规范,而上述定义既摹写不出此前教育家的精神风貌,也难以规范此后教育家的发展方向和评判标准。事实上,古今中外的教育家并不仅仅"从事教育活动"和"掌握教育的专门知识",他们被称为教育家更在于他们具有一种教育情怀、教育精神以及相应的教育行为与教育成效。上述释义所指的其实是另一个对象——"教育专家"。1928年出版的《中国教育辞典》无"教育家"条,仅列"教育专家"条,释义为:"凡久操其业,对于该事有精熟之技术与丰富之知识者,皆专家也。专家能将学理措诸实际,故经营教育事业以用专家为宜;为教师者,至少当于教育学术有一部分之擅长,如教学方法、地方学校行政、教育成绩测量、应用测验之制造等皆可。于教育

① 吴康宁:《"有意义的"教育思想从哪里来》,《教育研究》2004年第5期。

学术，具有一得之长，能任未受专门训练者所不能胜任之事者，皆得称为教育专家。”[①]胡德海先生有一个通俗解释：所谓“专家”，“就是那些在很小很小的问题上知道的很多很多的人，而必然是在很大很大的问题上知道的很少很少的人”。[②]可以认为，教育专家尊崇的是精益求精的工匠精神，教育家关心的则是全人类永恒的价值观念。我们这样说，并无鄙薄专家之意，因为教育或教学的专家无论如何要比普通教师的价值高出许多，只是与教育家相比尚有一段距离。倘若将整个教育者队伍比喻成一座金字塔，其基层是普通的教师，中层是教育和教学的专家，高层的则是为数极少、为众人瞩目的教育家。这座金字塔当然不是静止的，它的体量不断增大，内部层次与比例的变迁也在不断发生，普通教师中的部分人会上升为教育专家，教育专家中的佼佼者则有可能上升为教育家乃至大教育家。可以说，“教育专家”与“教育家”是两个既有关联又有很大区别的概念，其区别主要体现在精神、思想、资格、影响等方面。教育家除了知识、技能、经验、职业方面的标准外，还具有信仰、情感、情怀、情结、行为表现和贡献、影响等更为本质的特征。

看来，需要在“教育专家”含义的基础上寻找“教育家”的更高层次的含义。

笔者注意到，《辞海》中“家”的第七义项为“以之为家”，例句为“三王家天下”（三王以天下为家）。能否比照这一例句，将“教育家”理解为“家教育”，即“以教育为家”呢？

这里需要回到“家”之本义。辞书揭示“家”的本义为“人居”，即“共同生活的眷属和他们所住的地方”。在“家”之本义中，“人”无疑居于首要和主导地位。所谓“人家”或“家人”，都是说“家”离不开“人”。有了人才能成家、安家、白手起家、重建家园，也才能持家、管家、养家、发家。没有人，没有人烟、人声、人气、人迹，再豪华的建筑也称不上家。正因为如此，“家”天然地体现着以人为本的精神，体现着以天伦为轴心的家的温馨、家的责任与家的全面关怀。正是在与“人”的不可割舍的联系上，“教育”与“家”高度相类：教育同样离不开人。教育是人的教育，是面对人、通过人、为了人的全面发展的文化传承与精神交往活动。离开人，离开人伦间的温馨、责任与全面关怀，教育便不成其为教育。诚如有学者指出：“教育是天

---

① 王倘等编：《中国教育辞典》，中华书局1928年版，第660页。

② 转引自刘旭东：《构建有中国气派的教育基本理论话语体系——胡德海先生教育学思想研究》，《当代教育与文化》第8卷第5期（2016年9月）。

底下之于人的存在与发展关系最为紧密的社会活动，与一个人在社会中能否安身立命以及顺利成长也密切相关，同时也关涉人类的前途和命运。正因为教育与人的存在与发展之间的内在关系，它特别需要社会责任和人文关怀的滋养，如果其中缺失了社会责任和人文关怀，它存在的合理性和价值就会受到质疑，就可能对人的发展带来伤害，而对教育的社会责任和人文关怀的呵护和拓展，就是对人的价值和尊严的尊重，是在孜孜不倦地发掘人类发展的可能性。”①“人的存在与发展”使得“教育”与“家”如此相类，我们“视教育为家”不是很自然的吗？

与“家”离不开“人”一样，“人”也离不开“家”，在中国语境中尤其如此。有人比较了中西不同的家庭观，发现西方人似乎不怎么重视家庭，许多思想家只有思想没有家，甚至，越著名的思想家越可能是单身汉，如柏拉图、奥古斯丁、阿奎那、笛卡尔、康德、尼采、维特根斯坦等。刘道玉先生也指出：“教育家”只有在汉语词汇中才表现出特殊意义，在西文中是翻译不出来的。英文中的“家”与“工作者”是同义语，汉语中的“家”与“工作者”则有天壤之别，这“反映出中国人对‘家’情有独钟的一种心结”②。确实，在中国人眼中，家是人存在的基本形式，是每个人不可缺失的安身立命之地，是比城邦、国家等更自然、更普遍、更具稳定性和延续性的生活单位，是每个人的归属感、安全感、幸福感、道德心和生活智慧、生活情趣的主要源泉。家是有“眷”的地方，是需要和值得眷注、眷顾、眷念的地方，是使人的浮泛生活得以扎根并值得终身营建的港湾，是中国人心目中生活的宇宙。中国人视家庭幸福为最大的幸福，视家庭破碎为最大的不幸，每个中国人对家都有自幼至老、身心两面的天然依赖。脱离家便成了游子，成了漂泊无定的浮萍。中国人离不开家，即使“出家人”也还会以四海为家。在汉语中，“身”与“家”这种不可分的关系还诞生了一个新词“身家”，继而与“性命”组合成又一个新词“身家性命”，可见“家”在个人生命中的地位。

说教育家“以教育为家”，意味着教育是教育家的精神依归之地，意味着寄托、归属、融入、血脉相连，意味着爱，意味着忠诚，意味着奉献，意味着无怨无悔。教育家为了教育这个家，将心甘情愿地为之奋斗，使教育成为温暖的精神家园，他将

---

① 刘旭东：《构建有中国气派的教育基本理论话语体系——胡德海先生教育学思想研究》，《当代教育与文化》第8卷第5期（2016年9月）。

② 刘道玉：《呼唤新时代著名的教育家》，《教师教育论坛》第26卷第4期（2013年12月）第5页。

奉献自己的全部忠诚，尽情施展自己的创造才华。“以教育为家”还意味着一种宿命，一种先天的缘分，意味着一个人从事教育往往是一种必然，或者是一种由偶然而至必然的命运：教育就需要他这样的人，而他仿佛就是为教育而生；他离开教育就会无家可归，就会惶惶不可终日；他不仅今生今世心甘情愿地献身教育，而且若有来生，他还会从属于教育，还会选择做教育之子。作为教育之子，他还会为“家史”即“教育史”留下丰硕的精神遗产和光辉的篇章。因此，在中国语境中我们尤其可以说：教育家当以教育为家。并且可以推而广之，例如：科学家即以科学为家者，艺术家即以艺术为家者，宗教家即以宗教为家者，等等。这样，所谓教育家，就是“以教育为家的人”。教育家的这第二层含义在精神层次上远远高出教育专家之上，更接近实际生活中教育家的本质了。

《辞海》中的“三王家天下”，既可指三王为天下苍生鞠躬尽瘁、死而后已的崇高精神，也可指三王视“天下”为“私家”而传之子孙的专制主义。称教育家“以教育为家”是否也有这双重含义呢？笔者以为，在“教育家”一词的褒义色彩日益鲜明的语境下，它所指的当是前者。

“教育家乃以教育为家者”的假说也许还需要语言学的进一步论证，不过笔者相信，语言自古以来就是应社会需要而产生、而发展的，更重要的是，“教育家乃以教育为家者”的假说已在大量的教育家个案研究中获得充分证明。例如：陶行知与育才学校同舟共济，戏称“抱着爱人过河”；原金陵女子大学校长、被美国总统罗斯福誉为“智慧女神”的吴贻芳，终身未婚，自称“我嫁给了教育”；瑞士教育家裴斯泰洛齐办学校以家庭为原型，他视学生如己出，学生称他为父亲。当代也有感人的例子：泰国曼谷的闹市区隐藏着一所贫民学校（原来的贫民窟逐渐被高楼大厦包围所致），该校的老校长是老老校长的女儿，到2017年已97岁，仍然坚守岗位。她终身未婚，以母亲菲薄的遗产贴补学校日用。她的学校极其简陋，却是贫民子弟的精神乐园。开发商看中了学校的地段，想以10亿泰铢让学校拆迁，老校长淡然拒绝：她和贫民孩子都需要一个家，一个共同的家，一个不能被拆除的家。泰国人尊称老校长为“姥姥”，视她为民族的灵魂。

四、简短的结论

我们今天广泛使用的“教育家”一词，最初可能是梁启超等学者直接取自日文，同时注入了他们的研究和理解。考察“教育家”词源以及“教育”与“家”的本义，笔者认为，“教育家”乃兼具教育家精神与教育家资格的人，即不仅掌握教育专门知识或者有丰富教育实践经验并从事教育活动，而且对“教育”有基于本义与自身独到体验的深刻理解，具有与教育不可割舍的情缘，终身“以教育为家”，为教育注入全部情感和智慧，对教育做出重大贡献，在教育史上留下丰硕遗产和光辉篇章的人。

教育的终极价值与教师的良知*

金生鈜

教师为什么而教？教师的使命是什么？何为教师的良知？教师的工作如何促进我们社会的文明与繁盛？为什么教师是知识分子？为什么教师应当不断地省思自己的行动是否符合教育的终极价值？

一、教育的终极价值是培育健全的精神人格

要回答教师的使命，就必须回答教育的终极价值是什么。这是因为教师的教育行动指向教育终极价值的实现。

教育的终极价值就是教育的本真价值，或者说是教育的本质价值，它规定了教育之为教育的本质，也就是教育建立在其上而实现自己本质的价值。教育的终极价值与教育的终极目的是相通的。教育的终极价值是教育的最高目的，也就是说，终极价值是教育应当追求的根本目的，而且只有把这种价值作为目的，才是正当的教育。

虽然学界经常用教育的终极价值或终级目的等概念表述教育应当追求的目的或价值，但是什么是终极价值或终极目的是不明的。终极价值就是最终的目的，是目的性价值，在它之外没有价值上可辩护的目的，这种价值不可能成为其他目的的手段。也就是说，终极价值不是条件价值和手段价值，不具有工具性，而只具有目的性。

终极价值或终极目的之所以是终极的，意味着没有超越于终极价值的价值。

---

* 本文选自《教师教育研究》第24卷第4期(2012年7月)。作者金生鈜，教育学博士，浙江师范大学人文和价值教育研究所所长、教授、博士生导师。

这个价值是最高的，而且因为这种目的或价值是理性上正当的，也是应当追求的对象，因此它是终极善。[①] 实现终极价值，往往要借助一定的手段善或工具善，或者说，借助工具价值，但是如果把手段善或工具善作为终极善而追求，那么，终极目的就被僭越了。正当的价值秩序是工具价值服务于目的价值，即手段价值服务于目的价值，如果把手段当作目的，就是价值错位。

终极目的或者终极价值本身就是善的，值得追求的，它们对于实践行动具有构成性，因为终极价值是实践本身蕴含的。教育的终极目的是构成教育行动的要素，也就是说，追求终极价值是教育之为教育的标准。教育行动的正当性，依赖于教育的终极目的的实践。或者说，教育行动，不论是教育制度的实践，还是教育观念的运用，不论是学校的管理行动，还是教师的教育教学行动，只有符合了教育的终极目的，才能获得价值上的正当性，才能称得上是进行教育实践。符合教育的终极目的，行动就是合价值的，是应当实践的。正当的教育，就是教育的整体与应当追求的价值——终极目的相一致。[②] 如果教育没有追求终极目的，或者教育仅仅把一些工具价值作为终极目的，那么，教育就放弃了它应当追求的根本目的，这种教育就不是教育。

教育的终极价值或目的，是人类教育生活实践追求的根本对象，也就是说，终极价值是教育应当追求的，而且这种应当体现了正当。[③] 终极目的是道德性的目的，而不是工具性的实质目的，这意味着教育的终极价值不是具体的实质性目标，如升学率或者培养的人才数量，或者服务于经济增长等，这些都不是教育的终极价值，因为它们都是工具性的实质目标或对象。教育作为人类的道德实践，不能把工具性的目的作为终极目的，也就是说，教育的终极价值不能作为其他目的的手段，一旦把工具性的目标当作终极目的，教育本身就被工具化了。

但是，有时候，被当作终极目的的目的并不是真正的终极目的。比如，如果一个国家把举办教育的目的定位于实现经济的增长，这就把经济发展作为教育的终

---

① 我在本文中把教育的终极善、终极价值和终极目的作为相通的概念而互用。

② 正义以终极善或价值为目的，如果违背了道德善，就根本谈不上正义和正当，不善的事物或者恶的事物怎么是正当、正义的呢？教育正义要平等地尊重和关怀对于生活理想与价值的追求，其实就是为了引导个人追求终极价值，在这种追求当中，终极价值构成了生活，而且对于生活和生活的灵魂有益。

③ 就人类的实践而言，正当意味着应当，正当的行动就是应当的行动。

极价值，那么就意味着经济发展或国家强大就是这个国家试图通过教育实现的最终的目的或价值。问题是，在教育服务经济目的之外是否存在更有价值或者超越经济目的的价值。或者说，是否具有经济发展必须从属的目标？从教育本身的特性来看，经济目的无法成为教育的终极价值，因为，教育还有发展人的精神的目的，显然，人的精神发展的目的优先于并超越于经济的目的。不管怎样说，我们难以推出人的精神发展就是为了实现经济增长，或者教育引导人的精神发展的目的是为了促进经济增长。因此，仅仅追求经济发展的教育在价值上就不是终极的，在教育的伦理上是站不住脚的，是不可取的，它颠倒了终极目的，把不是终极目的的经济发展当作了教育的终极目的，因此，它无法获得正当性的辩护。

教育的终极价值是什么呢？教育是为人创造的独特的实践，或者说，教育是为人而存在的，教育与人性的教化相关，与人的精神的优秀相关。如果不是，教育怎么叫作人性培育的事业？因此，教育的过程是人的经验、能力以及完整的人格精神得以生成和丰富的过程。教育帮助和促进人的精神的圆满发展，教育行动自身的终极善就是促进人的心灵的丰盈和健全。也就是说，人的精神的健全成长，灵魂的提升净化，德行的优秀卓越是教育的终极目的。

教育行动自身的终极价值就是促进心灵的丰盈和健全。这是人类整体或个体期望教育实现的根本目的，这个目的不可能成为实现其他目的的手段，因为这是自足的、本身就是善的目的。在教育中，人的精神受到启蒙、陶冶、培养和发展，从而使得人基于本质的价值得以实现，这是教育之为教育的根本。尽管人类期望教育实现其他的目的，如获得知识经验、职业能力等，但这是从属于终极价值的。所以，人的精神、心灵、人格的优秀的教化是教育的原初的目的，是教育的终极价值。教育就是召唤精神的生成，召唤经验的更新，召唤人性的优秀。教育引导人摆脱自然的蒙昧状态，向精神的高尚、完整、健全迈进。

教育的终极善就是教育的原初的目的。[①] 如果教育的终极价值是促进人格精神的发展，把人性引向崇高和完满，把精神引向健全与丰富，那么，在这一终极价值之后，无法再具有更根本的目的，人的精神健全发展不可能是服务其他目的的手段。我们不能说，把人性引向崇高的目的是为了经济增长，或者为了增加社

---

① 我认为，康德关于人及人性永远是目的而不是手段的观点是正确的，因为，人如果可以是工具，那就意味着对人的尊严的贬低，对人的压迫和利用就是有理由的了。

会或国家利益，或者是为了社会和谐稳定的秩序，因为这样都把人性当成了手段。

教育的终极价值也是由人的价值尊严所规定的，也就是说，教育的终极价值的合理性在于是否促进人的精神完满和人格健全。如果教育仅仅培养获得知识的认知能力，或者训练某一种特定化的工作技能，那仅仅是在训练人的部分职能，很难说是在培养一个完整的人。教育是人的完整的精神成长，不是单纯的认知能力的形成。教育是人的灵魂整体的教育，而非理智能力的训练和知识的堆积，更不是为了竞争某种社会地位的考试过程，那样的教育放弃了教育的终极价值，也忽视了人对于自身的完整、和谐、健全发展的追求。如果教育的目的背离了人的发展，教育无法获得正当性。①

教育是人的精神共同成长的家园。[1]人的本质是精神，人通过教育才能获得人之为人的精神本质，才能实现人格的优秀。② 教育其实创造了人类整体性的共同生活的方式，人在其中受到启蒙、陶冶、培养和发展，从而使得人的精神本质得以实现。教育引导人实现精神本质，即实现人之属人的位格，③因此，离开了促进人的精神实现优秀的终极价值，教育就不是教育。只有把能够成为终极价值的价值作为自己的目的，教育才能创造合乎人性的形式，如果教育的现实不是去追求终极价值，那么它就背离了人性发展的目的。这样的教育就是不合乎人性的。只有追求终极价值，教育才具有伦理性，教育呵护精神的完整与健全，才合乎人性。

---

① 人的精神的完满发展，意味着人的行动不断地追求自我超越和完善，追求人格的优秀。人的精神的完整性体现在这一过程之中，人格发展不是仅仅以道德、知识或者能力为表征，能力、知识或素质等是人的精神成长的内容，或者说，获得知识和发展某些特定素质是精神成长的途径，是为精神成长服务的，对于完整的精神成长来说，它们是部分内容，而不是全部。从这个意义上，教育的终极价值面向人格或精神的完整性发展，而不是仅仅以教授知识或者提升某些特定素质为全部内容。

② 黑格尔说，人的本质是精神，这其实是指人的心灵整体，人是由其精神所表现的。这个观点其实与伽达默尔把教育定义为人的精神变革的观点是一致的。

③ 所谓位格，是人具有的 personhood，生物上的人的特点不构成人的位格，只有通过生活行动实现的精神人格才是人的本质，才是位格，所以，人是一个位格存在者，这是指人在共同生活的社会中拥有理性能力、行动能力，拥有价值和品格，拥有心灵。教育关心的是引领受教育者，使之具有理性能力、价值与德行，从而保证人成为位格存在者的精神特性。

二、教育的工具化是教育终极价值的颠覆

教育的终极价值是教育的理想，它是对教育过程、内容、方式的规范，也是对教育制度、学校、教师的规范。教育的终极目的或价值，反映了教育作为整体的价值实践的特性。教育的知识传授、道德行为的训练、能力的发展、习惯的养成，等等，都是组成教育整体的部分，都是为了实现精神人格健全发展的目的。智育、体育、德育、劳动教育、美的感受性的教育等，都是为了精神人格的发展，任何单一方面都不能够取代精神的成长。但是在现实的教育中，往往把精神的健全发展置之不顾，反而把知识教育、能力教育等当成了教育追求的终极目的，这样的本末倒置使得人的精神或心灵没有受到教育良好的培育，精神的荒芜和扭曲常常在教育中存在。

教育的终极善不是一个实质性的目标，不是通过教育过程或教育行动而实现一个确定的、可测量的具体目标。精神的培育与人格的养成是不可设计、不可计划、不可测量、不可算度的，也就是说，精神位格的培育或发展是非实质性的，不能设有实质性的具体目标。[2]这意味着教育只是提供符合精神成长的机会条件，引导精神发展，而不是以某种外在于人性和精神的要求形塑人格，不是把人作为实现经济目标、社会目标的工具。如果是把人性当作实现实质性目标的工具，把实质性的目标作为教育的终极目的，那么，人性的尊严、精神的高贵、教育的庄严，都不会存在，精神的贬黜就会发生在学校里，就会存在于社会中，这样的教育就是异化的教育。在这种情况下，人虽然在接受学校教育，但没有受到培育，精神不但不会得到提升，反而被坏或恶的学校教育庸俗化，人性受到扭曲，心灵的贫瘠化难以遏制。

现代教育处理更多的是人的肉体，而非人的灵魂，训练的是人的工具性职能，而放逐了人的精神。这意味着价值的秩序发生了位移和颠覆，精神人格的价值被工具性能力的价值僭越了，关心人的精神完整性的成长不再成为教育的终极目的，教育把不是终极的价值放在首位。这样，精神、灵魂、理性、意志和情感等涉及人的精神完整性的内容就被遗忘。雅斯贝尔斯说："在我们这个以群体秩序、技术和经济为主的时代里，当必然性被绝对化时，人类存在的精神就陷入危险的境地，精神的基础就将被毁灭，就像国家可以把人变成他的同盟者一样，他们也会把精

神作为其政治的附庸，那么，精神就再也不能出自本真的原初性而具有真实的生命，而是在为群体的服务和在有限的目标的追求中以伪造的面目出现。”[3] 当表面性的手段被当作终极价值而成为教育的目的时，教育提升人的精神的本真性和原初性就失去了，成为一种伪装的教育，成为扭曲人性、败坏精神的方式，这样的“教育行动”实际上就是恶的，或者说在道德上是卑劣的、鄙俗的，是不可接受的。

教育的工具化，意味着对人性的工具化，意味着把经济、考试成绩、升学率等手段或工具性价值放在了教育的第一位，工具价值僭越了终极价值，这是教育价值的颠覆。教育价值的本末倒置，造就了人性扭曲的社会精神状况。社会上市侩习气流行，庸才密集，精神萎靡不振。虽然受过学校教育的人越来越多，但是没有灵魂的人也越来越多，没有良知的人越来越多，无教养的人越来越多，精神的疲软和倦怠表现得越来越充分。人们越来越集中于自我欲望的实现，而放逐精神对高贵的追求。

教育受工具理性的主宰，失去了对终极价值和本真目的的坚守，学校教育的扭曲在所难免。到处感受到教育的势利、急躁、野蛮与盲目，没有终极价值的追求，没有操守，无所谓，也无所为，而且伪善、势利和冷酷，不仅迎合大众追逐实利（可见利益）的心态，而且毫无道德心地对于学生的精神进行控制和驯化，在这种条件下，教育与人性相背离。

更为严重的是，教育失去了对于终极价值的信念，不再相信普遍和终极的价值，不愿说出生活展示精神的价值状态，无法向受教育者解释生活的价值秩序，教育不再相信精神理想，不再相信精神的生成，人类的精神在教育中被物质的强盛而遮蔽，精神生长面临着巨大的困难。人类的尊贵和美，都不再成为人们渴望的善，人们不再爱善，也不再爱美，不再爱崇高。实际上，我们的获得可见利益的工具能力被扩张了，但是我们的精神的深度和高度却被忽视了。如此工具化的教育只能带来人性的扭曲、品格的败坏以及精神的降低。

现代性教育教导人们追求自我利益的最大化，培育人们进行利益博弈的工具性职能。教育鼓励、帮助、引导人们精神发展的终极价值被替换了。激励和培养人们追求德行卓越的动力、勇气和精神气质，被那种盯着带来快感和利益的鄙俗眼光给抛弃了，这就是现代性教育的除价值化和除道德化的现实。尽管教育在进行，却不是在进行教化，教育缺乏道德意义，在一定意义上说，教育仅仅是训练现代职能人遵守既定秩序的形式。实际上，教育本身成为对现代人的自我利益进行生产和分配的方式之一，它媚俗地迎合人们的欲望并且发展和深化它们，把欲望的实现当作自我实现，并以此来引诱受教育者进入教育的规训机制。教育许诺可以教给受教育者谋取自我利益的能力，并且以此为理由驱使受教育者。教育不是鼓励人们发展健全优秀的精神人格，而是激励人们养成追求实际利益的习惯与职能。教育因此而更宠爱那些能够实现自我利益的人。工具性的教育是势利的教育，浅薄的教育，平庸又狭隘的教育。

三、教师是教育终极价值的实践者

教育是人的精神走向崇高的引导方式。学校教育引导学生的精神健全发展，实现精神品格的卓越，就必须恪守教育的终极价值，教师的行动、学校的课程等任何一方面，都应当以教育的终极目的为准绳。教师是教育终极价值的实践者和守护者，教师的行动，体现着教育"照顾人的精神灵魂"的责任，这是教师至高无上的使命。

从教育本体的终极价值来看，教育是以人性的交流为基础的召唤精神再生、召唤经验更新、召唤人性崇高的事业，或者说安顿心灵、抚育精神、提升情怀、守护灵魂的事业。教师的教育工作因此与人的完整、健全、高尚、优秀的发展相关联，如果教师具有如此严肃而高尚的使命，他们应当怎样思考我们现实的教育状况？怎样思索我们面对的教育问题？如何反思自己的教育行动？应当如何判断教育的价值颠覆？他们的教育行动怎样才能促进人的心灵与精神的发展？我认为，这些问题是我们每一个教师应当向自己提出的问题。

教师是教育实践的道德主体。教师的教育实践是道德性的实践。教育实践的这种特性需要教师合乎价值的行动，也就是合乎道德的行动。教师的日常教育行动必须有教育终极目的的引导和约束，必须以实现教育的终极价值为己任，因为，教师作为教育活动的实践者，必须对教育的终极目的或价值具有清醒和敏感的理解，必须使自己的实践处在终极目的的引导之下。

教育是一种道德性的实践，是一种价值行动，是一种目的行动，教育和教学都是道德事业，不仅具有道德的目的，而且必须以道德的方式进行。这就意味着教育实践的好与坏，根本在于教育价值的判断、选择与实践，所以，一个教师，一定要反思自己的教育活动的目的是什么，反思怎样的行动才是正确的和道德的，一定要追问教育是为什么的问题，一定要在教育行动中勇敢地追求或实现教育的终极价值。也就是说，教师必须具有教育良知。

何为具有教育良知？就是具有教育目的感和对于教育终极目的的理解，具有对于好的教育的深刻认识与信念，就是不断追求教育的终极价值的实现。具有良知的教师严肃地探索教育的意义和目的，探索实现教育本真意义的方式，并且具体化为自己的教育理想，也就是说，具有良知的教师形成了关于世界、社会以及人生的理性观念，具有关于教育本真意义的理解和认识，他们形成自己的教育理想和个人工作的教育理念，他们必须对教育行动具有一种清醒和敏感的反思，使自己的教育工作与教育的终极价值相符合。

具有良知的教师永远把学生人格精神的发展看作是第一位的。他们将自己的心灵与学生心灵联系在一起，让教育的活动、课程的科目、学习的内容与学生的心灵联系起来。他们的心灵纯洁、高尚，他们是以自己的精神人格进行教育活动。所以，有良知的教师不是一个简单的教育工作者，也不是把教育仅仅看作是谋生的工作，甚至也不仅仅当作专业。① 他们以教育为志业，他们对于人类教育的命运具有深深的体悟，对于教育的使命具有深刻的把握，他们对于自己从事教育的天命非常明确。他们的良知表现出对教育的道德追求，对于教育的终极价值的追求。具有良知的教师维护教育的神圣性和价值性，以坚定的信念、高尚的人格、真诚的行动，维护教育的尊严。

教师的良知来自他们敏感的教育心，他们深深地为教育所遭受的价值扭曲而痛苦，他们为人类为民族的教育缺乏应有的高度而担忧，他们为人类社会缺乏正当的教育而焦虑，他们试图以自己的教育理想和教育行动改造教育。他们对于坚守教育的理想毫不动摇，面对现实的种种不符合教育的终极价值的所作所为，感到一种深深的刺痛，他们以正义感和责任感，以自己的实际行动，尽可能地抵御教育的工具化取向。

---

① 以教育为专业，本质上还是把教育实践作为一种常规式的按照相关规程和知识运作的过程，这种专业的实践需要精细的能力、规范的知识、娴熟的技巧。虽然这是经过训练和实际经验而获得的，专业虽然要求一定的道德责任，但是这样的道德责任是外在强加的，而不是自身通过反思性的实践和对教育本真价值的追求而自我追求的，也就是说道德不是自主的。专业是自己谋生和谋利的手段，获得的是外在的荣耀和利益，而不是人生的内在价值的体验和人生的意义感。

具有良知的教师对于人类和祖国的教育命运具有深刻的体悟，对于社会及时代的命运深感关怀，把自己的工作与更好的人性和更好的社会联系起来，并努力探讨教育应当做出的选择，并把它们化作自己的责任；他们遵循本真价值和理想的召唤，并把这种理想内化为灵魂和行动的切实信仰，勇于为教育终极目的的实现承担苦难，为真正的公共利益以及教育理想承担责任。这种良知是教师的平凡而伟大的精神情操，是一种脚踏实地的理想精神。

教师具有良知，意味着他们必须承担他们作为知识分子的责任，采取批判和反思的立场，使他们的教育行动与更广泛的社会和文化联系起来，以开放、深刻、高尚的心灵，关怀社会，关心教育，真诚地与学生的心灵交往，创造教育的文明，培养学生的精神人格，培育他们创造更好的社会和更文明的生活的心智能力和道德品格。

教师的良知意味着良好的理性品质。教师的理性品质帮助他们判断行动的目的、价值和意义，反思自己的动机和经验，提升教育实践的道德与智慧，使教育行动合乎价值、合乎目的。教师通过理性精神可以获得一种经验的穿透力以及判断、质疑的勇气，从而可以克服任何的盲信和盲从，克服冲动和盲动，通过自己的慎思和智慧选择教育的方式、内容与目标。同时，教师的良知使得他们对国家政治文明和社会文明的发展有一种清醒的判断，对建设一个更好的社会和更好的教育有乐观的希望。他们采取理性反思的立场，了解社会的公正状况，关注社会的重要问题，把自己的工作与改良社会、建设一个更好的社会联系起来。[4] 所以，教师的良知不仅表现了对于教育的责任感，也体现为社会责任感。在制度不正义的情况下，教师的教育实践的社会责任就是反思和批评，尽管有一定的风险，但是教师必须要坚持自己的理想和理性，以敏锐的判断力和理性方法以及希望对社会的改造提出自己的观点，帮助学生认识社会。当一个社会基本正义得以体现的时候，教师也有必要保证社会的理想与价值的连续性，也保持基本的反思和批评，对于社会向更好的方向发展履行自己的责任。

具有良知的教师是淳朴、独立、勇敢、执着的知识分子，他们排除伪善，剥尽虚假，以真理为上，不求哗众取宠，不媚俗于潮流或世风的胁持，把道德良知与人格教养贯穿在教育行动之中，以关怀人性的眼光看待我们面对的时代问题和教育问题，他们以纯粹的教育活动抗拒庸俗、卑鄙和虚伪，他们的事业是对社会堕落到野蛮、灵魂沉沦为虚妄的防御，他们的使命是抵抗鄙俗、市侩、野蛮和无聊，通过教育拯救人性的纯粹、朴实、真诚和高贵，通过对教育终极价值的追求而保有和传播高贵的情感、精神和观念，培育平凡而高尚、杰出而普通的优秀心灵，让孩子们的灵魂在人类的欢乐或痛苦的历史经验中得以照亮，得以卓越。他们的努力使得教育成为一种伟大而高尚的事业。

教师是文明社会的促进者，是文化崇高精神的保护者，是优秀人性的培育者，是社会进步的推动者。正是由于有良知的教师对于人间美好事物的坚持，对于人性优秀的期望，人类的高贵精神才不至于朽灭。在一个庸俗的时代，有良知的教师精神纯洁，意志坚定，不放弃，不屈服，不苟全，表现出心智的健全，这是教育最为重要的条件。

参考文献：

[1] [德]舍勒.林克等译.爱的秩序[M].北京：三联书店，1995.97.

[2] [英]大卫·卡尔.黄藿，但昭伟译.教育意义的重建[M].台北：学富文化事业有限公司，2007.6.

[3] [德]雅斯贝尔斯.邹进译.什么是教育[M].北京：三联书店，1991.102－103.

[4] [美]吉鲁.中国教师应当成为知识分子[A].金生鈜.教育：思想与对话（第2卷）[C].北京：教育科学出版社，2007.

尼采的“教育家”镜像及其价值*

王兆璟　李晶晶

我们经常在哲学意义上来理解尼采，分析尼采精致而高深的思想，或者说，我们知道的是哲学家尼采，这种单一性的理解遮蔽了尼采的其他身份，比如作为教育思想家的尼采、作为文学家的尼采，等等。事实上，考察历史，从来不存在不谈论教育的哲学家。自然，作为哲学家的尼采也无可避免地会“纠缠”于其中。在尼采遗留给后世的诸多著作中，具有非常醒目教育特征的就有两部，分别是《作为教育家的叔本华》和《论我们教育机构的未来》。通过对两本书的文本阐释，我们从“教育家”镜像这一视角出发，尝试分析伟大哲学家尼采的教育思想及其时代价值。

一、尼采“教育家”思想的提出

童年时期的不幸遭遇加上尼采本身阴郁内敛的性格，使他过早地开始思索人生问题，追问活着的意义，却始终没有找到答案。在此情景下，他渴望找到一位导师，如他所说：“当我那时候耽于各种异想天开的愿望时，我常想，但愿命运会替我解除掉自我教育的可怕烦劳和责任，我会适时地找到一位哲学家做老师。”①在这种迫切的想望中，他遇到了叔本华，拜读了《作为意志和表象的世界》这本书，从而惊奇地发现“叔本华的书就像一面巨大的镜子，反映了世界、人生和他的心境”②。自此，尼采更加坚信真正的哲学家或教育家作为人类的精神领袖——伟大导师，

* 本文选自《山西大学学报(哲学社会科学版)》第41卷第2期(2018年3月)。作者王兆璟，博士，西北师范大学教育学院教授、博士生导师；作者李晶晶，西北师范大学教育学院。

① 尼采著，周国平译：《作为教育家的叔本华》，译林出版社2012年版，第6页。

② 尼采著，周国平译：《在世纪的转折点上》，译林出版社2012年版，第291页。

对引导人类良性发展具有重要作用。他眼中的教育家是“传道授业解惑之人，即人生的教导者、人生导师”[1]，他们指导人更好地生活，不断克服时代烙刻在其身上的弊端，使人的形象上升。自然，借助于对伟大导师的膜拜之情，尼采旨在为时代催生更多的教育家，通过教育家来光耀人类。

在具有自传性质的名著《查拉图斯特拉如是说》中，我们找到了伟大导师——教育家的理想镜像。其中，尼采化身为查拉图斯特拉，毅然告别生活了十年的山洞，走下山去，如他所说，太阳不照耀世人，有何存在的价值。他觉得自己像采了过多蜜的蜜蜂，迫不及待要分享给世人，达到“智者再度乐其愚，贫者再度乐其富”[2]的效果。但是下山后，他却发现世人奴隶般活着，忍受一切并对一切感到满足，过着一种无意义的生活。尼采对此深恶痛绝，他大声喊道：“你们这些懒汉，应用鞭子抽你们”[3]，“对于慵懒而贪眠的心，应该用雷霆和闪电和他们说话”[4]。于是他以批判人精神的弱化为突破口，要求人克服懒惰和怯弱，不再悲观厌世、浑浑噩噩地生活，而是要认清自己，竭尽全力向上，充分享受生命赋予我们的快乐和痛苦。

二、找回你自己：尼采教育家思想的人性批判基础

尼采把人视为大自然最独特的创造，“每个人直到他每块肌肉的运动都是他自己，只是他自己”[5]。因此，属于个人的东西，是神圣不可侵犯的，应紧紧攥在自己手中，不愿交付给他人。世人的生活应各有各的精彩，但他们却因为懒惰和怯弱，不敢异于邻人，而是人云亦云、随波逐流；此外，世人受悲观主义观念影响，认为人生皆是痛苦，只有不断忍受，才能涅槃重生，所以他们都一副奴颜婢膝的模样。对此尼采喊出了“找回你自己”的口号，呼吁人切勿迷失，要赋予生命以重大

---

① 尼采著，周国平译：《作为教育家的叔本华》，译林出版社 2012 年版，第 1 页。

② 尼采著，钱春绮译：《查拉图斯特拉如是说》，生活·读书·新知三联书店 2014 年版，第 3 页。

③ 尼采著，钱春绮译：《查拉图斯特拉如是说》，生活·读书·新知三联书店 2014 年版，第 244 页。

④ 尼采著，钱春绮译：《查拉图斯特拉如是说》，生活·读书·新知三联书店 2014 年版，第 101 页。

⑤ 尼采著，周国平译：《作为教育家的叔本华》，译林出版社 2012 年版，第 2 页。

意义，催促自己不断向上，不断超越。

（一）现代人精神的弱化

尼采发现，现代人在精神上极为贫困：因为懒惰，“他们恰恰最惧怕绝对的真诚和坦白可能加于他们的负担”①；因为懦弱，他们未老先衰，情愿无价值地苟活，也不愿高贵地死去；因为凡庸，他们只贪图安逸，对一切都顺从，享受最低级的幸福；因为厌世，他们否定人生，不再感受生命的升腾，而是陷入痛苦的深渊无法自拔。

1.人的懒惰和怯弱

尼采在寻找人类的共性时，他发现“在少数人也许是羞愧。在大多数人则是贪图安逸、惰性”②。也就是说，懒惰成了大多数人的特征，他们不加思考、唯唯诺诺地活着，每个人都瑟缩在黑暗中，似乎忘记了作为人的天赋，宁愿保持一种无意识的状态。这些人视线模糊，看不清美丽的风景；或是坐得太久，以至于忘了站起来。他们像寄生虫一样寄居在高贵者的身上，“他不想去爱，却靠爱生活”③，他们自己软弱无能，无力拓展更广阔的生存空间，因此处处依赖别人；但反过来他们却常以其卑贱报复人，为高贵者遭受了痛苦而幸灾乐祸。在尼采看来，这些完全不理解生与死的人，不如早早地死去。然而，因为怯弱，他们像挂在枝头的已经腐烂却不肯落地的果子，苟活于世。

2.人的凡庸和厌世

在尼采看来，现代人活得如此卑微，凡庸被他们称为适中，不受他人的伤害就是最大的幸福。他们的存在从来都波澜不惊，“他们在道德方面也是采取中庸的态度的——因为他们想要安逸”④。对这些人来说，“美德就是变得谦虚和温顺：因此，他们把狼变成狗，把人本身变成人们的最善良的家畜”⑤。尼采觉得走在这些丧失个人意志、只会顺从的人中间，不如走在动物中间，因为他们总是想要扭曲

---

①② 尼采著，周国平译：《作为教育家的叔本华》，译林出版社 2012 年版，第 2 页。

③ 尼采著，钱春绮译：《查拉图斯特拉如是说》，生活·读书·新知三联书店 2014 年版，第 22 页。

④ 尼采著，钱春绮译：《查拉图斯特拉如是说》，生活·读书·新知三联书店 2014 年版，第 193 页。

⑤ 尼采著，钱春绮译：《查拉图斯特拉如是说》，生活·读书·新知三联书店 2014 年版，第 195 页。

高贵者的思想，以其慵懒无为的做法损害其意志。因此，尼采所宣称的思想对他们来说太早了，“这里没有人具有我的耳朵”①。他真是哀其不幸，怒其不争，由此断言这些小人，终将像被风吹散的粉末一样走向灭亡。

此外，死亡说教者向世人宣扬悲观厌世说，认为人生只有痛苦，要苦行、要忍受，才能最终解除痛苦走向永生。这种对人生持消极态度的人，怎会鼓舞他人创造未来，感受命运的升腾？如此生活的他们与动物又有何区别？

（二）现代人的价值观重塑

1.人活着就是试验的过程

尼采承认惰性和悲观厌世说使许多人意志消沉，但人必须为无意义的生命赋予意义。而首先做的就是要看到人的可变性，并非一生下来就定型了，承认人生有无限种发展的可能。因为“人就是试验”②，活着是一个试验的过程。因此尼采说：“我的全部行程就是试探和寻问——确实，人们也必须学会给这种寻问找一个答案！”“不好，也不坏，但确是我的兴味。”③他的意思是，这世间本没有那么多可选择的路，人要勇于开拓，不必纠结过多，因为这是自己的选择，无人能取代你去完成。因此人必须做自己命运的主宰，选择自己想要的生活。这样才能区别于只要满足口腹之欲的动物，而作为人，有意识地追求幸福，即使它从痛苦的热情中产生，也毫不畏惧。

2.人必须有自己的意志

只有拥有自己意志的人才是真正自由的，否则就只是一副行走的空皮囊，外表绚丽多彩却无实质可言，因为他的身上除了别人的意见外，一无所有。此外，当人们反思时就会发现，除了今天存在的自己之外，一切都稍纵即逝，那为何不活出自己的精彩，而要别人做主？尼采说，“当你们只是一个单独意志的意欲者，而把

---

① 尼采著，钱春绮译：《查拉图斯特拉如是说》，生活·读书·新知三联书店2014年版，第19页。

② 尼采著，钱春绮译：《查拉图斯特拉如是说》，生活·读书·新知三联书店2014年版，第83页。

③ 尼采著，钱春绮译：《查拉图斯特拉如是说》，生活·读书·新知三联书店2014年版，第228页。

一切的困难的转折说成对你们是必然的。”①这句话告诫人们，坚定自己的意志，一切困难都会迎刃而解，苦难也将转变为乐趣。否则，懦弱的人生活得既不轻松也不幸福，极其恐惧死亡，这绝不是尼采心目中理想的同行者，因为他说“凡是能听从自己的意志而放弃一切顺从的人才是我的同道”②。

3.人是必须被超越的一种东西

尼采要求，人最终要成为创造者，“而所谓的创造者，乃是创造人类的目标，给大地赋予它的意义和未来的人：只有这种人才能创造出善的和恶的事物”③。创造者是人自诞生以来都要完成的目标，他们帮助人打破旧的法版，重新赋予万物以意义和未来，使人不至于被现有的秩序束缚，因为“人类的一切秩序终究都是为了不断地涣散人的思想，从而使日子不知不觉地过去”④。此外，创造者就是要帮助人摆脱重压之魔，使他们能自由、愉快地享受生活；同时创造新的价值体系，即使人会因拥有自己的精神而感到痛苦，但这却是增长认识的过程。另外，创造者教导人为自己做主，追求对自己有价值的事物。当然，他们也是桥梁，帮助人不断向上，最终成长为超人。

4.人必须学会自爱

人首先要爱自己，“学会自爱，并不是为今天和明天制定的戒律。这倒是一切本领中最精致、最巧妙、最高超、最坚韧的本领”⑤。爱自己不等于否定爱别人，而是先要肯定自我，认清自己的本质，捍卫自己的权利。此外还要求自己提升，蔑视现在的自己，对自己感到不满，这是“一种健康的爱：这样才能自我坚持下去”⑥。

---

① 尼采著，钱春绮译：《查拉图斯特拉如是说》，生活·读书·新知三联书店 2014 年版，第 82 页。

② 尼采著，钱春绮译：《查拉图斯特拉如是说》，生活·读书·新知三联书店 2014 年版，第 196 页。

③ 尼采著，钱春绮译：《查拉图斯特拉如是说》，生活·读书·新知三联书店 2014 年版，第 229 页。

④ 尼采著，周国平译：《作为教育家的叔本华》，译林出版社 2012 年版，第 38 页。

⑤ 尼采著，钱春绮译：《查拉图斯特拉如是说》，生活·读书·新知三联书店 2014 年版，第 224 页。

⑥ 尼采著，钱春绮译：《查拉图斯特拉如是说》，生活·读书·新知三联书店 2014 年版。

但是发现自己并不容易，“人是难于被发现的，发现自己更是最难”①。因为一些重压常使人难以承受，大多数人会面临迷失自己、虚掷青春的危险。那么，人如何发现自己的本质，找回自己？尼采说：“年轻的心灵在回顾生活时不妨自问：迄今为止你真正爱过什么，什么东西使你的灵魂振奋，什么东西占据过它同时又赐福予它？”②真正爱的、愿为之付出生命的东西，就是人的本质，是自我价值体现的方式，因为它常常占据着人的心。

总之，尼采劝告每个人，无论面临怎样眼花缭乱的诱惑，还是遭遇怎样的重压，都要守住自己，坚定立场；同时要有顽强的意志，不管遇到怎样的困难都不放弃，如此，才能找到生存的乐趣，才会赞美生命，以绝对的勇气克服身上的弊端。而教育家作为人类的导师，他们责无旁贷，因为“真正的作为哲学家的教育者，将会推翻被杀死的时代，解救被时代水泥固化的生命”③，把人从时代的禁锢中解救出来，使每个人的生命得以张扬。

三、重塑真正的教育：作为教育家的尼采的教育批判基础

作为教育思想家的尼采，对教育问题也有精彩论述，但他不同于旁人，“尼采的教育思想是教育家的教育思想”④。也就是说，他不会为了献媚，就迎合大众口味而创作，他的作品是要“献给自由的精灵”，“寻找散落在各处的超越于时代骚动的人”⑤。所以，他总是与自己的时代格格不入，自称为时代的早产儿。不仅如此，作为人类导师的他总能透过欣欣向荣的景象，窥探出教育可悲的现状，为人类带来警醒。

（一）学校教育精神贫乏

尼采开宗明义地指出，在现代教育中存在两种倾向，“第一种是尽量扩大和普及教育的冲动，第二种是缩小和削弱教育本身内涵的冲动。基于各种理由，应该

---

① 尼采著，钱春绮译：《查拉图斯特拉如是说》，生活·读书·新知三联书店 2014 年版，第 226 页。

② 尼采著，周国平译：《作为教育家的叔本华》，译林出版社 2014 年版，第 4 页。

③ 彭正梅：《当懒人杀死时代》，《博览群书》2012 年第 4 期。

④ 徐瑞：《世界著名教育思想家尼采》，北京师范大学出版社 2012 年版，第 7 页。

⑤ 尼采著，周国平译：《论我们教育机构的未来》，译林出版社 2012 年版，第 7 页。

把教育送往最广泛的阶层——这是第一种倾向的主张。相反，第二种则要求教育放弃其最崇高最高贵的使命，屈尊为其他某种社会形态服务，例如为国家服务”①。这两种倾向看似相反，实则归于统一，且都对人有害。扩大教育的趋势使教育沦为赚钱的工具，受教育者只想通过教育发横财；而缩小教育的趋势，则导致“教育沦为学术分工的工厂”②，学术被日益细化，任何人要有所作为就只能专注于极狭小的领域，因此一些学者盲目献身学术，忽视了此种教育对人天性的损害。尼采当时作为巴塞尔大学的教授，毫不留情地指出这些弊端，并给予严肃批判，与此同时他也阐明了自己的教育主张。

1.教育的功利化倾向

尼采认为扩大教育的倾向，带来的后果就是使教育贬值，沦为赚钱的工具，“人类具有对尘世幸福的必然要求——因此教育是必要的——但也仅仅因为此”③。人们把教育作为生存的工具，因此教育才被需要。在实践领域，把教育等同于职业训练，尼采虽不否认职业教育对人的重要性，但他极力反对把二者画等号。为此他用了一个非常形象的比喻来说明二者的区别，“教育，这个纤足娇惯的仙女”，职业教育“不过是一个有智识的女仆，生计、收益、需求方面的女管家”，“任何一种学校教育，只要在其历程的终点把一个职位或一种谋生方式树为前景，就绝不是真正的教育”④。尼采针对的是当时实科中学的毕业生可升入大学这种情况，他认为这无疑是在降低教育的地位，甚至是抹杀教育。在他看来，教育有其高贵的地位，它的目的在于养护天才，他说，“我们的目标不可能是多数人的教育，而只能是少数特选的、为伟大持久的作品而准备的人的教育”⑤，只有这样才能培养出“特立独行的伟大英雄”⑥，这样的时代才能被后代铭记。因此教育应当保持其伟大使命，不能仅作为谋生手段、晋升的台阶。

2.学术被严重细化

尼采认为缩小教育带来的后果之一是“教育沦为学术分工的工厂”，也就是

---

① 尼采著，周国平译：《论我们教育机构的未来》，译林出版社2012年版，第24页。
② 尼采著，周国平译：《论我们教育机构的未来》，译林出版社2012年版，第8页。
③ 尼采著，周国平译：《论我们教育机构的未来》，译林出版社2012年版，第25页。
④ 尼采著，周国平译：《论我们教育机构的未来》，译林出版社2012年版，第68页。
⑤⑥ 尼采著，周国平译：《作为教育家的叔本华》，译林出版社2012年版，第53页。

“过分地使用学者为其学科服务，学者的教育变得越来越偶然”①。学者要想有所作为，必须专注于自己的领域，对其他专业置若罔闻，这种做法培养出来的只是片面发展、四肢不健全的残疾人，而真正有教养的人会越来越少。此外，这些学者盲目献身于科学，拼命地榨取自身的学术价值，却从不反躬自问，他们的天性是否受到摧残，这些成果是否真正有意义，是否可以作为宝贵的财富留给后人。同时尼采批判这些人的精神极为贫困：“因为他们是不生产的！他们有着冷酷的干瘪的眼睛，在他们面前，任何鸟儿都要脱掉羽毛躺在地上。”②由于他们过于重视分析，从而忽视了一切整体的美，对生命本身丧失感受，凡接触到的东西，都被作为文献来分析考察，因此他们断然是不会创造的，只会冷冰冰地看待人与物。

3.艺术感觉丧失

尼采认为真正的教育，要求学生花费大量时间阅读作家的经典作品，经过一系列严苛的训练，培养他们心中的艺术感觉，因为“如果一个人心中有正确的艺术感觉，完全理解面前所写下的一切，会如何谨慎严格地对待每一个词的用法。他将不断鞭策他的学生对同一种思想寻求更好的表达”③。如此做法，学生才会敬畏母语，对报刊上的时髦文风保持厌恶，写作时对每一个用词都仔细推敲。然而尼采失望地发现，文科中学里已经见不到真正古典教育的踪迹，反而充斥着现代教育的野蛮习气。他说：“我们文学艺术界的全部弊端都将不断重新烙刻在成长中的年轻一代人身上，包括匆忙和虚荣的制作，可怕的赌徒行径，完全没有风格，没有酝酿，表达时毫无特点或可悲地装腔作势，丧失任何美学规范，狂乱的无序和混乱。”④无论教师还是学生都对语言缺乏敬畏，写作时胡乱拼凑，从不追求美感，不进行严肃思考，他们任意堆砌出来的文字，在有素养的人看来不过是个笑话。母语学习作为一切学习的基础，尚被草率对待，更不必说后续的教育了。在尼采看来，无论学校还是教师，不过是打着古典教育的幌子，四处招摇以获取赞誉，窃取古希腊思想中的精彩片段据为己有，却从不为此感到脸红。

---

① 尼采著，周国平译：《论我们教育机构的未来》，译林出版社2012年版，第26页。

② 尼采著，钱春绮译：《查拉图斯特拉如是说》，生活·读书·新知三联书店2014年版，第349页。

③ 尼采著，周国平译：《论我们教育机构的未来》，译林出版社2012年版，第33页。

④ 尼采著，周国平译：《论我们教育机构的未来》，译林出版社2012年版，第37页。

4.资质平庸的教师

除了谈到上述的弊端，尼采也对不合格的教师进行了批判，因为他们不具备导师的素养，“本是盲人却以明目人自居”①，纵使学生误入歧途。他们“纵容结结巴巴，本应在艺术品面前沉思，却纵容做审美想象，本应迫使倾听伟大思想家，却纵容做哲学思考”②。教师们本应发挥桥梁的作用，帮助学生抵达教育的真正故乡——古希腊，教他们在伟大的作品前沉默静思，怀有崇敬之心倾听教诲，放低姿态接受洗礼，因为“正确的、严格的教育首先是服从和习惯”③。而教师却允许学生在一片嘈杂声中进行所谓的哲学思考，追求时髦作风，在一无所知的年纪追寻独立创造，因此学生的身上尽是时代的浮躁气息，他们永远无法回到古人那里，像古人一样去思考，只是被眼前的得失牵绊。此外，尼采又谈到教师“为教育词语的喧嚣效果所动”④，从而排挤那些想真正实施教育的人，种种压力下，一些良知犹存的教师普遍感到痛苦与无奈，他们虽深知自己的使命，也愿为之献身，可是却毫无战斗力。一位教师这样哭诉：“在我身上找不到一种力量，可以使我在英勇的斗争中取得成果。我被一种普遍的懦弱所控制；孤独中结不出骄傲和自负的果实。”⑤我们可以说，正因为现代教育机构积弊甚多，才使一些教师茫然无措，丧失斗志，做不出喜人的成果。

5.无思想的受教育者

尼采批判了教育机构只关注课程安排，只对学生进行脑力训练，却不重视意志力的培养，导致他们尚未拥有自己的意志，尚未对一切产生好奇心，就已经从学校毕业了。“我们荒唐的教育界（呈现在它眼前的乃是作为规整模式的‘可用的国家公仆’）相信有了课程，有了脑力训练就足够了；他们甚至理解不了首先必须有另一种东西——意志力的教育。”⑥

同时，尼采提到大学教育并没有给人真正的自由，大学表现为“一张说着话的

---

① 尼采著，周国平译：《论我们教育机构的未来》，译林出版社2012年版，第43页。

② 尼采著，周国平译：《论我们教育机构的未来》，译林出版社2012年版，第40页。

③ 尼采著，周国平译：《论我们教育机构的未来》，译林出版社2012年版，第52页。

④ 尼采著，周国平译：《论我们教育机构的未来》，译林出版社2012年版。

⑤ 尼采著，周国平译：《论我们教育机构的未来》，译林出版社2012年版，第24页。

⑥ 尼采著，孙周兴译：《权力意志》，商务印书馆2006年版，第635页。

嘴和许多耳朵，加上一半数量写字的手”①，学生们看似在看书和听讲，却没有主动性，只是在机械地抄写。因此他说：“我憎恨懒洋洋地读书的人。”②只有用血写成的箴言，才具有精神，才值得研究，如果只是读书，只照搬别人的思想，恰恰失去了自己思考和创造的机会。究其原因，“没有人引导他走向那种改变人生形态的教育”③，大学生缺乏教育家这样的引路人，而“在这个年龄，听从伟大的引路人，在大师的道路上热情追随，看来常常是合乎自然的、最为迫切需要”④。

因此，走入社会的大学生“无人能够抵抗那个使人疲惫、糊涂、神经紧张的、永无喘息之机的强迫性教育；走上被任用和雇用的实际岗位之后，即使在他似乎是一个自由人的时刻，他仍被层出不穷的烦恼和怀疑所困扰”⑤。大学生已经疲于应对生计、工作等家务琐事，常为自身缺乏一种向上的精神力量而困苦不已，职业训练只教给人生存的本领，却无法丰盈其内心世界，帮助人逃出思想上的困境。对此尼采不遗余力地指出：“一个充满了紧张工作的社会才是一个最为安全的社会。”⑥因为人们除了埋头工作，再不会独立思考其他的东西，只是顺从一切，对社会来说岂不是最安全的？

综上所述，要想解除现代教育机构的种种弊病，必须要有伟大教育家的引导，因为“一切教育皆从服从开始”⑦。只有完全信任这些导师，被引导者和引导者足够默契与和谐，才能共同演奏出最完美的乐章。生活中的人才能不被时代的浮躁气息吞噬，成为独立思考的勇士，使整个社会的面貌焕然一新。

（二）尼采的教育主张

在批判教育弊端的基础上，尼采提出了自己的教育主张。首先，作为受教育者，每个人都有深藏于身体内部的本质材料，这决定了人的独特性。此外，它们并非人人都能触及和解放，只有真正的教育家才能把它们引导出来，造就活生生的、有血有肉的个体。人接受的不能是强迫性教育，训练人成为听人讲话的耳朵，模

---

① 尼采著，周国平译：《论我们教育机构的未来》，译林出版社 2012 年版，第 90 页。

② 尼采著，钱春绮译：《查拉图斯特拉如是说》，生活·读书·新知三联书店 2014 年版，第 39 页。

③④ 尼采著，周国平译：《论我们教育机构的未来》，译林出版社 2012 年版，第 95 页。

⑤ 尼采著，周国平译：《论我们教育机构的未来》，译林出版社 2012 年版，第 94 页。

⑥ 尼采著，田立年译：《曙光》，漓江出版社 2000 年版，第 122 页。

⑦ 尼采著，周国平译：《论我们教育机构的未来》，译林出版社 2012 年版，第 99 页。

仿人写作的手。而真正的教育要合乎人的自然需要，要把人放在第一位，教育就是解放和还原人的本来面目，因此尼采反对功利教育，倡导文化教育。

1.教育就是解放天性

尼采用一段话阐述了心中理想的教育："而教育是解放，是扫除一切杂草、废品和企图损害作物嫩芽的害虫，是光和热的施放，是夜雨充满爱意的降临，它是对大自然的模仿和礼拜，在这里大自然被理解为母性而慈悲的，它是对大自然的完成，因为它预防了大自然的残酷不仁的爆发，并且化害为利，也因为它给大自然那后母般的态度和可悲的不可理喻的表现罩上了一层面纱。"[①]他提倡的教育是要解放人的个性，同时肯定差异性，在此基础上帮助人改掉陋习，清除不利因素。这个过程不会令人感到痛苦和压抑，教育赠予人的东西像大自然对人的洗礼，亲切而富有善意，春风化雨般温柔地对待学生，但又不是漫无目的施教，而是有所选择，有的放矢。

同时他也强调要保持受教育者的哲学悟性，因为，"哲学始于对世界和人生的惊疑，以及寻求万物统一性的愿望。一个人唯有在早年萌生了此种惊疑和此种愿望，才会真正需要哲学。教育在这方面的使命，就是对学生所表现出的这种哲学悟性加以保护和引导"[②]。最初，每个人都在大自然中成长，感受万物的和谐统一，在此过程中必然产生哲学冲动，渴望探寻生命的真谛。而现代教育强制青年进行所谓的理性思考，来麻痹人的精神，使其脱离哲学思考这片土地，只进行无意义的繁琐训练。所以要让学生接触真正的教育，维持其哲学冲动，就必须让他们有置身于美丽大自然的机会，与一草一木结成亲密而朴素的感情，休憩于她的永恒性和持久性中，从而不断提升境界，"忠于童年时代的沉思本能，借此达到一种宁静、统一，一种关联和协调，这些东西是一个被培养去进行斗争的人未尝梦见过的"[③]。

的确，尼采所说的自然教育，是以教育为生存手段的人做梦都未曾见过的，教育在他们看来，仅为晋升之阶；这也是为考试和作业忙得焦头烂额的学生不能体会的，他们仅想从教育中获得高分、获得成绩。这些自私的人从不曾给自己安静

---

① 尼采著，周国平译：《作为教育家的叔本华》，译林出版社 2012 年版，第 5 页。

② 尼采著，周国平译：《论我们教育机构的未来》，译林出版社 2012 年版，第 18 页。

③ 尼采著，周国平译：《论我们教育机构的未来》，译林出版社 2012 年版，第 68 页。

的空间，进行深刻的哲学思考；不肯花费一天中最重要的时间来阅读，发现字里行间的小秘密。如此匆忙而又迟钝的现代人，怎能领悟教育的真谛？

2.实施文化教育

尼采认为德国已经缺少真正的文化，德国人看似纷繁复杂的文化毫无创造性和雅致的特点，只是一些人运用美的形式来掩盖丑恶的内容，为看似单调乏味的生活增添一些色彩而已。而“文化首先是在一个民族的所有生活表现中艺术风格的统一。而众多知识和学识则既不是文化的一个必要手段，也不是它的一个标志”①。但是德国人没有意识到他们原本高贵的精神受到侮辱，反而“把一切时代和地区的形式、颜色、产品和稀奇古怪的东西都堆放在自己周围，并由此造成了那种现代的年货市场的五彩缤纷”②。

在尼采看来，每个真正拥有文化的人，都渴望自己能够不断超越，达到更高的境界，他们常对自己不满，轻蔑和批判现在的自己，防止成为只关注物质的享受者。同时他们渴望并热爱生命，追求一切更美好的知识，而不是作为装知识的容器，拿所谓的“博学”来炫耀。总之，他们对自己有更高的要求和期望，不断鞭策自己以求上进。这些人无限地接近自然状态，注重内心的丰富体验。此外，他们还要求把这种精神的满足，转化为实际行动，在社会中为文化而战斗，也就是促使天才产生，与高贵者并肩作战。

这种文化观反映到教育领域，尼采提倡文化教育：“文化教育让人从执着自我，争胜求赢的生存斗争中回头，忘掉自我，与万物统一。为文化的教育不再关注尘世幸福，而是满足生命渴求永恒的形而上冲动。”③真正有文化的人不再为一己之私追名逐利，而是要求达到内心的完满状态，不把职业训练当作受教育的唯一目的，而是异常渴望在奔腾不息的生命中有所作为，他们高呼：“生命常爱处于粗暴的流动奔腾之中，对和平享乐的提案不愿接受。”④

3.教育家作为古典教育的向导

不合格的教师不能作为古典教育的向导，只有真正的教育家才能担此重任，

---

①② 尼采著，李秋零译：《不合时宜的沉思》，华东师范大学出版社2007年版，第36页。

③ 范志军：《为了文化的教育——青年尼采教育思想简析》，《复旦教育论坛》2007年第4期。

④ 尼采著，钱春绮译：《查拉图斯特拉如是说》，生活·读书·新知三联书店2014年版，第270页。

因为“对于一个真正的教育机构来说，那些伟人具有独一无二的价值”①，“他们的古典努力如同有力的翅膀，在其带动下，我们得以一同飞往所渴望的国度古希腊”②。要进入教育的真正故乡，需要教育家作为入门的向导，因为只有少数人天赋异禀能独自完成，大多数人需要信赖并跟随他们。遗憾的是，伟大导师的价值却常遭忽视，因为无论是严肃对待母语，认真学习经典作品，还是对伟大人物怀有崇敬之情，亲近大师，都是野蛮的现代人无法企及的，因此教育家的作用常得不到体现。

4.培养有反叛精神的人

尼采说：“我所梦想的那位教育家兼哲学家，不但要善于发现中心之力，而且要懂得防止这个力对其余的力发生破坏作用。”③也就是说，教育家要善于发现每个人身上最核心的力量，使所有其他的力都能统一到这一点上，并且互不干扰，协调发挥作用。否则，培养出的人，“他是一个颠倒的残疾人，他有一样过度发达，而其他一切却又太少”④。这既不符合自然对人的要求，也不是真正的教育应呈现的效果。

更重要的是，尼采要培养有反叛精神的人，敢于向老师提出挑战。“如果永远做个弟子，这是对老师的不好的报答。你们为什么不想扯掉我的花冠呢？”⑤尼采从来都对寄生虫、舔唾液者嗤之以鼻，认为这些人完全没有自己的主张，对别人言听计从。因此，他对弟子说：“现在我要求你们，丢开我，寻求你们自己吧；等你们全都不认识我，我才愿意再回到你们身边来。”⑥他强调的是，人一定要有独立的人格，信任别人之前先认清自己，否则在榜样倒塌之时，自己会被无情地碾压。因此他情愿老师做弟子们遇到危险时可以倚靠的栏杆，给他们提供精神上的帮助和支持，而不是做可供人依赖的拐杖。

综观尼采的教育主张，我们发现，在他那里，人总是具有最高贵的地位，无论什么都不能损害人的意志，不能使人只为了生计奔波劳苦，不能损害人的本心。

---

①② 尼采著，周国平译：《论我们教育机构的未来》，译林出版社 2012 年版，第 41 页。

③ 尼采著，周国平译：《作为教育家的叔本华》，译林出版社 2012 年版，第 7 页。

④ 尼采著，钱春绮译：《查拉图斯特拉如是说》，生活·读书·新知三联书店 2014 年版，第 158 页。

⑤⑥ 尼采著，钱春绮译：《查拉图斯特拉如是说》，生活·读书·新知三联书店 2014 年版，第 85 页。

此外还要求人要反观其内心，激励自己不断充实、提高，不做永远的弟子，总有一天要超越自己的老师，这才是对教师最好的报答。

四、教育家的伟大品格

尼采批判了人精神羸弱，以及教育领域的各种缺陷，此种情形下，他提出时代迫切地要求产生伟大的教育家作为导师，引领世人走出困顿，迎接勃勃生机的生活。那么在这些教育家的身上究竟有何伟大品格，使他们不甘平庸，以改造世人为己任，成为人类的导师？以一些人物为范例，尼采认为，叔本华不与凡庸的学者为伍，洁身自好，瓦格纳以音乐为武器坚决与现存秩序做斗争，蒙田写的东西，“真可增加我们在尘世生活的乐趣”①。总之，这些人身上都有不同凡响、超越时代的品质，理应受到世人的崇敬。因此，我们通过展示他们的品质，以期感染更多的人，效仿并追随他们。

（一）真诚不欺

无论尼采还是叔本华都是极为真诚的，他们奉行“人绝不欺骗任何人，尤其是自己”②的原则，他们的作品不带现代人的学究气，不矫揉造作以博人眼球，不用似是而非的观点蛊惑人心，而是以朴实的文风表达最深刻的思想，所写的一词一句都是自己真正信服的。他们从不认为拥有大量读者才是成功，相反，“他似乎在有意追求与读者之间的一种距离感，从而享受一种曲高和寡的孤傲感，一种孤独求败的自负感”③。因此，他们从不迎合别人而作，“假如他自认为高深的思想受到庸众的普遍喜欢和接受，那才是最让他感到耻辱和痛苦的”④。

（二）坚韧不拔

尼采惊呼叔本华在这个时代显得多么可有可无、影响甚微，以至于没有太多的追随者；而世人却从不吝惜给他苦难，以冷漠包围他，拿不入流的言语攻击他，

---

①② 尼采著，周国平译：《作为教育家的叔本华》，译林出版社 2012 年版，第 11 页。

③ 徐瑞：《世界著名教育思想家尼采》，北京师范大学出版社 2012 年版，第 14 页。

④ 徐瑞：《世界著名教育思想家尼采》，北京师范大学出版社 2012 年版，第 15 页。

但他始终维护自己的哲学，与苦难作战，防止一切辛劳付之东流。叔本华还在书中激励自己："要保持高尚的心智，培养超俗的见地，痛苦和失败也是必要的"，"痛苦是天才的源泉"。[①] 尼采也曾这样赞誉他：借思想战胜了艰难的事物，他的力量就像无风时的火苗，笔直轻盈地直上，坚定不移，毫无颤动或不安的迹象。[②] 而尼采自己又何尝不是如此，他的第一本著作《悲剧的诞生》一经出版，就遭受了无情的白眼，甚至连最看好他的老师也深表失望，更有甚者以尖锐的语言攻击尼采，使其在领域内的名气一落千丈。但是这些抨击都不曾击倒他，反而坚定了他走自己的道路的决心。

（三）乐观进取

尼采一生都以一个斗士形象示人，勇敢地同一切束缚人的秩序斗争，以最激励人心的话语，劝告世人逃脱约束，尽情享受生命的狂喜。因为真正的思想家，不会使人陷入绝望的深渊无法脱身，不让沉闷的乌云盘踞在人的头顶。"由于他们思考过最深刻的道理，所以必然喜爱最生气勃勃的事物，终于作为智者皈依于美。"[③]他们必然能透过令人烦闷的现实，找到最鼓动人心的东西，他们"永远使人欢欣鼓舞，不管它所表达的是他的严肃还是他的玩笑，是他的人性的洞见还是他的神性的宽容；没有阴郁的表情，颤抖的双手，噙泪的眼睛，而是明确而单纯，勇敢而有力，也许有一些强硬的骑士风度，但始终是作为一个胜利者"[④]。他们不会故作深沉，以博得读者同情，带给人的始终是昂扬向上的话语，以最有力的臂膀把人从受困的水中托举出来，教导人作为一个胜者，以最无所畏惧的姿态应对生活，这是他们作为天才应尽的义务。

（四）人性的真实

尼采认为人身上总有不完美的地方，有人性的东西。以叔本华为例，他的哲学认为人生只有痛苦，人要不断忍受直至死亡，尼采批判他这是"劝人当奴隶

---

① 叔本华，刘大悲译：《作为意志和表象的世界》，哈尔滨出版社 2016 年版，第 11 页。
② 尼采著，周国平译：《作为教育家的叔本华》，译林出版社 2012 年版，第 14 页。
③ 尼采著，周国平译：《作为教育家的叔本华》，译林出版社 2012 年版，第 13 页。
④ 尼采著，周国平译：《作为教育家的叔本华》，译林出版社 2012 年版，第 12 页。

的说教”[①]。也就是说，作为导师的叔本华，其身上也有他无法突破的局限和矛盾。“最好的人也还有些被克服之处！”[②]最好的人还有需要再提升的地方，要不断超越、不断克服，未达到超人的境界前永远不能停止。但是人身上的缺点并不妨碍他们成为时代楷模，不完美恰好说明人真实，人只是人而非神。导师身上不可调和的矛盾，才会有后来者不惜余力地批判他，就像尼采后来与叔本华、瓦格纳等人割裂关系。总之，“不管叔本华身上有多少瑕疵，他都足以成为人类的榜样，正是他身上那种不完美的、太人性的东西，吸引我们在最人性的意义上和他靠近，因为我们把他看作一个受苦者和难友，而不是一个凛然不可近的天才”[③]。

（五）英雄型的人物

归根结底，尼采认为教育家都是英雄型的人物，他们不计较个人得失，其存在的意义就要“唯愿洞察万物直至这绝望的底蕴”[④]，探寻万物的本质，即使揭掉面具后的它们丑恶至极，也决不放弃。伟大人物从不把个人的幸福，视为人类的幸福，因为“没有奉献出什么可供享乐，就不可想要享乐”[⑤]。只有把福音带给受压迫的所有人，才是最大满足。因此他们真诚地为世人奉献，将个人荣辱置于脑后。查拉图斯特拉高呼“我爱世人”口号下山，即使世人都昏昏欲睡、麻木不仁，他也依然爱他们，乐于把他的智慧交给他们，把他的理想留给他们去完成。

总之，这些伟大人物真诚、坚韧、不屈不挠、胸怀天下，他们是伟大的英雄，即使其身上不可避免地留有缺点，但无可置疑他们仍是引导人类走向幸福的伟大人物，世人应为他们的产生创造有利条件。

---

① 尼采著，钱春绮译：《查拉图斯特拉如是说》，生活·读书·新知三联书店 2014 年版，第 242 页。

② 尼采著，钱春绮译：《查拉图斯特拉如是说》，生活·读书·新知三联书店 2014 年版，第 241 页。

③ 尼采著，周国平译：《作为教育家的叔本华》，译林出版社 2012 年版，第 24 页。

④ 尼采著，周国平译：《作为教育家的叔本华》，译林出版社 2012 年版，第 39 页。

⑤ 尼采著，钱春绮译：《查拉图斯特拉如是说》，生活·读书·新知三联书店 2014 年版，第 233 页。

五、时代中的“教育家”镜像

拥有伟大品质的教育家，他们作为最需要的人，却在这个时代受到了不公平的待遇，可以说，他们的产生就遭遇了重重阻碍。尼采不禁劝告世人：“你可知道，万人最需要的是什么人？是召唤事业的人。完成伟大的事业是困难的，可是更困难的是召唤伟大事业的人。”①在他看来，召唤伟大人物的困难在于，无论是人本身还是在教育领域都存在诸多弊端，愚昧的现代人其精神如此贫乏，且一味地沉浸在虚假的繁荣和喧闹之中，教育机构也变得乌烟瘴气，从而真正的教育家被他们伤害得体无完肤，只好躲进山洞里。

（一）教育家匮乏

尼采感言，这个时代伟大的作家、雄辩家、艺术家太少了，原因在于缺少培养他们的教育家。他说：“未尝有过一个时代，比现在更需要道德教育家，也未尝有过一个时代，比现在更难找到这样的教育家。”②因为未尝有过一个时代比现在更浮躁、更堕落，人人对赚钱多的教育趋之若骛，对使人孤独和提升的教育嗤之以鼻，而倡导真正教育的人只能躲到孤独的洞穴中，把进行哲学思考当作见不得人的事。

（二）无穷尽的痛苦

现实情境中，并非所有的人都具有教育家的高贵品质，当这些人感到自己的付出徒劳无用，之前的努力被无情碾压时，他们就容易陷入绝境，丧失斗志。这种痛苦也时常围绕着教育家，企图将他们吞没。一些别有用心者，蓄势待发要夺走教育家身上的伟大天赋，夺走他们的创造性，使其沦落为庸人，成为在驱使中前进的骆驼，成为和他们一样的乌合之众。而教育家偏偏具有岩石般的意志，坚不可摧，他们要守住自己，保持高贵的地位。纵使外部的压力从未停止，他们却都是勇敢卓绝的斗士，始终与敌对势力做斗争。毫不夸张地说，他们的存在本身就是一种奇迹，周围人的打击恰恰成了最好的馈赠。究其原因，教育家对生命的爱是无

---

① 尼采著，钱春绮译：《查拉图斯特拉如是说》，生活·读书·新知三联书店2014年版，第168页。

② 尼采著，周国平译：《作为教育家的叔本华》，译林出版社2012年版，第10页。

可比拟的，伴随生命产生的一切苦难，又怎能将其击垮？他们大声向敌人宣布："我爱生命，当然也爱伴随生命产生的一切痛苦。"①

（三）真诚，对真理感到绝望

教育家不愿受制于任何秩序，他们总是一意孤行，追求自由，因而常被误解为别有用心。因为真诚，他们对人们普遍习以为常的真理再进行深入探究，确认它名副其实，而非人们的主观臆断。而他们的这些努力常被一些人看作对财富、名声的追求，而不是精神境界的提高。面对别人的误解，教育家感到尤为愤怒，但如果要做出让步，过虚假的生活，他们宁愿去死，因而这些矛盾成了教育家心头驱散不掉的浓雾，他们常感到无所适从。因此，他们才会对真理感到绝望，"唯有那些最活泼也最高贵的心灵，因为不堪忍受怀疑，在他们身上取代怀疑的便是那种震撼以及对一切真理的绝望"②。

（四）势单力薄，渴望同伴

伟大教育家渴望有同伴与他们并肩战斗，把自己深刻思考过的东西与其分享。"正是这样的孤独者需要爱，需要那样的同伴，在这些同伴面前他可以像在自己面前一样自由自在，和这些同伴在一起他们不必再痉挛于沉默与伪装之间。"③但现实给的教训也足够深刻，大多数人都把独特性当作沉重枷锁，更愿意麻木不仁，丧失思考能力，以求活得轻松。尼采也渴望同行者，他说："我在我的四周画上圈和神圣的界限；登上越来越高的山，跟我一同登山者就越来越少。"我们看到即使他渴望同伴，但也不是什么人都能与之为伍，同行者必须要达到和尼采同样的高度，能俯瞰人类，感受高空的清风的冷冽。毫无疑问，这样的人是少而珍贵的。

（五）继续前进

尼采认为即使教育机构已经被破坏殆尽，每位教育家也都伤痕累累，但这样不堪的时代终将过去，美好的未来指日可待。因为伟大的先行者正不顾一切地改变教育现状，使后来者接受真正的教育，使高贵的德国精神得以回归。同时，这些教育家即使以尖锐的语言抨击世人的迟钝、慵懒，但他们也都是很温情的，虽不遗

---

① 尼采著，钱春绮译：《查拉图斯特拉如是说》，生活·读书·新知三联书店 2014 年版，第 257 页。

② 尼采著，周国平译：《作为教育家的叔本华》，译林出版社 2012 年版，第 20 页。

③ 尼采著，周国平译：《作为教育家的叔本华》，译林出版社 2012 年版，第 19 页。

余力地批判弟子，也对他们饱含有深情和期望，他说："我想要在临死时把我最丰富的赠礼送给他们！这是我从太阳那里学会的，当它沉落时，这个过于富裕者，从它取之不尽的财富之中取出黄金撒进海里。"①尼采把美丽的晚霞当作太阳在落下前的赠礼，他也想要在临死前赠送给世人超人的理想。伴随着导师对人类的批判以及深深的爱，教育家也必将作为引路人继续带领人们前进。

伟大人物在这个时代遭受了不公平待遇，但是他们不辱使命，仍要"用语言之剑刺穿我们心中最浓的黑暗"②，唤醒沉睡不醒的庸众，用生命之风吹散所有的阴霾，教人追求强力意志，成为有自己意志的创造者。

六、结 语

纵观尼采提出的伟大导师——教育家的思想，我们看到，尼采的教育家主张具有非常强烈的内在张力。教育家作为向导，带领人们走出困境，同时要求人坚定自我，追求有意义的人生，无论遇到怎样的困难都毫不畏惧；在教育上，他们引导人在大自然中受教育，用最朴素的方法发掘学生的独特性，使其学会快乐学习，幸福生活；而那些对语言没有敬畏之心，鸵鸟似的把头深埋于自己领地的学者，以及面对教育中的困境畏缩不前的人都受到了教育家的批判。但令人始料未及的是，时代如此迫切地需要教育家，他们却在这个时代受人冷落、遭人误解、被人仇视，其产生和存在都缺乏良好条件。面对此种情况，难道人们不该羞愧得脸红，不该对他们报以同情之心？

反观现实，我们的时代又何尝不缺乏伟大教育家，无论是对人精神的弱化，还是对教育领域的弊端，他们都能发挥向导作用，使人从时代的不足中解脱出来，作为一个人生存和战斗，敢于破除束缚人的枷锁，既看到大多数人身上的不幸，对自己又不缺乏反思和批判能力。在教育领域，无论教师还是学生总是如此匆忙，匆忙到使人感到晕眩，一刻也不曾停过，他们只有处于喧闹中才能感到自身存在。但如此，我们是否失去了感受美好生活并轻松生活的机会，失去了

① 尼采著，钱春绮译：《查拉图斯特拉如是说》，生活·读书·新知三联书店 2014 年版，第 23 页。

② 尼采，钱春绮译：《查拉图斯特拉如是说》，生活·读书·新知三联书店 2014 年版，第 293 页。

坐下来读一本好书并沉思的机会？如果教育仅作为谋生的工具，人只是为生计奔波，那么他们是否失去了更宝贵的东西？比如做一个有文化、有素养的人，对艺术抱有感觉，对每个用词都仔细斟酌，要求自己不断提升，并把这种幸福感带给更多的人。

总之，教育家的产生刻不容缓，因此我们要求，所有的有识之士，务必要保持清醒的头脑，拥有昂扬的斗志，做不惧流言的勇士、搏击长空的雄鹰，切勿使高贵的教育家成为荒原上的流浪者，伟大导师成为世纪的沉默者、早产儿。

论“伟大教育家”*

[英]罗伯特·R.拉斯克　詹姆斯·斯科特兰

朱镜人　单中惠译

许多关心教育的人认为，当今世界没有人可以称为“伟大教育家”(Great Educator)。有些人甚至说，从来也没有诞生过“伟大教育家”。“伟大教育家”作为英雄神话的一部分，现今已经受到人们广泛的质疑。“伟大教育家”也是一种所谓个体的英雄能够改变人类前行路径的幻想。在当今“超级大国”和国际合作并存的世界，越来越难以想象，任何个人具有对世界产生重要影响的能力。英雄已经转化成为一种抽象的概念，是那些整天忙于日常事务和处理各种冲突的男人和女人们所需要借助的精神力量。在教育领域，这些英雄就是“伟大教育家”。这些英雄形象之所以存在，那是因为我们需要他们存在。虽然我们生活在一个无序的世界中，但我们依然坚信，在某个地方有那么一个人，他手里有一把使无序世界变成有序世界的钥匙。我们都是教育的炼金术士，苦苦寻觅着可以雕琢出教育家的巨石。

支持这一论点的证据是，那些反英雄的人们也同样满腔热情地在寻找着他们的论据。只不过，他们期望，能够在各种委员会、工作团队、苏维埃代表会议(Soviets)里，在民主的进程中，本着民族的善良和依据人民的意愿寻觅到教育家巨石。我们已经从先知时代过渡到了专家时代。虽然许多人——也许是绝大多数人，依然渴望着先知，但是，专家们却没有看到自己的追随者。现今时代像过去时代一样，有许多著名且十分时尚的名字，例如，皮亚杰(Piaget)、尼尔(Neill)、怀特海(Whitehead)、斯金纳(Skinner)①和伊里奇(Illich)等，但很少有人敢冒风险去

---

* 本文选自[英]罗伯特·R.拉斯克、詹姆斯·斯科特兰著，朱镜人、单中惠译:《伟大教育家的学说》，山东教育出版社 2013 年版。题目为本书编者所加。

① 斯金纳(Burrhus Frederic Skinner，1904—1990)，美国新行为主义教育思想的代表人物。——译者注

预测他们中谁会成为“伟大教育家”。

然而，正如怀特海所说的：“凡是在一位伟大教育家出现之后，教育便会发生重大的变革，再也不会是原先的模样了。”[①]在教育的历史进程中，曾经确实产生过一些具有重大影响力的教育家。人们会发现，在面对现实教育问题时，人们仍然可以通过阅读这些教育家的著作，从他们的思想中获得许多有益的启迪。仅凭这一点，他们就完全可以被称为“伟大教育家”。

本书所论述的伟大教育家具有五个共同特征。

第一，每位教育家都为教育的发展贡献了新的理论或对教育进程中的问题作了新的阐释。这些理论也许与师生的心理学有关，例如，卢梭（Rousseau）和福禄培尔（Froebel）描绘了儿童成长的阶段，洛克（Locke）或裴斯泰洛齐（Pestalozzi）阐述了他们心目中“理想的教育家”的品质。他们所关心的也许只是教与学的普通方法和特殊方法。夸美纽斯（Comenius）在这一领域指明了历史必然的道路；罗耀拉（Loyola）和耶稣会派精心构思了严密的教学制度；杜威（Dewey）是“设计教学法”之父（不管其自己如何评价）；赫尔巴特（Herbart）提出的“阶段”理论成为教育学里难以计数的课程的内容。这些先驱者所指引的方向，或者与教育经验的内容有关，或者与教育经验的场所有关。我们发现，卢梭和洛克在教育场所选择方面的意见高度一致，即他们都认为家庭是最佳的教育场所。但是，在应当教授什么的问题上，他们的意见又大相径庭。另一方面，裴斯泰洛齐接受了卢梭的大部分课程理论，但他将教学场所搬到了教室。福禄培尔和蒙台梭利（Montessori）都将注意力放在了幼儿学习过程的研究上，但他们在精心设计的制度上的细微差异又导致他们各自追随者的激烈争执。

总体而言，我们研究的这些教育家都提出了涉及教育和社会的个人新观点。例如，柏拉图非常清楚地提出了至今依然困扰我们的有关个人责任和社会满意两者冲突的问题。又如，卢梭和洛克的教育关注点有所不同，前者关注的是如何防止孩子受到社会不良风气的影响；后者的教育目标则侧重培养绅士为其所在社会做出重大贡献的能力：“我处处受到英国的恩惠，而我又如何效力英国呢？”

---

① 怀特海（A.N. Whitehead）：《过程与实在》（*Process and Reality*：*An Essay on Cosmology*），纽约：哈珀与罗出版公司 1957 年版。

在个人和社会需求两者的冲突中，始终存在着一个永恒的纪律问题。这也是许多伟大教育家为什么都会谈到纪律问题的原因。昆体良(Quintilian)把鞭挞作为“培养顺从品性的手段”；卢梭则寄希望于自然对儿童的约束力；柏拉图(Plato)、裴斯泰洛齐和蒙台梭利则主张通过强迫的方法迫使儿童集中注意力。今天，接受教师教育的学生会发现，这个问题依然像过去一样令人烦恼。

第二，从特定角度看，伟大教育家区别于其他人的一个明显特征，在于他们或多或少都是哲学家。他们的教育理念无一例外地都深深地扎根在各自明确的哲学基础之中，且基于他们对人类本性及其重要性的理解。正是由于这一原因，我们才可以不用花费太多气力就能鉴别出他们各自的教育目的。就柏拉图而言，他告诉我们，为了探寻“正义”的真正含义，他才去审视可以促进“正义”得到伸张的理想国，探讨那种能够促进这种理想国诞生和稳固发展的教育。夸美纽斯、罗耀拉和福禄培尔认为，在我们生活的世界中，人的“完美”是难以实现的，因此，他们所设计的教育制度的目的在于尽可能地使人类接近“上帝”对人类的期望，为儿童日后能过一种较好的生活做准备。赫尔巴特认为，教育目的是伦理学的，教育方法是心理学的。杜威的实用主义哲学观使他确信，思维产生于实际的需要，行动必须通过实际效用来检验。这两个概念对他的教育理论具有重要的影响。本书的著者罗伯特·R.拉斯克博士本人也是一位哲学家。正因为如此，教育哲学家才引起他的浓厚兴趣。

另一方面，这不是一本规范的教育史著作。它无意去记录或评判教育理念的演进。在论述每位教育家时，为了帮助读者了解影响这位教育家思想的因素，我增加了一些相关材料，但可以说，也许除了罗耀拉之外，每位教育家都是论述他的那一专章中的绝对中心人物。我和拉斯克一直不想特别费力去厘清“宏大”的教育历史运动。未“特别费力”的意思是，直到最后一章，拉斯克才在这一方面做了少许的努力。教育家在本书中出现的顺序是按照年代排列的，尽管每位教育家对国际思潮产生影响的速度大相径庭：杜威和蒙台梭利活着的时候已经是世界级的教育大师了，而夸美纽斯在西方人视线中实际上消失了一个半世纪之后才重新引起人们的关注。

第三，这些教育家的特征是他们都具有新颖的教育理念。每位教育家都呼吁与他所处时代的教育规范决裂。甚至像昆体良和罗耀拉，也提出了一些系统的建议要求进行相应的改革，尽管他们的教育目的为他们同代人所接受。其他人，如卢梭和裴斯泰洛齐，坦白地说，他们是革新者，至少在当时他们是被看成革新者的。

第四，人们能够发现这些教育家的思想对教育实践产生影响的场所，正是在课堂里和学科教学中，在中学、托儿所和孤儿院里，面对各种真实的儿童，其中有的是逆反心理的，有的是“没有特权”的，但几乎都未曾接触过哲学。面对这样的儿童，他们提出的教育理念的真理性和实效性受到了检验。这些实践不一定是这些伟大教育家的亲历亲为。实际上，从我们所掌握的资料来看，像昆体良和蒙台梭利这样著名且能够留名青史的教师是不多的，也许著名的教师中还可包括夸美纽斯和柏拉图，不过他们是以论述大师级教师而闻名的。赫尔巴特和杜威基本上是大学的教师：他们致力于培养弟子。但是，在大学的世界中，学生们是以重空谈轻行动而声名远扬的。从所掌握的一手资料看，他们都没有担任过义务教育阶段的教师。裴斯泰洛齐赢得的尊重也是通过督导和个人的人格魅力获得的，在他的课堂里，像无序这样的现象会得到及时的控制。卢梭是纸上谈兵的教师。但是，他们的教育思想却被许多教师在许多不同的场合应用过。因此，这些教育家虽然已经故去，但他们所提出的教育思想却一代代薪火相传了下来。

第五，最后一点是关于教育家入选的资格问题：他们的著作一定在某个时期显然产生过重要的影响。从理论上说，他们也应该继续发挥影响，真正伟大的教育家的思想应当对今天的教育有所启迪。由于教育理论与其他古怪的时髦一样会有其不足，因此，其影响并非一定是不曾间断的。杜威曾经因为被认为是过于戏剧性的教育革命之父而出局，可是在沉寂了多年之后，现在他又“回来了”。罗耀拉和福禄培尔也因为其追随者运用其教育理念而复活。在他们所生活的世界——柏拉图、昆体良的世界以及洛克和夸美纽斯的世界一起消失之后，他们的基本教育理念保存了下来。拉斯克博士选择哲学家是对的：因为哲学与心理学和社会学不同，它不受哲学家所生活的那个世界干扰而更具独立性，那些曾经困扰柏拉图和卢梭的问题今天依然困扰着我们。

如此，我们界定了“伟大教育家”。那么，我们所讲的“学说”（Doctrines）这一概念的含义是什么呢？实际上，本书的题目可能产生了一些误导。学说是一种系统化的东西，但并非所有教育家都打算建立或者勾勒一种完整的教育系统。《教学大全》（*Ratio Studiorum*）这本耶稣会教育制度的纲领性指南，是在罗耀拉去世后一个半世纪才问世的。洛克的工作，正如其著作《教育漫话》（*Some Thoughts*

Concerning Education)的书名表明的那样。[①] 裴斯泰洛齐的理念最初是在其罗曼蒂克小说中提出的，后来虽通过实验得到拓展和修改，但直到最后也还是一种尝试性或实验性的理念。赫尔巴特的贡献主要还是心理学的，他从来没有为年轻人的教育设计出综合性方案。正如福禄培尔和蒙台梭利一样，他们的理论只涉及特定年龄阶段儿童的养育问题。简而言之，"学说"所涉及的范围可能是狭隘的。

从另一方面看，正如我们已经注意到的，他们的教育理念都有坚实的哲学基础。那些仅仅讨论教学方法或心理学的人在本书中是没有位置的。当然，单纯叙事性的作家在本书中同样是没有位置的。此外，本书也不专门研究"伟大哲学家"(Great Philosophers)，除非他们直接论及教育问题。无论他们多么有影响，他们在本书中的出现取决于他们对教育者的影响，例如，康德(Kant)和黑格尔(Hegel)，我们是通过福禄培尔来了解他们的。在最后一章，我们也是遵循这一重要原则来论述对学校教育产生过影响的马克思(Marx)和弗洛伊德(Freud)思想的。

到这里，问题依然存在，那就是，本书为什么选择了这些教育家[②]而非其他教育家？难道亚里士多德(Aristotle)[③]不是"伟大教育家"吗？难道富兰克林(Benjamin Franklin)[④]或欧文(Robert Owen)[⑤]也不是"伟大教育家"吗？其答案在本书的最初计划里。虽然它不是一部综合性的教育思想史，但它的形式还是历史学的。本书考察了希腊时代以来的西方教育，目的在于把我们碰到的现代问题放到历史背景中去认识。本书在选择教育家时有两点考虑。第一，他们的教育思想对西方学校教育产生过显著的重要影响，其中一些是对他们那个时代的学校教育产生过影响的教育家，如昆体良和赫尔巴特；另一些影响范围相对较窄但在特殊领域却有重要影响的教育家，如罗耀拉；还有一些无论时代如何变迁其影响依然不

---

① 《教育漫话》，英文直译的意思是"关于教育的一些想法"。该书专门讨论了英国的绅士教育问题。——译者注

② 《伟大教育家的学说》一书所选的教育家有：柏拉图、昆体良、罗耀拉、夸美纽斯、洛克、卢梭、裴斯泰洛齐、赫尔巴特、福禄培尔、蒙台梭利、杜威以及20世纪教育家弗洛伊德、尼尔、皮亚杰、马克思、怀特海、曼海姆、布鲁纳、伊里奇。

③ 亚里士多德(公元前384—前322)，古希腊哲学家、科学家和教育家。——译者注

④ 富兰克林(1706—1790)，18世纪美国思想家、科学家和教育家。美国文实学校的创始人。——译者注

⑤ 欧文(1771—1858)，19世纪英国空想社会主义者、教育改革家。——译者注

减的教育家，如柏拉图和卢梭。第二，他们中的一些人，尤其是早期的教育家，具有典型的代表性。第二章在论述柏拉图之前，也简要介绍了希腊教育的前辈。亚里士多德的影响主要体现在中世纪，而柏拉图的思想与当今现实更加关联。同样，昆体良代表的是罗马教育，罗耀拉代表的是文艺复兴和反宗教改革运动。

这种研究单个教育家的方法具有一个很大的优点：每一位教育家，正如我们所研究的那样，都是一个实实在在的人，而不是一个抽象的名词。尽管他们比我们的能力强很多，但他们也像我们一样在苦苦地寻觅解决一些永恒问题的方法。他们的见解令人炫目，他们的错误也能令后人从教训中受益。这就是学校教育过程中古典教育的益处，学生不仅可以学到许多新的事实和拓展新的视野，而且可以从那些充满活力的心智中汲取无穷无尽的营养。

第一流的教育家*

陶行知

我们常见的教育家有三种：一种是政客的教育家，他只会运动，把持，说官话；一种是书生的教育家，他只会读书，教书，做文章；一种是经验的教育家，他只会盲行，盲动，闷起头来，办……办……办。第一种不必说了，第二、第三两种也都不是最高尚的。依我看来，今日的教育家，必定要在下列两种要素当中得了一种，方才可以算为第一流的人物。

（一）敢探未发明的新理

我们在教育界做事的人，胆量太小，对于一切新理，大惊小怪。如同小孩子见生人，怕和他接近。又如同小孩子遇了黑房，怕走进去。究其结果，他的一举一动，不是乞灵古人，就是仿效外国。也如同一个小孩子吃饭、穿衣，都要母亲帮助，走几步路，也要人扶着，真是可怜。我们在教育界任事的人，如果想自立，想进步，就须胆量放大，将试验精神，向那未发明的新理贯射过去；不怕辛苦，不怕疲倦，不怕障碍，不怕失败，一心要把那教育的奥妙新理，一个个发现出来。这是何等的魄力，教育界有这种魄力的人，不愧受我们崇拜！

（二）敢入未开化的边疆

从前的秀才以为“不出门能知天下事”，久而久之，“不出门”就变做“不敢出门”了。我们现在的学子，还没有解脱于这种风气，试将各学校的同学录拿来一看，毕业生多半是在本地服务，那在外省服务的，已经不可多得，边疆更不必说了。一般有志办学的人，也专门在有学校的地方凑热闹，把那边疆和内地的教育，都置之度外。推其原故，只有一个病根，这病根就是怕。怕难，怕苦，怕孤，怕死，就好

---

* 本文选自方明编：《陶行知教育名篇》，教育科学出版社 2005 年版。作者陶行知(1891—1946)，教育家，思想家，民主主义战士。

好地埋没了一生。我们还要进一步看,这些地方的教育究竟是谁的责任。我们要晓得国家有一块未开化的土地,有一个未受教育的人民,都是由于我们没尽到责任。责任明白了,就放大胆量,单身匹马,大刀阔斧,做个边疆教育的先锋,把那边疆的门户,一扇一扇都给它打开。这又是何等的魄力!有这种魄力的人,也不愧受我们崇拜!

敢探未发明的新理,即是创造精神;敢入未开化的边疆,即是开辟精神。创造时,目光要深;开辟时,目光要远。总起来说,创造、开辟都要有胆量。在教育界,有胆量创造的人,即是创造的教育家;有胆量开辟的人,即是开辟的教育家,都是第一流的人物。大丈夫不能舍身试验室,亦当埋骨边疆尘,岂宜随便过去!但是这种人才,究竟要到什么时候才能出现?究竟要由什么学校造就?究竟要用什么方法养成?可算是我们现在最关心的问题。

教育家必先具有教育精神*

刘庆昌

每当面对现实教育的问题，我都会产生对于教育家的渴望。因此，我们需要对教育家做进一步的思考，思考什么样的人是教育家。根据多年的研究，我觉得教育家应具有以下三方面的内在特征，即教育精神、教育思维、教育机智。而具有教育精神，显然是教育者通向教育家的第一步，所以，教育家必先具有教育精神。

每个行业在长期的历史发展中，都会形成自己的行业精神。行业精神一般是对行业本质和行业理想的表达。因而，不具备行业精神的人，即便身在行业之中，根底上仍是个局外人。教育是历史悠久的人类实践，自然也在历史过程中生成了自己的本质和理想。遗憾的是，我们的教育理论迟迟没有把教育精神作为其思考的对象，以至教育者几乎没有在教育精神的方向上进行努力，因此，我们难以见到真正的教育家又有什么奇怪呢？

雅斯贝尔斯说过："在教育中，教育和教学的精神是至关重要的，我们应关注这些关键问题，而少管一些细枝末节之事。"[1]他并没有回答教育和教学的精神是什么，但我想他之所以认为教育和教学的精神至关重要，应是感觉到教育和教学的精神是基础性的和主导性的，应是教育和教学的魂魄。具体到教育者，如果他们有了教育精神，自然就有了教育家的气质。也许有人会想，教育者都是具体学科的教师，教育精神难道还会比一个教师的学科知识造诣重要吗？答案是肯定的。原因是学科知识可以是一切人类实践者的基础，教育精神则是属于教育者的。从获得难度上讲，具备学科的知识要比具备教育精神相对容易。知识是可以通过学习得来的，而教育精神的获得却不仅仅是认知学习的结果。

---

* 本文选自《江苏教育研究》2010年第20期。作者刘庆昌，教育学博士，山西大学教育科学学院教授、院长。

那么，教育精神究竟是什么呢?

从功能上看，教育精神应该成为教育者的基本信念，成为一切教育创造的第一依据，成为衡量教育行为的基本标准。教育者就是教育活动本质特征的体现者。又因教育精神就是教育活动本质特征即教育性的转换与升华，所以，只有体现了教育精神的教育者，才算得上是完全的教育者，才可能成为教育家。

首先，教育精神应该成为教育者的基本信念。无论教育精神的实际内容是什么，它必须化为教育者的基本信念，才可以让教育活动具有魂魄。每一种行业均会有自己的“道”，即有自己的基本信念，教育当然也不会例外。但是，教育者中明白教育之“道”并能以其为基本信念的能有几人呢？我们发现，做了一生的教育工作却毫无教育家气质的人，同时也能发现资历不深但做起教育却大气恢弘的人。这两种教育者的差异，关键应在于明白或未明白教育的精神，有或没有把教育精神作为自己的基本信念。

其次，教育精神应该成为一切教育创造的第一依据。也就是说，无论我们在教育领域进行什么样的探索和创新，都必须首先检查所进行的探索和创新是否符合教育精神。实事求是地讲，一般教育者缺乏这种习惯，说到底是缺乏这种意识。这就导致了教育领域的探索和创新容易出现的两种不足：其一，多为缺少教育韵味的技术性创新；其二，有时甚至背离了教育的追求。应当承认，教育领域的探索和创造主要集中在“手段”范畴中。而且，这种探索和创新还很有市场，颇得大众的欢迎。比如，学校的教师一般很少关心外界教育思想的变化，也很少关心自己教育观念的更新，但对一种新的教学方法的成果却会表现出极大的关心。为什么会这样呢？一方面是因为他们是“做”教育的人，自然更关心高明的“做法”。而另一方面也说明他们漠视教育的精神。教育是建构青少年健康人格，养成全面素质的精神文化活动，如果缺少了教育精神作为行动的前提，必然要损毁教育活动的本性。一个教育者，只有在拥有了教育精神之后，才是真正的理论意义上的教育者。倘若一个教育者只是崇尚技术，追求功利，他与“学徒”的“师傅”并无二致，算不上塑造人类灵魂的工程师。

第三，教育精神应该是衡量教育者教育行为的基本标准。教育精神就是教育活动本质特征的充分体现。只有体现了教育精神的教育者才算得上是完全的教育者。学校的管理者、学生以及学生的家长，都会评价学校里的教师，对教师的教育行为发表自己的意见。可他们评价教师教育行为的标准又是什么呢？仅凭经验的观察，我们发现管理者对教师的评价一般会在德、能、勤、绩四个方面进行。德、能、勤，考察的是个人的素质问题；绩，是教师教育劳动的结果问题。显然，管理者对教师的评价主要看两个方面，一是教师个人的素质，二是教师所取得的成绩。学生对教师教育行为的评价要细致得多，他们虽然也看重教师的个人素质以及最终的结果，但更重视自己在教育生活中的切实感受。学生对教师的评价最容易接近教育劳动的本质特征，只是他们无力用理论的方式把自己独特的感受表达出来。至于学生家长对教师的评价，应该说还涉及不到教育行为的层次，他们一般是以自己的孩子在学校所取得的成绩和心灵感受为依据的，多少会带有功利化的倾向。可以看出，人们对教师及其教育行为的评价思路是非常简明的，但简明中又的确缺少了什么。缺少了什么呢？就是缺少了对教育精神的关注。

什么是教育精神的实际内容呢？教育干预的关怀性，说到底是一个爱的问题，教育干预的策略性，说到底是一个智的问题。爱和智统一于教育性的干预中，爱智统一就是教育精神的实际内容。

爱，是一种深刻的情感。教育中的爱，无论以怎样的形式表现出来，其实质都是教育者在与受教育者的交往中产生的，是指向受教育者的，是关怀性的、建设性的情感。进一步说，教育中的爱，并不是先在的和无条件的，它只能产生于交往，作用于交往。爱可以是超越的，却不能是抽象的。其超越性，表现为教育者爱的情感，能够超越阶级、脱离偏见、不受制于情境；其具体性，表现为爱的教育情感，不能是一种模糊而无对象的个人体验。教育，意味着干预，干预因其基于交往的不对等性，无论怎样修饰，对于受教育者来说都是不自然的。但教育者并不因此而放弃干预，那样等于对对象的放任，是一种不负责任的做法。如果是关怀性的、建设性的爱所支配的干预，即便是蹩脚的，仍不失为一种道德的行为。这正是普天下的学生，并不因自己的老师当年教育不得要领而背叛他们的深层原因。因为有了爱，什么样的不理解、不接受，在时间的推移中，都能被理解和接受，因为人们最终总能够感受到爱所带来的关怀性和建设性。

爱的教育情感不会只是单薄的情境性的教育情感，它还会牵涉到教育者的人文主义情怀和理想主义气质。所谓人文主义情怀，是一种关爱自然、自尊自信、同情他人的情怀，又是一种关注心灵、关注精神、关注永恒的情怀。与其说它基于人文知识的修养，不如说它是基于善良、纯真和威严人性的素质。具有人文情怀的教育者，应是严肃而浪漫的、善良而深刻的，他们的精神状态是崇高而自由的。相反，一个自私的、猥琐的、狭隘的人，做人已很勉强，何况为师，何况为教育家？所谓理想主义的气质，是一种乐观、超越的心态外化的结果，其根源在于心灵的纯粹。具备这种纯粹的人，可以说就是具备了成为教育家的主要天赋。教育是面向未来的事业，人及社会的理想总会以各种方式在教育中表现出来。虽然说教育活动具有鲜明的现实性，但它一点也不排斥理想主义的精神渗入其中。理想和现实是对应的，缺乏理想主义情怀的教师，注定是一个现实主义的人。现实主义并无可指摘，但它无疑更加容易滑向功利主义的泥潭。一旦功利心充斥了教师的心理世界，成为教育家便没有了可能。我们积极地肯定教育者的理想主义气质，并不是要他们忘却现实的教育目标，而是希望他们不可因教育目标的现实性而牺牲了教育自由、灵动的品质。

智，一种近乎灵动的思维。教育中的智，无论以怎样的形式表现出来，在教育的追求面前，都能显示出其策略性的特征。智和爱显然是两个范畴的事情，一个是认知的，一个是情感的，但在教育过程中，智就不是一种孤立的认知事件了。我们在教育的过程中运用智慧，寻找策略，虽然有纯粹的效率方向的追求在内，但也会有对受教育者关怀的爱的原因。而且，爱的原因是教育者运用智慧的更为根本的原因。夸美纽斯曾说："我们这本《大教学论》的主要目的在于：寻求并找出一种教学的方法，使教员因此可以少教，但是学生可以多学；使学校因此可以少些喧嚣、厌恶和无益的劳苦，多具闲暇、快乐和坚实的进步；并使基督教的社会因此可以减少黑暗、烦恼、倾轧，增加光明、整饬、和平与宁静。"[2]从中我读到的不只是一个学者的理想，更有一个教育家的爱的情怀。当然，智慧一旦开始了运动，就是认知性的事件，教育者对教育策略的探索，是要遵循各种规律的，是要发挥自己思维创造性的。只是他们的思维，始终接受了教育精神的引导，从而，他们所寻找到的教育策略，不只是一种世俗的聪明，而是一种教育的智慧。

拥有教育精神的教育者，就是爱智统一的教育者，是近于教育家的。这止像体现了军事精神的人才是真正的军人。不具有军事精神的人，即使身着军装，也只是徒有军人的外表而已。用爱智统一教育精神观照现实的教育者，我们会发现许多的问题，同时，也会明确教育者努力的方向。过去，我们教育界也是重视精神因素的，一贯倡导教育者甘做人梯、铺路石，努力做人类灵魂的工程师。但应该说，这样的倡导并没有体现教育职业的精神内涵。教育家固然要有宗教家一样的爱，也需要行动的智慧。更重要的是要把爱和智在教育过程中统一起来。当爱和智在教育中统一之后，爱为智爱，智为爱智，此谓教育精神的真谛。一个具有了教育精神的教育者，基本上就是教育家了。

参考文献：

[1] 雅斯贝尔斯著.邹进译.什么是教育[M].北京：生活·读书·新知三联书店，1991.

[2] 夸美纽斯著.傅任敢译.大教学论[M].北京：人民教育出版社，1984.

以教育为志业：教育家的精神实质*

金生鈜

在今日中国，“教育家办学”成为一个响亮的口号，并被作为我们应当具有的常识。笔者认为，虽然当前我国教育处于大变革时代，引人注目的教育新闻人物出现了很多，但是能够称得上教育家的人还似乎是凤毛麟角。我们看到的更多是教育资本家、教育宣传家，看到的是在教育领域中的官僚，而很少看到教育家。教育家到底是怎样的教育工作者，教育家是如何产生的，似乎是当前最大的困惑。基于此，本文将采取规范理论的方式，探讨教育家应当是怎样的教育工作者，他们应当成为什么样的人，以为理想的教育家画个像。

一、为什么需要教育家

当前，为什么会突然召唤教育家？笔者认为，其主要是因为我们的教育存在一些问题，需要一批教育家来解决。当前，我国教育出现的严重问题是教育的功利化和教育价值扭曲，这是我国教育过于受政治、经济所控制而屈从于政治和经济的结果。教育的功利化和价值扭曲导致教育缺乏人性关怀、人文精神和教育精神。具体来说，这些问题主要表现在以下几方面。

其一，我们的教育整体上忘记了人是一个有灵魂、有精神的存在，忽略了灵魂内在的独特性与完整性，忽略了灵魂与世界、与他人灵魂的完整而复杂的联系，忽略了人性、精神健全对于人类共同生活的价值。我们的教育把人作为工具加以塑造、加以操纵，并以简单的工厂化方式塑造一个人被使用的功能，所以，教育致力于培养遵从的、驯服的，没有反思力、想象力和判断力的工具人。这种现状使得教

---

* 本文选自《中国教育学刊》2011 年第 7 期。

育的人文精神不足，人性关怀欠缺，人性培育不够。如果我们认为人是有灵魂的存在，人的精神具有完整性和独特性，人在思想、情感、行动等领域中的杰出表现是人的精神健全的结果，那么教育的永恒使命是引导人追求灵魂的善与高尚，追求精神的健全与完整，使人成为一个具有卓越和崇高人性的人。

其二，我们的教育忘记了作为道德主体和未来公民的学生是平等的人，没有平等地对待每个学生。我们的教育制度和学校实践把学生看作是具有不同工具使用价值的个人，把学生分成三六九等，在教育过程中为不同等级的学生分配不同的教育机会、资源与教育利益。我们的教育更多地偏向那些被认为具有更大社会价值的人，这导致对部分学生的身份歧视。

这一点是与我们把人看作是无灵魂的工具联系在一起的。当人是工具的时候，我们必然更重视具有较高工具价值的人。人们一直认为，精英的使用价值高于一般人的价值，精英是社会的管理者和领导者，而大众是社会的被管理者和服从者。因此，精英值得社会和教育给予更多的重视，教育机会和资源应该更多地向未来的精英倾斜，那些才能平平的大多数人是不值得受教育重视的。这样就产生了以分数为标示的价值等级，以及按照这种不同等级分配教育资源与利益、区别对待学生的现实。那些被判定为能力平平的人，在学校教育体制内接受着较少的资源和机会分配，或者逐步被教育淘汰。当前我国学校“考试成绩至上”的现实就是这样形成的。这样的体制性构想区分了精英与大众、上层与下层不同的教育方式，形成了一个单纯以分数标示人身份和价值的标准，这必然导致全社会对考试分数的推崇。我国教育的不公正之处就在于教育歧视性的等级制。

如果我们承认每个人作为道德主体是平等的，每个人的生命尊严是平等的，那么教育对其人性发展的期望就应该是平等的，每个人对生活前景的期望也是值得尊重的。因此，一个社会的教育不能违背这种平等原则而对人进行甄别和分类。教育制度必须在平等立场上考虑每个人，也就是不论一个人的家庭背景、社会条件、天赋才能、身体状况如何，教育都要把他们作为具有平等价值的人进行培养，平等地对待每个受教育者。

其三，我们忘记了教育培养的人是一个以自己的思想和行动参与公共生活的人，忘记了教育培养的是公民。教育所考虑的就是如何将人安排或放置在社会机器和经济机器之中，而不是培养一个独立自由、享有权利的人。如果教育持有这种观念，那么就意味着具有较高工具能力的人是在社会和经济中占据重要地位的人，就是人才。由于这样的人获得了较高地位，这样的教育必然引导人追求私利。笔者认为，当下学校教育培养的就是一个人战胜他人、获得更高社会地位、满足自己私利的意识和能力。追名逐利、渴望出人头地，就是这种教育培养的人生态度。这种教育强化和放大了社会竞争，把社会理解为一个弱肉强食的丛林，一个人只有处在更高的位置，才能生存下去或者生存得更好。因此，每个人都被卷入残酷的竞争之中，试图战胜他人，获得成功。

教育是通过共同生活来培育公民的实践，因此，教育不是一个私人的世界，不是为了个人的私利，而是为了一个共同的世界。我们通过教育所获得的品质都是在公共领域中通过行动而实现的品质，也是在公共领域中行动的品质，是一个人参与公共生活的品质。这当然需要教育超越单纯的消费性和私人性，真正地具有公共性。而现实中，我国教育只是实利主义的，它把人们引向对金钱的追逐，为人们准备的是生存而不是生活；它培育的是战斗、竞争获胜的意识和能力而不是合作、相互造福的意识和能力，培育的是市侩式的自我放纵者而不是具有公共精神的公民。

一个好的教育实践，就是看其是否站在公共性立场上丰富和升华人性，让人高尚的、珍贵的精神力量——关切公共福祉的理性行动的力量，让那些蕴藏在人身上的自由而负责的公共道德品质充分发展起来，而不是培养人通过竞争性学习来获得占据社会地位和经济地位的资源的能力。就人性而言，伟大、高贵、优秀的人性从来都表现在公共生活中，而不是表现在脱离共同体的私人领域里。如果教育失去了公共生活的维度，仅仅关注个人生活的利益追求，且专注地为这种利益追求服务，那么教育就忽略了人性的本质。

以上问题说明，在这个时代，教育发生了价值颠倒。教育把工具价值、手段价值放在了最为重要的位置，而把人性、灵魂、人格的健全放在了末位，它希望实现的是人外在的经济发展，而不是人的发展本身。这样，精神、灵魂、理性、意志和情感等涉及人的精神完整性的内容就被遗忘，造成了精神的放逐。如果教育的现实背离了“人性实现优秀”的发展目的，那么教育就不是合乎人性的，就不是合目的、合价值的。

缺失人文精神的教育，实际上是背离了教育价值的教育，也就是没有教育精神的教育。当前，由于外部行政力量的强烈干预，教育成为行政体制的附庸；也由于社会过度的经济化和功利化，教育和学校成为经济增长的奴隶，教育自身的独立、内在的价值被贬低或扭曲。这种现实导致学校教育的狭隘化，使其以满足利欲的知识学习和技能训练代替人性的培育。在这种状况下，学校教育不是关注人更高层次的生活，不是努力提升人精神的丰富，而是彻底地生产“利欲人”。

我国教育出现的问题，不是一些简单的教育改革程序中的技术问题，而是价值取向问题。由此看来，我们不是需要一些教育专家来治疗教育中存在的各种操作性问题，我们需要的是那些追寻和守护教育普遍价值并把这些价值贯彻在学校教育实践中的人，是那些把教育理想转变为教育现实的人。他们是教育变革中防止教育价值颠覆的人，他们以正直、勇敢、执着、忠诚的品格，以敏锐、智慧的思想突破各种困境，创造丰富的教育实践。这些人可以称之为教育家。

二、需要怎样的教育家

面对教育中存在的诸多问题，我们需要怎样的教育家呢？笔者认为，教育家应该具有优秀卓越的品质，这是教育家在教育实践中形成的人格品质和精神气质。具体来说，教育家应具有以下几方面优秀品质。

（一）教育家的良知

教育家是具有教育良知的教师。具有教育良知，就是指教师要永远坚持自己对于教育崇高价值的追求，坚守自己的教育理想。

教育家是具有良知的人，是具有教育价值关怀的人。如果一个教育家对人类和祖国的教育命运具有深刻的体悟，对教育的终极价值有深刻的理解，对教育精神具有深切的把握，并以这种体悟和理解作为其教育行动的基础，那么他就是有良知的人。良知是教育家正义感和责任感的凝聚。

教育家的良知来自他们敏感的教育心。面对现实的种种不符合教育终极价值的所作所为，他们感到深深的刺痛，他们深深地为教育所遭受的价值扭曲而担忧，他们为人类、为民族的教育缺乏应有的高度而担忧，他们为人类社会缺乏正当的教育而焦虑，他们试图以自己的教育理想和教育行动改造教育。他们毫不动摇地坚守教育的理想，以追求教育精神的现实行动来改造教育。

教育家严肃地探索教育的意义和目的，探索符合教育价值和教育精神的现实行动，他们具有教育目的感，具有对于好的教育的深刻认识与信念。教育家具有关于世界、社会以及人生的理性观念，这有助于他们形成关于教育本真意义的理解与认识，使他们具有自己的教育理想和个人教育的行动理念。当现实中存在各种思想矛盾、价值冲突、利益诱惑时，他们对教育目的依然具有一种清醒和敏感的坚持，使自己的办学实践处于这一目的的引导之下，使教育工作符合教育的价值。因此，他们对教育具有一种真诚，也具有一种理性的忠诚。

教育家具有良知意味着具有一种精神情怀，即对教育终极价值的信仰与守护。因此，教育家具有宗教般的信念和殉道者的精神，以保卫教育的恒定价值。如果一个教育家对教育不具有一种根本的理解，没有根本的原则，无法给出一种信念，他只是把教育和学校作为自己发达的工具，那么他就不是为了教育，他也难以办好教育，更难以称得上是教育家。

教育家具有对于好的教育的深刻信仰，他们形成了办学、进行教育的原则和信条，这些原则和信条来自他们对教育目的和教育终极善的理解，须经得住历史和社会的考验。教育家的原则和信条是他们从事教育的根本条件。教育信仰促使教育家纯粹地为教育本真价值的实现而行动，激励他们维护教育的高贵价值，维护人的心灵接受教育的纯粹性，维护国家和民族追求的教育的公共性。对于教育家来说，教育就是他们的生命，就是他们的人格尊严所在，是他们追求的高尚价值所在。教育家维护教育的神圣性和永恒价值，他们以伟大的信仰和人格维护教育的尊严。

教育家具有正义感。他们对于民族、社会及时代的命运具有使命感，他们把自己的教育工作与更好的人性和更好的社会联系起来，努力探讨教育应当作出的选择，并把它们当作自己的责任。教育家具有一种不顾一切地遵循理智召唤与指引的人格素质，他们追求教育的本真价值和理想，并把这种理想内化为自己的行动。他们能够为真理和教育目的的实现承担苦难，具有为真正的公共利益以及教育理想承担责任的品格，具有能够为追求公正的教育而奋斗的精神。

教育家具有良知，意味着他们必须承担作为知识分子的责任，采取批判和反思的态度，使其教育行动与更广泛的社会和文化联系起来，使其以开放、深刻、高尚的心灵真诚地与师生交往。所以，教育家的良知表现出他们的教育实践具有关心、关切和关联三种取向。他们以自己的工作关心人的心灵，关切人类和民族面临的重大问题，并且把自己的教育行动与社会的改造和进步关联起来。教育家以学校为场合，以教育为方式，为社会的文明和进步做出贡献。这样的高度并不宏大，他们只是把自己现实的、微小的活动看作是一种教育文化的创造。

教育家的良知是教育家内心怀有的根本道德法则，这是教育家教育行动的根本条件，是他们教育生活的生命线。他们的良知表现出对教育的道德追求。缺乏良知，就意味着没有根本的价值操守，没有坚持教育理想与教育精神的勇气和能力，这不是一个教育家的品质。

（二）教育家具有智慧

教育家具有智慧，意味着他们具有把实践与理想结合起来的能力，具有敏锐的价值判断力和事实判断力，具有将自己的教育理念与具体所面对的情境结合起来的能力，具有将教育的本质价值体系与各种复杂的现实图景结合起来的能力，具有反思自己的行动目的、方式及其道德结果的能力。

作为教育家，他们理解社会、宇宙和人类自身，勤于思考教育的道德与伦理问题，具有明智的判断力，具有清晰、有效的思想和行动能力；他们明确地知道什么是正确的教育、什么是错误的教育，并能作出恰当的道德抉择。教育家的教育智慧是对教育中重要事务进行抉择的能力，也是抵抗各种利益诱惑、抵御教育违背本质价值取向的力量，更是抵御恶的力量。教育家的判断力是一种追求理想、立足现实进而改造现实的能力或智慧，是一种把理想与现实结合起来的能力。所以，教育家具有的教育智慧关涉到教育的重大抉择。

教育家的智慧帮助他们思考并衡量教育价值，使他们知道如何通过选择和行动来保护教育的精神。教育的社会制度环境是复杂的，教育面对的人性是复杂的，教育的过程是复杂的，教育的结果也是复杂的，教育家的智慧就是在面对这种复杂性时能够作出符合教育价值的正确选择，建设一所美好的学校。教育家的智慧是一种创造的承诺，是一种在复杂的现实中能够明智地选择一条道路、创造一个与人性需要和人的尊严相一致的学校教育的能力。它意味着教育家有能力去问这样的问题："我们的行动创造的是什么样的教育？我们是否可以改造我们已有的学校，使之更好地实践教育的理想？"

教育家的智慧意味着，在现实社会的具体境遇中，善于考虑教育行动的后果。这意味着教育家的智慧是一种道德行动的能力，是一种对教育行为的慎重选择，它表现了教育家在处理教育问题时清醒、慎重和负责的理性能力。教育家面对着学生的成长，影响着社会的文明和进步，其责任重大。所以，教育实践特别需要教育家的智慧品格。教育家具有智慧，表明教育家是理性的、善良的、明智的、勇敢的、高尚的，也是卓越的。智慧绝不是老于世故、游刃于社会，而是指能够把自己的品质卓越地表现在教育行动中。

（三）教育家的实践能力

教育家在任何一个时代都是杰出的教育实践者，他们有敏锐的时代洞察力，具有创造性和敏感性。他们的行动是他们成为教育家的关键原因。

教育家具有清晰、有效的思想和行动能力，具有创造独特而有价值的教育环境、教育方式、教育共同体的能力，具有开放的心态。他们能够不断地丰富和更新自己的经验，能作出恰当的教育行动抉择。这意味着教育家的实践是他们成长的根本途径，或者说，教育家是教育行动家，是教育实践家。

能采取道德的、合宜的、有效的教育行动，是教育家的实践能力，这是在教育家的良知、教育家的智慧影响之下的教育行动。教育家在学校教育中的决定、行动和行为，他们提出的规划，他们的办学方向，等等，都是他们的教育实践。评价教育家的根本标准是行动，也就是他们所创造的独特的教育实践形式是否伟大、卓越和高尚，他们能否把教育理想、理念体现在实践之中，能否以自己的行动来改造现实的教育，能否使学校教育成为一项善业。这就是教育家之行动的内涵。

教育家应当是教育行动的典范人物。他们以自己杰出的教育行动实践教育理想与价值，为所有的教师作出示范；他们运用理性的行动抵抗那些扭曲教育的行为，为高尚或美好的教育而行动。教育家面对高尚或美好的目的坚定不移，这种勇敢执着的行动品质使他们在任何情境中都有着冷静、沉着、乐观、智慧的处理方式，使他们具有坚韧不拔、积极向上的精神力量，在各种现实压力的条件下仍然坚持合理的行动。

教育家以自己具体、现实的行动体现着对教育的爱，他们满怀着对应然价值和美好事物的乐观与期待。他们的行动是价值性的追求，是一种对价值理想的坚持与追求，是一种善的创造。在现实教育中，尽管他们会面对各种各样的障碍、限制、扭曲，但他们不会失去对教育的信念，不会失去对教育价值的坚守，他们能够在困难和挫折中坚持自己的行动。所以，教育家的生命与教育有机地融为一体，他们比理论家更实在、更伟大，因为他们是把理论转化为实践的人。

三、为何以教育为志业

教育家的生命与教育融为一体，意味着他们不是把教育当作职业，而是将其作为一种为之奋斗的志业。这种志业表现了教育家品格与生活的统一、道德追求与工作的统一、生活意义与事业的统一。以教育为志业，意味着教育家把教育看作自己生命的价值所在、生活幸福的根本实践。

教育家不把教育作为一种职业。如果是职业，那仅仅是一种谋生方式，任何人都无法对职业保持内心的忠诚和付出，因为职业是与人格、生活相分离的。如果一个人把职业当作其一生愿意付出的、维系生活意义的志业，那他才是真正热爱这个职业的。所以，教育家以教育为志业。

教育家也不是简单地把办教育作为自己的专业劳动。以教育为专业，本质上还是把教育实践作为一种常规式的按照相关规程和知识运作的过程。尽管专业的实践需要精细的能力、规范的知识和娴熟的技巧，但其还是按部就班的，缺乏热情和热忱。虽然专业要求人具有一定的道德责任，但是这样的道德责任是外在强加的，而不是人通过反思性实践和对教育本真价值的追求而自我追求的，也就是说道德不是自主的。专业是一个人谋生和谋利的手段，人从中获得的是外在的荣耀和利益，而不是人内在价值的体验和人生的意义感。

教育家不是一个简单的教育工作者，他们把教育实践当作一种志业。也就是说，教育家是以教育为志业的人，是具有志业感的人。教育家的志业感是一种把教育作为天职的精神，亦即教育家的实践行动时时刻刻都是听从教育的召唤，他们是为教育而存在的人。在一定意义上说，教育家只是听从教育召唤的人，他们的激情、热忱都是响应教育本真的召唤，他们将自己的全部奉献给了教育。以教育为至上，是教育家行动的根本原则。

志业的特色在于以道德实践来理解教育。志业是在专业之上的，它的目的是求善求美。以教育为志业，需要把教育看作是一生价值实现的善业，需要个人优秀高尚品质的支撑，需要纯粹的热情和热忱。以教育为志业，意味着对教育有一种与生命联系在一起的关怀，有一种道德理想的实践，有一种非这样做不可的义务感。教育家最为本质地把教育作为志业，作为他的道德实践，他热切、积极地追求教育的善，把日常的一切工作和行动都当作道德实践。所以，教育家是具有道德精神的人，他的教育实践是道德作为。

为教育而存在或者以教育为志业的人，是从内心里把教育作为他的生命、作为其安身立命的意义所在。也就是说，服务于教育就会使他的生命具有意义。因此，他不是工具性地看待教育，而是从本质上理解教育。在以教育为志业的前提下，他把教学、学习、学校以及学生都当作是与教育合为一体的事情而为它们考虑，忠诚于它们，热爱它们。这就是忠诚于教育事业。

以教育实践为志业，这是教育家的根本前提。这意味着教育家是为教育而存在，不仅仅是靠办教育而获得声名，或者升官发财。以教育为志业，就是以教育为自己的生命意义所在。教育家是为教育的本真价值而存在的人，而不是靠教育飞黄腾达的人。只有首先把办教育作为自己的志业，教育家才能称得上是为了教育的人，或者是为教育而存在的人。

四、创造怎样的学校

教育家是按照教育价值和教育精神来办学的人，是以自己独特的教育理念来支撑自己教育行动的人。因此，教育家能够针对学校具体的现实，提出独特的学校理念，能够建设一所具有独特精神气质的卓越学校。

一所卓越的学校是学生的精神得以健全、良好发展的地方，是一个人的人性、人格和心智得以培育和提升的精神家园。学校所提供的课程、环境、帮助都是一种媒介，都是为了培育人们在世界、社会、自然、人生中正当地行动所应具备的智慧、良心和能力，即培育健全的人格、优秀的人性。所以，卓越的学校教育是为了精神的变革、灵魂的提升和经验的更新，是为了人性的优秀。教育家办学就是以人性的教化为中心，真正地让学校成为人的理性、德行和个性得以优秀发展的地方。

卓越的学校在各个方面，包括课程、管理、环境等，都渗透着真理、美、善、平等、自由、正义、和平、合作等普遍价值，学校运用这些人类的普遍价值来培育学生的精神人格。一所卓越的学校其实就是在实践这些价值方面的杰出代表。也就是说，一所学校是否卓越在于它是否将这些价值作为学校的信条和原则，作为教育行动的根本导向贯穿于学校的整体性实践之中。从这个意义上说，教育家办学，就是以独特方式进行价值实践，创造健康、安全、幸福环境的道德共同体。它意味着把学校建设成一个有道德的、和谐的、安全的、发展的、教育性的、具有价值理想和独特精神气质的场所，建设成为一个让师生觉得对工作、学习、行动、成长和发展有意义的精神家园。

教育家办学的本质是追求学校的卓越和优秀，即创造学校的道德精神，塑造学校的道德文化，实现学校的卓越。塑造学校的道德文化和独特的价值环境，是建设学校的理想。这意味着，教育家的教育实践和人格典范都是面向学校变革的，也就是对学校进行道德改造，全方位塑造学校道德文化，凝聚学校的精神风貌，把学校建设成具有道德性的教育共同体。所以，一所卓越学校的诞生，就是一个教育家成长的实践过程。

笔者心目中的教育家是淳朴、独立、勇敢和执着的教育实干家。他们排除空泛、虚假的宣传，以教育的真正理想为上，把道德良知与人格教养贯穿在教育行动之中，以关怀人性的眼光看待我们面对的时代问题和教育问题。他们以纯粹的教育活动抗拒庸俗、卑鄙和虚伪，他们的事业是对社会堕落到野蛮、灵魂沉沦为虚妄的防御，他们的使命是拯救纯粹、朴实、真诚和高贵的人性，通过对教育的追求而保持和传播高贵的情感、精神和观念，让孩子们的灵魂在教育的启迪中得以照亮、得以卓越。教育家的努力使得教育成为一种伟大而高尚的事业，使得学校教育成为一种人文的事业、一种善的事业。正是通过他们，孩子们才具有了对于伟大而美好事物的真正而崇敬的体验，才具有了关怀世界、热爱生活的精神品质。

正是由于教育家对人间美好事物的坚持、对人性优秀的期望，人类的高贵精神才不至于朽灭。在一个庸俗的时代，教育家精神纯洁、意志坚定，他们不放弃、不屈服、不苟全，表现出教育精神的健全，这是教育最为重要的条件。尽管这看起来是那么艰难，但笔者认为，在我们的国度，追求这样的理想是必要的，也是可能的。

正如前文所说，现代社会的鄙俗、无教养、野蛮及不文明，生活的经济化和享乐化，文化的庸俗化，使得崇高事物和卓越品质被贬低，人性本身的优秀不再被重视，学校教育越来越成为一种获得金钱和地位的方式，教育失去了教育的价值。因此，我们需要纯粹的教育精神和教育行动，这有赖于教育家的品质与实践。教育家应当是文明社会的缔造者，是文化崇高精神的培育者，是教育象牙塔的维护者，是人性优秀的促进者，是社会进步的推动者。

从教育家成长的环境来讲，这个时代也许还不是很成熟。这并不代表这个时代的教育乱象不能产生教育家，而是说，这个时代缺乏教育家成长的自由条件。一个民族、一种文化、一个时代，不仅需要勇敢的教育家守卫教育的本真价值，以独特的思想创造教育活动，追求学校的卓越，而且需要明智的政治家创造公正、合理、有效的宏观教育制度。我们不仅需要教育家办学，还需要教育家办教育、管教育。

“领袖的责任”:教育家之天职*

[美]杜　威

在南京的讲演①

教育家包含教育行政人员与学校教师。在不同的教育家中,求其共同之点,就是有“领袖的责任”。领袖是教育家的第一责任。要能尽领袖责任,就要有领袖资格。就教师方面说,学生知识经验少,便要来补充,自制能力薄弱,便要用管理训练的指导;就教育行政人员方面说,教师的知识囿于局部,不能普及于教育全体,要加以指导。能如此便有领袖的资格。

领袖的资格,与“主人—独裁—专制”不同。譬如行路,领袖不过指示途径。他的知识阅历多,对于旧有道路很为明了,指导同伴如何走法,这是关于知识的。还有关于感情的,对于目的给同伴一种亲切有味的观念,感动其兴趣,使有前进的热诚,不肯中道而止。

领袖所做的事,不过提出知识、意见供同伴之参考,使同伴观念明澈,更引起其感情,使其自动去做事,并不从外方用高压强迫他做事。至于独裁专制的人,则与此相反,发出命令,强人遵守。

领袖资格与独裁专制不同之点:领袖引导于前,独裁阴骗于后;领袖与被领者生活相共,有共同利益,独裁与被裁者只有机械关系,无同情亲爱,无共同利益。

今以简单之比喻,说明领袖与被领者之关系:譬如登山,山路崎岖,一群人都

* 本文选自单中惠、王凤玉编:《杜威在华教育讲演》,教育科学出版社2007年版。原题《教育家之天职》,收入本书时由选编者改为现题。杜威(1859—1952),美国哲学家、教育家,实用主义集大成者。

① 本次讲演由刘伯明口译,发表于《时事新报》1920年5月14日。

不晓得向何处走。有人先时曾经走过，这人就应当负引导责任，和他们共同登山，行在他们的前边，不可行在后面，不可离开太远，须在适当之距离。在途中，一方予以明了知识，告以从何处走，到何处止；一方鼓其勇气，使深信达到目的之价值；又要使他们不安于小，登了这个山峰，看见前面的山峰比这个高，更鼓其勇气、激其感情，往高峰登去。教育的领袖有三种要素或三种资格：

(1) 对于知识有热忱；

(2) 对于被领者有兴趣与共同利益；

(3) 明白所做的事对于社会的价值。

(一) 教育行政人员，对于教育前途有很大的责任，不可囿于例行公事，当继续研究教育原理、世界教育新趋势等，有明确的思想，传染四方，速率甚大，不久人人都受其影响了。

无论教育行政人员或教师，总要：(1) 明白教育史的沿革，拿从前的教育学说和现在的比较，作为参考；(2) 研究心理，明白人的天性，定教育的趋向；(3) 考察世界教育的新趋势，取长去短，生出新思想方法。教育家纵不能兼顾这三种，至少也要得一种。不然，则与被指导者不能发生关系，唯有事事敷衍而已。

老教师自谓经验丰富，不必继续研究，是很危险的事。对于这种人须设法指导，使能超脱狭隘的成见，希望求得新知识，对于心理学、教育史、教育行政等科学发生无限乐趣，那么不令他研究，也不肯不研究。

(二) 教育行政人员，对于教师要有个人的兴趣，产生亲切的关系，不是可以敷衍应酬的。

行政人员对于教师必须发生个人同情的兴趣。这种兴趣，在授以适当必需之知识时可以表现。教师的成绩好不必赞许，成绩差不必攻讦，务须教他们自己批评、自己估计价值，那么，发生的效果自然比从外部批评的价值大了。

常人不喜受人批评，受人批评如被人打伤一样。外部的批评，一定没甚效果。内部的批评，能发生个人的兴趣、同情的关系，才能使他们自觉对于自己有些补助地方。

善于批评的人，不过给点暗示、知识以供参考，使被批评者生自动、自由、试验的精神，自觉特点之所在，使之适应，不必遵守同一模型，做奴隶似的。

有些学校风气好，教师学生总欢喜做事，活泼有生气。有些学校风气恶，教师学生总因循敷衍，奄奄无生气。这便是因指导者的人格有没有个人的兴趣的区别。

（三）教育家须明白所做的事业对于社会的关系要有真切的观念，认明教育为改良社会唯一的利器。

教育家在社会上不止做分内狭小的事业，还要做社会的领袖，做教育政治家，负指导社会舆论的天职。

人人承认教育为改造社会唯一可靠的方法，人人知道要利用学校系统制度来改造社会。

余初来宁，听人说，从前此地有480个庙宇（“南朝四百八十寺”），现在还有一半存在。怎么样能建筑这许多呢？就是有感情、有信仰、有热忱的缘故。

教育家亦当有同样的信仰，看教育作神圣，看自己作僧侣，深信教育为改进社会的唯一方法，虽有种种障碍当前，还是要战胜它的。

前人所能做的，后人也能做。前人能造寺观，传到现在；现在的人也能建设学校，拿来改进社会。

信仰为物，最有价值。一方自信很有能力，能做事，不怕什么障碍限制；一方又信自我提倡以后，必有继起的人。

在上海第二师范学校的讲演[①]

今天我所讲的题目是“教育者的天职”。这是完全对教师而言。教师是学生的领袖，他的资格有三种：(1) 教师学问上有资格；(2) 教师和学生接触上有资格；(3) 教师在社会上有资格。

第一种的资格，是在学问上有领袖的资格。诸位同学在求学时期，应当达到求学上的目的。所以，在求学的时期，应当排除虚伪，而尚真实；应当有彻底的精神去研究学问；应当有热诚的爱情，去将来和小学生一块儿同化。不过知识有两种：一种是没有什么紧要用处的，就是普泛的学问。这种知识有许多学生沾染到的，不过与人生没有一分关系；这种知识，好像包裹包在里面，将来掮到小学校里面去打开应用，绝不能使学生有感受的地方。这种教师是敷衍钟点，学生都是被动，现出一种枯寂无味的态度。诸位在这里应当研究各门功课的一门，十分地注

① 本次讲演由刘伯明口译，发表于《民国日报》1920年5月30日，选入本书时有删节。

意，十分地探讨，将来在小学校应用起来，正是有了光的火爆发出来。这样感动学生，岂非能够十分引起学生的感动来感受这种教材？我们说到这里，就有一种譬喻，世界上人的生活好像传染病一样，传染病的细菌到处传播，人的生活，好像处世、做人，也是传染一样。所以，教师须有一种兴趣，在教授学生的时候，也像微生物传播一样快。使感情能够感动学生，而学生也自然有一种感情。有许多教员，没有研究过教授的方法，他教授学生不能引起什么兴味，这不但学生无兴味，就是教员也一些没有快乐。所以，我劝各位同学，应当从许多学科的当中专门研究一种学问。这种学问永远继续地研究，于是学生自然被他教育得好。所以，我再劝各位，他日做教员，不要做机械的，不要拿普泛的知识去强使学生顺受；学生人人有个性，自然不能听他一致的容受。

第二种资格，就是教员和学生接触时的领袖资格。就是两方面要有同情。学问固然要紧，不过同情尤其要紧。教师教授时，应当注意个性的培养。是以个性更宜十分着重，好像某学生哪处是他的长处，哪处是他的短处。现在有一种教员，敷衍塞责，计钟点拿铜钱，对于学校除开上了课竟没有一些关系。这种雇工似的教员，对于教育者的天职自然完全不懂。他跑来跑去，好像人家的散工一样；一天做多少工，一天就赚多少钱。所以，要想免除这个弊病，必定要注意到学生和教师间的感情。所以教师对于学生心理方面，都要处处顾到。有长处的，应当鼓励他；有短处的地方，也要想个法子，叫他知悔。教师又要注意到学生家庭方面，知他的环境的影响，好的应当指导他去实行，不好的应当指导他去免除，使他一直往正轨上走。这样说来，好像教员太烦恼了：担任教课，已经很是艰难，还要去说什么考察个性呀，调查学生的家庭状况和环境呀，这未免太是苛求了。不过，这也有救济的方法去免除它。方法是什么？就是要对学生有同情心，教员自己的兴趣也就增加了，一些没有苦恼了。但是雇工似的一般教员，从没有这样乐处。我们知道世界上最有兴趣的事情，就是研究人的心理。学生与教员接触的时间既多，那么，就有考察儿童心理的机会。教员应当常常带一本日记簿，就是记在心里也可以，总之，对于学生的个性要时时记录起来。他的进步是怎样，退步是怎样。这是很有效力的方法。

现在时常听说教员和学生有对抗的现象，这应当想一个方法去免除它。这原来的起因是因为政治社会的腐败，起了很大的风潮；于是一方怀疑、一方猛进，就起了误会，这是平时教员没有开诚布公的态度弄糟的。所以，要想免除这种的恶现象，就除了“开诚布公”四个字，没有法子好想。

第三，就是在社会上领袖的资格。学校里面只读书，这只是改造社会的一部分。我近来见到中国有一种很能够鼓励的事情，就是推广义务教育。叫一般没有读书的人都有机会去上学堂，并且我们希望工商各界都能够觉悟，合全国人的力量去实行强迫教育。还有大家的目光，不要单注意在男子方面，也要注意到女子方面；不要单注意在城市上男女的方面，也要注意乡村中男女的方面。所以，我们现在最好从乡村里面扩充出去。我们在学校里读书，当然在他日到社会上去服务。我们大家都希望到城市里去做教员，因为大家以为城市里面工商业发达，并且教授便易。不过要希望中国将来的社会发达，必定要从乡村教育推广起来才是。中国自来是以农立国的，那么，自然从农民教育上着手，更加容易发达。所以，我们师范生人人应当有彻底的觉悟，我们看见新世界的精神，一定要好像传教士到非洲去传教一样。我们自己要有一种牺牲的精神，从容不迫，从乡村教育做起，并且全国结合，不但在城市着力，且及于乡村，这就是师范生的唯一精神。我这次在南京讲演 6 个星期，听说南朝有 480 个寺，这种数目，都是许多的魄力精神才能造成。从前的人既然这样，我们自然也当发扬蹈厉地奋力做去，好像造庙宇一样。我们自己也要看重自己的目的，当作宗旨。中国的富强，岂是十分难的事情？诸君！起来呀！

在南通的讲演[①]

教育者的天职，概括地定个名词，就是领袖。这个领袖，譬如游历的时候的一个向导；这个人在前面领导，必定要拿目的地和达到目的地的路径一一地说明，使游历的人有明白的观念。领袖对于被领的人，也是这样。

领袖的责任，可以分两方面说。(1) 知识。拿所要达到的目的一一地指示出来，使被指导的人很清楚、很正确；并且要拿达到目的必定要经过的途径，为很明白的指示。(2) 感情。目的和路径既然为很明白的指示，同时并要引起他的感情，就是用种种方法，鼓励被指导者的兴趣，使他们对于目的起欲望，因而发生热忱、爱情，继续踊跃地向前进，达到他们所要达的目的。

---

① 本次讲演由刘伯明口译，发表于《民国时报》1920 年 6 月 20 日。

例如，现在要到一个地方，这块地方是没有开始的荒郊，只有几条很弯曲的小路，那么，一定要有个向导。这个向导，必定要具有两种资格：一种是知识，一种是感情。就是一方面指示目的地和路径，一方面说明沿途的风景怎样，以引起他的兴趣和感受，并且要发生同情。能够这样，那么，游历的人沿途就不觉得寂寞，不觉得辛苦，很快乐地达到目的地，绝不会有半途而返的事情。所以，这两种资格的价值很大，是做向导的人所不可缺乏的。

教育者的责任，上面所说的很含混，仔细地分起来，有三个要素：(1) 对于知识应负的责任；(2) 对于学生应负的责任；(3) 对于社会应负的责任。

第一，对于知识应负的责任。这种责任很浅显，不必细说，因为诸位在学校里所得的各种知识，将来拿去教人，那是很容易的。今天所要郑重申明的，就是诸位所习的各科固然要一一装在脑子里，但是到教人的时候，不是拿脑子里所装的一一搬出来就算了事；必定要培养一种兴趣，对于学问上有很大的热忱、有继续研究的精神，时时在知识改造中，那么，所有的知识就可以继续有进步。这种研究的精神，是学生的精神，也是教育者应有的精神。现在，有许多学生往往有一种谬误的见解，以为在校所习的各种，逢了考试的时候分数可以及格，毕业的时候可以领得到文凭，就算了事；各种知识，仿佛有一定的分量。这种谬见是应当打破的。因为知识是无量的，同建筑房屋不同；建筑房屋可以预定它的材料，知识却不是这样。假如拿有限的知识来教人，他的教授必定是呆板的、循例的，而教者自身也是无兴趣的。这种教育是敷衍塞责的教育、机械的教育，不能使学生得有何种的利益，对于社会更不能有所贡献了！

学生的见解大概有两种：一种以为学识是有止境的、有限度的；一种以为学识是进步的、应当继续研究的。前一种人，求学的时候，譬如拿学问装在一个小包裹里，将来做了教员，就一一拿出来交给学生，适合学生的心理和需要与否是不顾的。后一种人，自己对于学问有兴趣、有研究的精神，做了教员之后，一登讲台，学生都受他的感动，蓬蓬勃勃地有生气，如同火光能够照耀全室。一种是死的，是机械的；一种是活的，是有生气的。这两种的影响不同，就是求学时代对于求学的见解不同罢了！

世界上常常有种传染病，这种病因为细菌的媒介，不知不觉地就传染起来。道德上也是有传染的，不知不觉地可以使旁的人受它的感动。所以，当教员的应当具有一种可以传染人格的能力。诸位在学校里学习各科目的时候，可以拣择自己性之所近的一科特别研究；在中等学校，虽不能专修，然而不妨在各科中选出一科，或者参考旁的书，或者到旁处研究，所学的程度可以超过学校所定的分量和限度。因为同时学习几科不会发生兴趣，专习一科就容易发生兴趣，并可以培养一种研究的精神。将来教人的时候，拿这种研究的精神去感化学生、传染学生，那么，学生自然会发生兴趣。

第二，对于学生应负的责任。教员在学校里，不但是教授各科，并且要由各科培养学生的人格。因为学校的中心是学生，不是科目；科目不过是一种方法。所以，学生的性情、人格、品行是教授的中心；而学生各有各的特性，各人的心理构造不同，性情不同，家庭不同，环境不同，欲望不同，机会不同，需要不同；做教员的不能视为一律，应当视为个别的、各有个性的，而加以适应的教授。

有种教员做了一年半载就觉得疲劳，对于事务上既没有兴趣，并且还以为苦恼，视学校为牢笼，只希望早一天脱离。有的对于自己求学或者有兴趣，而对于学生的教授训练上所发生的问题就觉得苦恼。推究它的原因，就是和学生个人没有关系，没有往来。不知人生最快乐的是人同人往来，而同天真烂漫的儿童往来是更快乐的事情。做教员者，如能对于学生有一致进行共同利益的观念，视学生的快乐就是自己的快乐、学生的进步就是自己的进步，那么，不但不以为苦恼，转觉得很快乐的了！

第三，对于社会应负的责任。做教员的，平时在小学校里所管的事，如教授、训练、管理，等等，他的眼光，就以为他的责任仅仅限于学校之内，个人对于社会是丝毫没有关系的。所以，对于学校以外的事一概不问。这种人拿自己的责任未免看得太小；其实做教员的，对于社会服务是应当注意的。关于公共的利益、公共的幸福，都是应负的责任。

我有时对于这一层，有很严肃的考虑，觉得小学教员对于社会的责任很大。因为改造社会的工具就是教育，今日的学校就是他日的社会。所以，看了现在学校的组织怎样、生活怎样，就可以预见将来社会的组织怎样、生活怎样。

社会的生活和组织，可以比之于布。布是由经线纬线组织成功的，社会是由许多老人和青年组合成功的。由新陈代谢的理解，老年人所做的事总有一天要交代，而继起的人必定是青年。这等青年，必定要由学校里培养很好的人格，才可以担负责任。如果没有受过训练，没有什么陶冶，径去做社会上的事务，那社会必定不能完善。所以说，要明白他日社会的精神，就看今日学校的精神；看了今日学校的精神，就可以决定他日社会的精神。假如今日学校里的学生是萎靡不振的，胆小的，事事听其自然的，时时处于被动的地位，没有开创的精神，那么，这个国家的将来就可想而知。

中国现在的社会太腐败，改造的责任全在学生，而师范生的责任更加重大。将来做教员的时候，应当拿开创的精神、操纵自然的精神来感化学生，造成一个蓬蓬勃勃的中国。

我出外游历各地，觉得各处的情形不同。有的是开创的、发动的、蓬勃有生气的，这种地方的教育总很发达。有的是萎靡不振的、无生气的，这种地方的教育总不发达，而社会上就现出许多的弊端，他们的个人娱乐纵或有之，但是所娱乐的总是下等娱乐。由此可见，学校同社会是息息相关的；如果学校好，那么社会一定也得好了。

要度量中国将来的进步，好似寒暑表的测量气候，是拿学校的多少和学校的精神做准则，而小学校更加重要。如果现在有推广小学的种种计划，将来一一地实现，无论男女，个个都有相当的教育，那么，中国无论什么疑难复杂的问题，自然可以迎刃而解。所以，今日的学校同将来的社会是很有关系的。

总之，诸位应当注意的一点就是：不但注意于学校以内，更当注意于社会；不但做学校的教师，更当做社会上一般人的教师、学生家属的教师。个个教员有这种意思，继续地做去，那么，中国前途一定很有希望。

在苏州的讲演①

今天我所要讲的第一个题目，就是“教育者的责任”。教育者的责任固然很多很多，但是，我们可以总括它一句——“教育者的责任就是做领袖的责任”。教师是学生的先觉先导，一方面要指导学生有适当的目的，一方面再给学生一个路径。

做教育领袖和向导的人，应当有几种能力：

(1) 知识技能要丰富(对于知识方面)；

(2) 对于学生要有无限的同情(对于学生方面)；

(3) 知道自己对于达到目的要有兴味(对于社交方面)。

---

① 本次讲演由郑晓沧口译，发表于《民国日报》1920年7月3日，选入本书时有删节。

由上看来，教育的领袖可有几种：

(1) 知识技能的领袖；

(2) 人格的领袖；

(3) 社交同情的领袖。

第一种领袖，凡是教师对于知识技能方面，似乎比学生要熟练些。不过其中要有一种危险发生，就是学生的学问有限，教师往往以为他的教材足以满足学生。其实，学生所得到的很不满意。为什么呢？因为平时教师所取的教材，今天是这样，明天也是这样，没有一些改变，很容易成为一种机械式的教育。就是他们的教材，一些没有兴味。所以，知识的领袖不单是教授学生知识，灌输他们学问，并且还要提起学生求学心的兴味，教师也要时常去求学，学生才可以完全得益。

现在我们回想起从前教授我们的教师，最容易想起的不是学问丰富技能精良的教师，而是提起我们求知心兴味的教师。这种教师，我们最容易记忆他，可见引起学生求知心的兴味，是一种很要紧的事情。不过方才所说的求知心的兴味，师生之间是很容易传染的，就是教师的一切兴味和欲望信仰，学生能在不知不觉中一起同化。照这样讲，现在一般师范生将来就要做教师，不应当以为求了学是将来拿来做教材的，应当对于学问上有切实的兴味和信仰。非但师范生应当取这样的态度，就是在外面做事的人亦要常常求学，非他教授的功课亦要去学习学习，可以帮助保持他求学的兴味。最不好的就是固步自封，不求进境，于教育前途是有极大危险的。

第二种领袖，就是人格的领袖，也就是教师教学生的人格，使他们将来怎样生活。有许多教师觉得自己对于学问上的兴味不算浅薄，不过对于个人人格上觉得不满足。往往教授学生只在学问上着想，以为学问是一种工具，将来用了它生活，这是很错的。要晓得，学生的个性是人各不同的。教师当从各方面着手去研究。假使教师对于学生尽量地把教材灌输进去，专门在学问方面进行，其实，学生连丝毫的益处都得不到的。为什么呢？因为这种教师不在精神方面着想，只知道把学问交托了学生就算完结，是不能有效的。教师应当一方面教授，一方面想不专是送给学生学问的，是要使学生在实际方面得益，并且还要研究学生的心理和个性，使学生得到精神上实际的益处。

教师要研究学生个性及品性，不是取冷静态度，是要使学生的品性有陶冶的能力，这就是教材在精神上的要点。现在中国的学校渐渐地多起来了，我很希望学生慢慢地多起来，一切设备都慢慢地完善起来，教育原理也能够发达起来。不过教师总要觉悟，自己对于学问上有兴味，而引起学生的同情。有许多教师误会教师的责任，只专门在教室里面等到钟声一响就上课，等到上了几十分钟课就下课。对于学生道德上的修养，也只在修身课做功夫。至于其余的时候学生的一切言行都不管。这是很不好的事情。所以，现在最要紧的，就是教师要明白自己的责任，不单在课堂里或修身课上。

教师能够研究学生的心理，那么对于学生求学心的兴味很可以提起，把一切机械式的教授可以一起除去。研究心理学，实在是学问中最有兴味的学问。譬如教师研究学生一切特性和个性，而因材施教，实在是很有趣的。

第三种，是社交领袖。按教师平日所接触的，似乎都是学生，其实不单是学生，教师和社会也很有接触。所以，在社会方面，可算是一种社交的领袖。

教师是新社会的建设者、改造者，对于社会上的一切事业都要希望他去支配。无论社会上什么行政长官等，都没有他重要。试看国会里和省议会里，定有法律。其实这种法律到底能否使国民实行、能否有效，还很是疑问。设使法律没有民意做它的后盾，那么，这样的法律等于一种工具，所以，法律只不过是一种民意的结晶。教师乃是使学生信仰民意最有效的人物。所以，法律的要紧还不如教师的要紧。八九年前，中国推翻了专制政体，建设共和政府，不过这样仅是形式上的推翻和改造，要有种内部的改造，才可以算是根本的改造。什么叫作内部改造呢？就是智力的改造、思想的改造。照这样，方才能够把一种形式上的改造脱离。不过内部改造，必须要明白教育是改造内部的根本方法，否则，一切都是枉然。

德谟克拉西的兴盛，固然要靠国民个人的觉悟，但是其中有许多机会给教师，使他们改造一切。有人一定会不明白，教师平时已经很忙，还要希望他去改造社会，似乎不能做到。其实，教师绝对不可借口这话。因为他们都要自认：改造社会是我的天职；我不去改造，绝没有别人能够去改造。所以，不妨静静地等着，一有机会立刻就去实行，达到改造社会的目的。至于一切事业的兴味，都可以从他的思想里得来的。

中国教育之前途与教育家之自觉*

梁启超

查我国创办教育，在前清光宣时代，当时无论新旧中人，莫不以教育为救国之要图，其规模制度虽不完备，然办理教育之人抱有一种热忱，皆视教育为应尽之义务；此种精神实为后来所不及，以今日教育现状而论，学校数目颇有推广，学生名数颇有增多，形式上不无进步，至精神上则有远逊于昔者。昔时人人视为救国要图，今乃不为一般人所重视，地方上不独无提倡，且从而摧残之。不独此也，即社会对于教育，亦有种种怀疑之处，以为教育究竟于国家有无利益。夫教育为立国之根本，有不待言者，至今日而复发生教育有无利益问题，讵不大可骇异？然必有所以致此者，其故不可不深察也。此诚非常危险，故鄙人近日对于教育抱有非常之悲观，以为今之教育方法，非根本改革不可。夫现在教育之气象，何以至于此极，固属政府与社会方面俱有种种之原因，而教育之自身亦实有不能自存之处。今后之改良，盖一方面在乎全国政治之趋向，一方面在乎教育界之认定责任也。以教育与其他政治之关系而言，教育总长处最高机关，不能不负责任；至教育自身不能自存者，究在何处，鄙人在教育上无实在经验，言之恐不能中肯。唯个人之意见，以为有数点应当注意，试缕陈之。

第一点，现在教育未脱科举余习也。现在学校，形式上虽有采用新式教科书，而精神上仍志在猎官，是与科举尚无甚出入也。中国科举习惯，在汉朝时已有萌芽，至唐宋时始完全成立，至清室乃极端发达。汉武帝立五经博士弟子员，供皇帝之侍奉，有识者非之；太史公《儒林列传》曰："余读功令，至于广厉学官之路，未尝不废书而叹也。"夫广开学校为极善之举，何至废书而叹，可见当时之学校专为官

---

* 本文原系作者于1917年1月9日在教育部的讲演词，发表于《教育公报》1917年1月号，后收入舒新城编：《中国近代教育史资料》，人民教育出版社1961年版。收入本书时由编者做了少量删节。梁启超(1873—1929)，著名思想家、政治家、教育家、史学家和文学家。

吏而设，入学校亦唯在于求官，班固所谓利禄之途然也。太史公所为叹息者，即在于此。然则我国利禄之害，其中于学校久矣。国初办教育，学校尚未完备，而主持教育者仍沿用科举之方法，唯知奖励学生做官，如学生毕业奖励、留学生考试分部章程，纷纷颁布，此在他人所深恶痛绝者，而吾国方竭力奖励之不暇。夫以二千年来之恶习久已深印于全国人之脑筋，极力矫正尚恐不足，而况加以奖励，其结果尚可问乎？至今日其险象已露矣，即西河沿一带客栈，求官者多至数万，遑论他处！此时教育尚未能普及，已有此现象，假使将来教育普及，全国人皆有做官思想，试问何以应付之！此非鄙人之妄言也！从来教育具若何之方针，斯造成若何之国民，教育以做官为方针，必使全国人有做官之思想而后已耳。教育不能普及，尚有农工商等人。一旦普及，则农也、工也、商也，将全变为官矣。世界宁有此等国家耶？欲去此种积习，亦非政府定一方针应可办到者，是在教育界中人通力合作以矫正之；如一时不能去净，则逐渐图之，从前错误或有矫正之一日也。社会对于教育怀疑之点，前已言之，如抱此疑问者仅属顽固之人，犹有说也，实则不独顽固者然，即不顽固者亦大都如此也。教育之坠落至于此极，尚可问乎？至于科举恶习如何始可铲除？其矫正之法式，或将此弊编入教科书，或著为论说，亦不敢遽定；唯教育界人不可不时时研究之，教育最高机关中人尤不可不时时研究之，研究之结果，必有方法以矫正之。此所当注意者一也。

第二点，学问不求实用也。据鄙人之意见，学问可分为二类：一为纸的学问，一为事的学问。所谓纸的学问者，即书面上的学问，所谓纸上谈兵是也。事的学问，乃可以应用，可以作事之学问也。中国数千年来及欧洲文明未兴以前，皆是纸的学问，读古人书，不外摹仿与解释二类，所学专为印证古人，食而不化。经史文词固有然矣；即新学盛兴，乃有矿学医学，然读矿学书只能读熟，不能应用，其无用与熟读经史文学等；有如烧纸成灰而吞，无论文学之纸灰，矿学之纸灰，其为无用一也。欧洲二百年前，实用学问未能发达，亦是为纸的学问所误；如学几何，只能熟习其程式而不能应用于事物，其无用与吾国之文学等耳。自实用教育发明，欧洲教育经一次之大改革后，然后科学乃大进步，吾国始而八股，继而策论，继而各种教科书，形式上非无改革，然皆为纸的学问，不过天地元黄变作某种教科书之天地日月耳，又何裨于实用乎？教师之教也，但使学生能读能解已尽其事，不问其他；学生之学也，亦志在能读能解，可以考取最优等，不问其他。然学而不能应用于世，无论如何勤学，终是纸的学问，其结果纸仍纸，我仍我，社会仍社会，无一毫益处也。且不独毫无益处，若细细研究，其结果，则受教育者文化反在未受教育者之下，何也？彼未受教育者尚能与社会时常接近，既受教育者反与社会全然断绝，欲再学则时不再来，又自谓地位较高，不屑与社会为伍，以致自暴自弃，一无所能。故未受教育者尚能得一技之长，为农为工为商而已；受教育者则舍做官外无他能力，因做官只须每日到署，尽人而能也。此固由今日社会他种事业全不发达，不能全责教育自身，然教育自身亦不能辞其责。如某君在外国留学商业，当其求学时，本无做官之志，乃回国后欲在商界谋一事而不可得，遂不得不求为官矣。彼本为商业学生，何以不能在商界做事，固由于中国商业太旧，而实际由于彼在学校时，除读书外，未曾研究一切商业习惯，或仅知外国商情而不知本国商情者，皆纸的学问误之也，何能全责社会乎？今使有人劝一商界中人曰：尔用人须用商业毕业之人，其人亦勉从之；然彼所用之商业毕业者，卒不能为之办一事，一经失败，则此后永远不敢再用此辈矣。故吾人须知纸的学问之害，于学生在学校时，令其研究一切社会应用之事，则学校愈多，国家愈进步；盖人之机能愈用而愈发达，如专在纸的学问上用功夫，则空耗费脑力而已。总之，学校与社会万不可以分离：在学校时，于社会应有之知识研究有素，毕业后断不患无人用之；在学校养成一种活动之能力，将来在社会上可以不必求人，亦足自立。且天下事积小以成大，一学生能为一小事，推至十百千万学生，其事业安可限量耶？现在学校与社会既不相容，顽固者以为学校无用，学校中人则自谓纸的学问已不少，社会上何以不用？因而愤世嫉俗，使学校与社会互相仇视。社会既为一般老农老工老商所据，事事不求进步。学校中人又无机会与社会相接，亦不能贡献新得于社会，大局岂能进步？非独无进步也，甚且仇视日深，终至牵动大局，而祸变未有已时。此所当注意者二也。

第三点，即趣味教育程度问题也。此为鄙人个人之一种感觉，现在尚未能自信，然不妨与诸君商榷之。教育儿童纯用趣味引诱，则不能扩张其可能性；从前教师之对于儿童过于严厉，专用体罚，致使儿童视就学为畏途，且足以妨害儿童之发育。今矫其弊，专以趣味教育引起儿童就学之兴味，如教科书之图画等之类，其法固善，然趣味教育之程度，则不能不加以研究。如近时教科书之深浅，种类之选择，课程之分配，仅足为中材以下之标准，稍聪颖者则虽倍之不为多，此在编者教者或不欲过费儿童之脑力，然失之过宽，亦实有不宜之处。盖人类之可能性非常之大，教育之目的即在扩张其可能性，愈用愈发达，愈不用亦遂退化，证之生理学中不乏其例。今有二人于此：年岁相若，体质相若，衣服之厚薄亦相若，乃一则畏寒，一则不畏寒，则皮肤中可能性发达之程度异也。盖人类皮肤中反抗外界激刺之可能性愈受强迫，愈益发达，如常以冷水浴者自能耐寒之类，故可能性者加以若何之勉强，斯发达至若何之程度者也。人之精神亦复如是。昔人谓精神愈用而愈出，实为名言；如吾侪每日做事见客，亦不觉其苦，若长日无事，身体反觉疲倦，即其证也。故教育儿童，徒以趣味教育，俾其毫无勉强，必不能扩张儿童之可能性也。回思吾侪束发受书之际，并无今日美丽之教科书，悦目之图画，成绩亦颇不恶，则以受各种逼迫之故，其可能性自然发达也。读书而令儿童自己思索，不为讲解，未免近于蛮野；然如为师长者或授一书而强使记诵，或发一义而使之思索，衡以今日教授之法固属不合，然往往因此而生记忆力与理解力焉。鄙人言此，并非主张旧日之教法，不过证明今日纯用趣味引诱，不加强迫，亦未免过犹不及耳。此所当注意者三也。

第四点，言文不一致，足以阻科学之进步也。……

以上四点，不过鄙人一己之感想，是否有当，不敢自信。此外或尚有其他意见，唯苦于时间不能详尽，他日如有机缘，当以文字或演说贡献于诸君也。此数点外，鄙人尚有数言贡献于教育界者：大凡教育之前途，及现在之缺点，他日之改良等问题，身在教育界者自必有一种感想。唯主义政策究属空言，必得其人然后乃能有济，否则虽有善法，亦属无补于事。外国教育之进步，由于多数之教育家之力，任其难。中国果有教育家否，殊为疑问。盖凡为教育家者，必终身以教育为职志，教育之外，无论何事均非所计；又须头脑明净，识见卓越，然后能负此重任。吾国教育界中人，或一面在学校当教习，一面又兼营他事；即有不兼他事者，亦皆存一无可如何之心。夫教育之事业何等重要，专心致志尚恐不能尽善，今乃存一无可如何之心，试问何能进步？从前塾间教师，所入极微，又极劳苦，然其兴味极浓，精神贯注，学生感触其精神自能有益；今之教育中人既以担任教育为无可如何，其精神之懈怠可想，学生岂能获益乎？夫学界之力，常与政界相抗，学界与政界争人材，学界自不能胜，况现在之时局日有变迁，做官亦并不甚难，故苟非志向极坚定之人，未有不为此潮流所卷去者；教育家之难得，职此之故也。欲矫除以上之弊，卓然自立为教育家，万不可不有哲学之理想，以与社会之恶习相抵抗。哲学之理想乃最高尚之理想，不独教育界人有此理想，可以不为外物所动；即平常人有此理想，亦可免除许多烦恼。吾人须知人类为何生存，吾人在世界上有何责任，如仅为饮食男女等事，上天又何必生此世人乎？然则吾人生在世间，必有责任明矣。有责任斯有目的，照此目的做去，则虽苦不觉其苦，否则即一日做一无目的之事，其苦已不可名状矣。今者全国之人均陷于悲观，其悲观之所由来，亦实以无目的之故。现在不知造何因，将来不知收何果，终日忙忙碌碌，而不知究为谁忙碌。焉得不自觉其苦乎？夫人类之进化无穷者也，先哲有云："在止于至善。"至既有限，止亦无期；唯循进化之轨道而行，一人所不能做者合全世界人为之，一时所不能为者合千万年为之，其能达到与否均不得知，然却不能不抱此目的以行。盖世界之进化轨道，乃有统系者，如一条铁链然；铁链为无数之铁链互相衔接，互相联络而成，自首至尾节节进步，不能中断也。人生于世，与社会有关，与进化有关，只要做一分事业，即有一分效果，万一不做则如铁链中断，先我之人既前功尽弃，后我之人亦无从下手，吾人之责任又岂轻哉？张子所谓乾称父，坤称母，予兹藐焉，乃混然中处者，其责任若何之重大！知此责任，无论作何事业，心常舒泰，否则虽努力为之，未有不自觉其苦者。一般之人如此，而教育家之责任尤重，然切不可因其责重而退缩不前，只须认定方针，必可达到目的，所谓求则得之是也。人生不过数十寒暑耳，社会之纷纷扰扰，吾人何必去管？名利为身外之物，贪多务得，有何用处？即人有百裘，着于身者只一裘也；明乎此理，自然不作出位之思矣。况教育家自己所做之事，较他事尤有把握，如政治家之政策有失败时，而教育别无所谓失败也。功夫一毫不妄用，何乐而不为乎？余愿身当教育之冲者，自知其事业重大，且又极有把握；将他事看轻，执定主意，不与社会上之浊空气相接触，则心君泰然，自有余乐，何必以官易我之教育乎？世界各国之教育家，莫不有此理想，故能将至苦之生涯视为至乐之境，否则世界何能有进步？如艺花者起早眠迟，非不知自逸之乐也，唯其目的在欲得好花，故虽劳而不觉其苦；教育家之成德达材，视今日之生徒即他日文明灿烂之花也。鄙人极愿我国之教育家养成此志，将来对于中国之前途固有莫大之希望，即对于自己一身亦有非常之愉快矣。

学而不厌，诲人不倦*

——教育家的自家田地

梁启超

今天在座诸君，多半是现在的教育家或是将来要在教育界立身的人，我想把教育这门职业的特别好处，和怎样的自己受用法，向诸君说说。所以题目叫作“教育家的自家田地”。

孔子屡次自白，说自己没有别的过人之处，不过是“学而不厌，诲人不倦”。他的门生公西华听了这两句话便赞叹道：“正唯弟子，不能学也。”我们从小就读这章书，都以为两句平淡无奇的话，何以见得便是一般人所不能及呢？我多年来积些经验，把这章书越读越有味，觉得学不难，不厌却难；诲人不难，不倦却难。孔子特别过人处和他一生受用处，的确就在这两句话。

不厌不倦，是孔子人生哲学第一要件。“子路问政，……请益。曰：无倦。”“子张问政。子曰：居之无倦，行之以忠。”《易经》第一个卦孔子做的象辞说：“天行健，君子以自强不息。”你看他只是教人对于自己的职业忠实做去，不要厌倦。要像天体运行一般，片刻不停。为什么如此说呢？因为依孔子的观察，生命即是活动，活动即是生命，活动停止，便是生命停止。然而活动要有原动力——像机器里头的蒸汽，人类活动的蒸汽在哪里呢，全在各人自己心理作用，——对于自己所活动的环境感觉趣味，用积极的话语来表达，便是“乐”，用消极的话语来表达，便是“不厌不倦”。

厌倦是人生第一件罪恶，也是人生第一件苦痛。厌倦是一种想脱离活动的心理现象，换一句话说，就是不愿意劳作。你想，一个人不是上帝特制出来充当消化面包的机器，可以一天不劳作吗？只要稍微动一动不愿意劳作的念头，便是万恶

* 本文原为作者1922年8月5日在东南大学暑期学校的讲演，后收入《梁启超全集》，北京出版社1999年版。原题《教育家的自家田地》，收入本书时由选编者改为现题。

渊薮。一面劳作，一面不愿意，拿孔子的话翻过来说："居之倦，则行之必不能以忠。"不忠实的劳作，不唯消失了劳作效率，而且可以生出无穷弊害，所以说厌倦是人生第一件罪恶。换个方面看，无论何等人，总要靠劳作来维持自己生命，任凭你怎样的不愿意，劳作到底免不掉，免是免不掉，愿是不愿意，天天皱着眉哭着脸去做那不愿做的苦工，岂不是活活地把自己关在第十八层地狱？所以说厌倦是人生第一件苦痛。

诸君听我这番话，谅来都承认不厌倦是做人第一要件了。但怎样才能做到呢？厌倦是一种心理现象，然而心理却最是不可捉摸的东西。天天自己劝自己说不要厌呀，不要倦呀，他真是厌倦起来，连自己也没有法想。根本救治法，要从自己劳作中看出快乐——看得像雪一般亮，信得像铁一般坚。那么，自然会兴会淋漓地劳作去，停一会儿都受不得，哪里还会厌倦？再拿孔子的话来说："知之者不如好之者，好之者不如乐之者。"一个人对于自己劳作的处境，能够"好之乐之"，自然会把厌倦根子永断了，从劳作中得着快乐，这种快乐，别人要帮也帮不来，要抢也抢不去，我起它一个名叫作"自家田地"。

无论做何种职业的人，都各个有他的自家田地，但要问哪一块田地最广最大最丰富，我想再没有能比得上教育家的了。教育家日日做的终身做的不外两件事，一是学，二是诲人。学是自利，诲人是利他。人生活动目的，除却自利利他两项外更有何事？然而操别的职业的人，往往这两件事当场冲突——利得他人便不利自己，利得自己便不利他人。就令不冲突，然而一种活动同时具备这两方面效率者，实在不多。教育这门职业却不然，一面诲人，一面便是学，一面学，一面便拿来诲人，两件事并作一件做，形成一种自利利他不可分的活动，对于人生目的之实现，再没有比这种职业更为接近更为直截的了。

学是多么快活啊，小孩子初初学会走，他那一种得意神情，真是不可以言语形容，我们在学生时代——不问小学到大学，每天总新懂得些从前不懂的道理，总新学会做些从前不会做的事，便觉得自己生命内容日日扩大，天下再愉快的事没有了。出到社会做事之后，论理，人人都有求智识的欲望，谁还不愿意继续学些新学问？无奈所操职业，或者与学问性质不相容，只好为别的事情把这部分欲望牺牲掉了。这种境况，别人不知如何，单就我自己讲，也曾经过许多回，每回都觉得无限苦痛。人类生理心理的本能，凡哪部分久废不用，自然会渐趋麻木，许久不做学问的人，把学问的胃口弄弱了，便许多智识界的美味在前也吃不进去，人生幸福，算是剥夺了一大半。教育家呢，他那职业的性质，本来是拿学问做本钱，他赚来的利钱也都是学问，他日日立于不能不做学问的地位，把好学的本能充分刺激，他每日所劳作的功夫，件件都反影到学问，所以他的学问只有往前进，没有往后退。试看，古今中外学术上的发明，一百件中至少有九十件成于教育家之手，为什么呢？因为学问就是他的本业。诸君啊，须知发明无分大小，发现地球绕日原理固算发现，发明一种教小孩子游戏方法也算发明。教育家日日把他所做的学问传授给别人，当其传授时候，日日积有新经验，我信得过，只要肯用心，发明总是不断。试想，自己发明一种新事理，这个快活还了得，恐怕真是古人说的"南面王无以易"哩；就令暂时没有发明，然而能够日日与学问相亲，吸收新知来营养自己智识的食胃，也是人生最幸福的生活。这种生活，除了教育家恐怕没有充分享受的机会吧。

诲人又是多么快活啊，自己手种一丛花卉，看着它发芽，看着它长叶，看着它含蕾，看着它开花，天天生态不同，多加一分培养工夫，便立刻有一分效验呈现。教学生正是这样，学生变化的可能性极大，你想教他怎么样，自然会怎么样，只要指一条路给他，他自然会往前跑。他跑的速度，常常出你意外，他们天真烂漫，你有多少情分到他，他自然有多少情分到你，只有加多，断无减少——有人说，学校里常常闹风潮赶教习，学生们真是难缠。我说，教习要闹到被学生赶，当然只有教习的错处没有学生的错处，总是教习先行失了信用，或是品行可议，或是对学生不亲切，或是学问交代不下，不然断没有被赶之理。因为凡学生都迷信自己的先生，算是人类通性，先生把被迷信的资格丧掉，全由自取，不能责备学生，——教学生是只有赚钱不会蚀本的买卖。做官吗？做生意吗？自己一厢情愿要得如何如何的结果，多半不能得到，有时还和自己所打的算盘走个正反对，教学生绝对不至有这种事，只有所得结果超过你原来的希望。别的事业，拿东西给了人便成了自己的损失，教学生绝不含有这种性质，正是老子说的："既以为人已愈有，既以与人已愈多。"越发把东西给人给得多，自己得的好处越发大，这种便宜够大，算是被教育家占尽了。

自古相传的一句通行话，"人生行乐耳"，这句话倘若解释错了应用错了，固然会生出许多毛病，但这句话的本质并没有错，而且含有绝对的真理。试问人生不该以快乐为目的，难道该以苦痛为目的吗？但什么叫作"快乐"，不能不加以说明。第一，要继续的快乐。若每日捱许多时候苦才得一会的乐儿，便不算继续。第二，要彻底的快乐。若现在快乐伏下将来苦痛根子，便不算彻底。第三，要圆满的快乐。若拿别人的苦痛来换自己的快乐，便不算圆满。教育家特别便宜处，第一，快乐就藏在职业的本身，不必等到做完职业之后找别的事消遣才有快乐，所以能继续。第二，这种快乐任凭你尽量享用不会生出后患，所以能彻底。第三，拿被教育人的快乐来助成自己的快乐，所以能圆满。乐哉教育！乐哉教育！

东边邻舍张老三，前年去当兵，去年做旅长，今年做师长，买了几多座洋房，讨了几多位姨太太；西边邻舍李老四，前年去做议员，去年做次长，今年做总长，天天燕窝、鱼翅请客，出门一步都坐汽车。我们当教育家的，中学嘛，百来块钱薪水，小学呢，十来二十块，每天上堂要上几点钟，讲得不好还要挨骂，回家来吃饭只能吃个半饱。苦哉教育！苦哉教育！不错，从物质生活看来，他们真是乐，我们真是苦了。但我们要想一想，人类生活，只有物质方面完事吗？燕窝、鱼翅，或者真比粗茶淡饭好吃，吃的时候果然也快活，但快活的不是我，是我的舌头。我操多少心弄把戏，还带着将来担惊受怕，来替这两寸来大的舌头当奴才，换它一两秒钟的快活，值得吗？绫罗绸缎挂在我身上，和粗布破袍有什么分别，不过旁人看着漂亮些，这是图我快活呀，还是图旁人快活呢？须知凡物质上快活，性质都是如此，这种快活，其实和自己渺不相干，自己只有赔上许多苦恼。我们真相信"行乐主义"的人，就要求精神上的快活。孔子的"饭疏食饮水，曲肱而枕之，乐亦在其中"，颜子的"一箪食，一瓢饮，在陋巷……不改其乐"并非骗人的话，也并不带一毫勉强。他们住在"教育快活林"里头，精神上正在高兴得了不得，那些舌头和旁人眼睛的玩意儿，他们有闲工夫管到吗？诸君啊，这个快活林正是你自己所有的财产，千万不要辜负了。

说是这样说，但是"知之非艰，行之唯艰"，厌倦的心理，仍不时袭击我们，抵抗不过，便被其征服。不然，何至公西华说"不能及"呢？我如今再告诉诸君一个切实防卫方法，你想诲人不倦吗？只要学不厌，自然会诲人不倦，一点新学说都不讲求。拿着几年前商务印书馆编的教科书上堂背诵一遍完事，今日如此，明日如此，今年如此，明年也如此，学生们听着个个打盹，先生如何能不倦？当先生的常常拿"和学生赛跑"的精神去做学问，教那一门功课，教一回自己务要得一回进步，天天有新教材，年年有新教法，怎么还会倦？你想学不厌吗？只要诲人不倦，自然会学不厌。把功课当作无可奈何的敷衍，学生听着有没有趣味有没有长进一概不管，那么，当然可以不消自己更求什么学问。既已把诲人当作一件正经事，拿出良心去干，那么，古人说的，"教然后知困"，一定会发现自己十几年前在师范学校里听的几本陈腐讲义不够用，非拼命求新学问对付不来了，怎么还会厌？还有一个更简便的法子，只要你日日学，自然不厌，只要你日日诲人，自然不倦。趣味这样东西，总是愈引愈深，最怕是尝不着甜头，尝着了一定不能自已。像我们不会打球的人，看见学生们大热天打得满身臭汗，真不知道他所为何来，只要你接连打了一个月，怕你不上瘾！所以真肯学的人自然不厌，真肯诲人的人自然不倦，这又可以把孔子的话颠倒过来说，总要“行之以忠”，当然会“居之无倦”了。

诸君都是有大好田地的人，我希望再不要“舍其田而芸人之田”，好好地将自家田地打理出来，便一生受用不尽。

儒家哲学是教育家的哲学*

张岱年

哲学都有其生活经历，都有其活动经验。哲学家的思想学说经常是与他们的生活经历、活动经验密切联系的。从先秦诸子的学说来看，这种情况尤为显著。儒家以道德为最高价值。在政治上提倡德治，我认为，这主要是因为儒家都是教育家。儒家哲学是教育家的哲学。

孔子是中国历史上第一个大规模创办私学、讲学授徒的人，他弟子众多，在社会上影响甚大；他好学不厌、诲人不倦，实行因材施教，重视启发的方法。他既重知识教育，更重道德教育，经常以“仁”“智”并提，他以“仁”为最高的人生准则，但也肯定“智”的价值。这种仁智并重的价值观，是以教育实践为基础的。

孔子也不忽视教育的经济基础。“子适卫，冉有仆，子曰：庶矣哉！冉有曰：既庶矣，又何加焉？曰：富之。曰：既富矣，又何加焉？曰：教之。”①这“富”先“教”后的观点，表明孔子还是重视实际的。

孟子在政治上宣扬“王道”，批评“霸道”，实际上是以教化为先，反对军事侵略。《史记》云：“孟轲……游事齐宣王，宣王不能用。适梁，梁惠王不果所言，则见以为迂远而阔于事情。当是之时，……天下方务于合纵连横，以攻伐为贤。而孟轲乃述唐、虞、三代之德，是以所如者不合。”事实上，孟子主张以教育为立国之本，反对急功近利，这是具有远见卓识的。

孟子主张“以德服人”，反对“以力服人”，将“德”与“力”对立起来，未免是迂阔

---

* 本文选自《华东师范大学学报(教育科学版)》1989 年第 1 期。作者张岱年(1909—2004)，中国现代哲学家、哲学史家。

① 《论语·子路》，夏延章等译注：《四书今译》，江西人民出版社 1996 年版，第 212 页。

之谈。韩非宣称“上古竞于道德，中世逐于智谋，当今争于气力”①，立论正与孟子相反，也未免是一偏之见。关于“德”与“力”的关系，后来王充得出了正确的结论，提出“德力具足”的全面观点。可惜王充此论在历史上未能发生影响。

荀子曾在稷下学宫“三为祭酒”，更是以讲学为务，晚年到楚国任兰陵令，仍以著述为事。《荀子》书以《劝学》为第一篇，表明荀子主要是教育家。荀子特别阐述了“道”与“势”的关系，他说：“处胜人之势，行胜人之道，天下莫忿，汤武是也。处胜人之势，不以胜人之道，厚于有天下之势，索为匹夫不可得也，桀纣是也。然则得胜人之势者，其不如胜人之道远矣。”②这是对于当时法家思想的深刻批判，可惜荀子的学生韩非、李斯都不肯接受荀子的这个观点。李斯辅助秦始皇统一六国，但秦二世而亡，证明荀子关于道势的观点是正确的。汉初贾谊著《过秦论》，评论秦亡的原因说：“仁义不施而攻守之势异也。”正是说明“道”重于“势”的原则。儒家疏于权谋，而强调道德教化的重要，还是有所见的。

汉代“为群儒首”的董仲舒，根本是一个教育家。传授六经的经师，更是一些教育家了。唐代韩愈“以师道自居”，虽然他的主要贡献在于文学，但基本是教育家。到宋代，理学家更都是以教育为业的。理学先驱胡瑗在教育史上有重要贡献。张载讲学关中，二程（程颢、程颐）讲学洛阳，当时关洛学术之盛，倾动一时。南宋朱熹、吕祖谦、陆九渊等广收弟子，讲学论道，他们的学说事实上是他们的教学经验的总结。宋代书院大兴，那是理学家讲学的处所，对于中国文化的发展起了推动的作用。明代情况大致同于宋代。王守仁担当军政重任，但从政之余不废讲学。明清之际，王夫之隐藏于深山之中，仍以讲学援徒为事。黄宗羲、顾炎武、李颙、吕留良，都号称讲学的大师，都是义不仕清，专以讲学著述为业。总之，理学家在不同程度上都是教育家。

儒家在教育史上做出了重要的贡献，但对于实际政治，往往经验不足，对于经济学更少研究。这是儒家的短处。宋代陈亮、叶适批评理学家的空疏，确实有一定的道理。但是陈亮、叶适对政治学、经济学也没有做出切实的贡献。

先秦法家如商鞅、申不害、韩非之流，对于实际政治研究较多，可以说法家的

---

①《韩非子·五蠹》，裘仁、林骧华主编：《中国传统文化精华》，复旦大学出版社 1995 年版，第 244 页。

②《荀子·强国》，杨任之译：《白话荀子》，岳麓书社 1991 年版，第 421—422 页。

哲学是政治家的哲学。但法家者流又忽视文化教育的价值，专门讲统治之术，把人民当作驯服工具看待，表现了严重的偏向。汉代扬雄批评法家说："申韩之术，不仁之至矣！若何牛羊之用人也！"[①]儒家是强调应该把人当作人的。

儒家是教育家，教育家为人师表，必须能够"以身作则"，因而儒家在政治上强调"正己"而后"正人"。孔子说："政者正也。"[②]又说："其身正，不令而行；其身不正，虽令不从。"[③]又说："苟正其身矣，于从政乎何有？不能正其身，如正人何？"[④]孔子所提出的这些原则具有深刻的意义，直至今日，仍然是必须肯定的。

儒家是教育家，所以非常重视人格的培养。孔子弟子曾子说："士不可以不弘毅，任重而道远；仁以为己任，不亦重乎？死而后已，不亦远乎？"[⑤]弘毅即是坚持自己的独立人格。既要坚持自己的人格尊严，也要敬重别人的人格。

儒家既有所长，又有所短。儒家从教育的实践中总结出了一套哲学理论，在历史上还是有重要贡献的。

---

① 扬雄：《法言·问道》卷4。

②《论语·颜渊》，夏延章等译注：《四书今译》，江西人民出版社1996年版，第204页。

③《论语·子路》，夏延章等译注：《四书今译》，江西人民出版社1996年版，第211页。

④《论语·子路》，夏延章等译注：《四书今译》，江西人民出版社1996年版，第213页。

⑤《论语·泰伯》，夏延章等译注：《四书今译》，江西人民出版社1996年版，第151页。

教育家的风度、风格、风骨*

成尚荣

教育家的风度

教育家既要有风骨，也应该有风度。

风骨与风度总是紧密相联，有时候，风骨显现与表达的就是风度，而风度则是风骨的折射。不过二者还是有些微差异，不准确地说，风骨是教育家的可贵、可敬之处，而风度则是教育家的可亲、可爱之处。无论可贵、可敬，还是可亲、可爱，都是伟大之处，二者的相互联系与和谐统一，形成了教育家的整体风貌。

需要说明的是，因为这些微的差异，才显现了教育家的不同个性。讨论风度，我们知道，教育家伟大，但他是人，而不是神，虽崇高，却可亲近；虽风骨铮铮，却有着无声的温情。关注教育家的风骨，不能不关注教育家的风度。

风度常常表现为一种独特的姿态。季羡林先生的姿态大概就是在路上从容前行。有这样一个故事：一位新来的大学生为了去报到、注册，请这位看起来像是校工的老者代为看管行李，这位老者老老实实，忠于职守，在行李旁看管了一个多小时。第二天开学典礼上，这个新生看到了那位老者就坐在主席台上，他满脸惊奇，老者竟然就是著名学者季羡林。在北大校园里，只要看到这位长者穿着布鞋，慢慢地走着，在他后面的人就会放慢脚步，也慢慢地走着；骑自行车的人立刻跳下车，推着车跟着前行。因为他们知道，前面慢慢走着的那位长者就是季羡林。慢慢走，从从容容，不急不躁，但从来没有停下前行的脚步。这就是一位教育家应有

---

* 本文选自《未来教育家》2016年第9期。作者成尚荣，原国家督学，原江苏省教育科学研究所所长。

的姿态，是教育家的风貌，也是教育家的风度。

风度常常表现为一种独特的状态。我们不必去细分状态与姿态，只是想从整个状态上看看教育家的风度。“文质彬彬，然后君子”大概就是教育家的状态。想起辜鸿铭先生，当他被聘为教授时，他把那根“文明棍”交给那位外国人助手，气宇轩昂地走上主席台去致词。潇洒、超脱中带着一种中国人挺直腰杆的姿态，一种精神状态——自信、自尊与自豪。当然，这既是一种风度，也是一种风骨。想起陈寅恪，当他双目失明时，第一件事不是去医院，而是叫他女儿立即通知学生，今天的课不能上了，请假。后来，他家的阳台成了教室，他坐在书桌前，静静地等待。上课铃声响起来，他会换上长衫，拄着拐杖，迈着步子，走向阳台，坐在椅子上，开始上课。讲到某处，或者听到学生回答到某处，他总是眯着双眼，凝视着远方。不管身体如何，也不管境遇怎样，这位教育家总是意气风发，总是风华正茂。这是教育家的状态，仪式感里有着神圣感，这是外在的，更是内在的。这是教育家的风度。

风度常常表现为一种独特的才情。小学语文特级教师、情境教育的创始者李吉林是一位才情满溢的儿童教育家。她会朗诵，那些诗篇在她的吟诵中像是一幅幅鲜活的图景；她会当主持人，那时“文革”刚结束，她要报幕，翩翩从台后走到台前，风采照人；她会拉手风琴，在悠悠的琴声伴中，孩子们跳起了舞；她会游泳，雨中拉着女教师一起跳下学校的荷花池，自由自在地游了起来；她会书法，挥毫题写专著的书名，俊逸、遒劲；她是省女排队员，她曾是跳伞运动员，她可以演话剧，可以作画……多才多艺，有才情有才趣，而这一切又都自然地体现在情境教育里。教育家的风骨当是一种风华与风采。

姿态、状态、才情，风貌、风华、风采，说到底是一种风范与操守。而风范操守会带来一种风气，积极向上，快乐自由，真诚认真，文明和谐，这是文化的影响，彰显的是文化的力量，风度的意义、价值的确不在其本身，而在于文化的吸引力和影响力。

再说说张伯苓当校长的故事吧。张伯苓一生的事业在教育，先后创办了南开中学、南开大学、南开女中、南开小学和重庆南开中学等。南开者，“难开”也。办学艰难，张伯苓走武训路子，今日乞东家，明日丐西家，以自家面子来换银子。向人讨钱，这是什么感觉？还有什么风度可言？可张伯苓愿意。员工工资一涨再涨，最高月工资升至 300 元，而他自己呢，原地踏足，一直是 100 元。一天去一个豪华会局，别人都开着豪车，而张伯苓，这位大学校长，粗布陋裳。门卫拦着他，问：“你是什么人？”他坦然答道：“校长。”门卫立正，问：“张校长，您的车呢？车号是多少？”张伯苓又是坦然一笑：“11 号。”对于张伯苓来说，所谓风度，就是为了学校，为了教师，其他一切都是无所谓的，坦然、发自内心的遵从，这是最真的风度。

史上流传着“只有一位学生的老师”的故事，故事的主人公是金岳霖。这位刚从哥伦比亚大学获得博士学位回国，在清华大学教书的教授，要开办哲学系。他想招收学生，可报名的人寥寥无几，要求又很高，招不到理想的学生，大半年过去了，只招到一名学生，这名学生叫沈有鼎。沈有鼎在大家眼里是个怪人：外表邋里邋遢，一件蓝布长衫，不穿破烂就不会脱下；一边走路一边思索，眼睛里总是很迷蒙，很茫然；匆匆地走，想他自己的事，从来不和别人打招呼。金岳霖说：“我的门下终于有人了，这个学生我要了！一心做学问的人是不注意生活细节的。”有时上课，沈有鼎会直截了当地说金教授：“你讲错了！”有次说到美国数学家、逻辑学家、哲学家哥德尔著作的时候，金岳霖想借来看一看，沈有鼎对他说：“老实说，你不懂的。”可金岳霖先是“哦哦”两声，然后说：“那就算了。”金岳霖没感到下不了台，没感到学生冒犯了他，而是抱着对学生的宽容，甚至是尊重。有教师说，金岳霖太宽容了，太过度了，可金岳霖却不这么认为。金岳霖没风度吗？他风度扫地了吗？答案当然是否定的。所谓风度，不是表演，更不是炫技，其核心是为了学生，深爱学生，尊重学生，引领学生发展，舍此，还有什么风度可言呢？即使有人为一些可称道的风度，又有什么存在的价值意义呢？风度是有温度的，而且是有方向的。价值呢？风度绝不在表面，不在形式，而在其内核和实质。

我们可以对教育家的风度作一个整理。教育家的风度当是君子风度。君子风度表达的是君子之道，君子之道是“君子怀德”“君子之德风”“君子成人之美”“君子坦荡荡”“君子中庸”“君子有礼”“君子知耻”。教育家风度当是知识分子风度。知识分子风度表达的是社会责任感、批判的勇气，以及坚持真理、正义，不是靠思想而活，而是为思想而活。知识分子风度代表着人类的良心。教育家的风度当是学者风度。学者的风度表达的是科学的态度、严谨的治学品质、研究的品味追求。梁启超将此称作“为学与做人”，他演讲时说：“你为什么要求学问？你想学什么？恐怕各人的答案就很不相同，或者竟自答不出来了。诸君啊！我替你们回答一句罢，为的是学做人。”做一个真正的人，学问才会表现出一种风度，教育家风度从不离弃教师的风度，教师的风度表达的是为人师表，学高为师、身正为范，教师在学生面前永远有被学生称羡的风度。这是教育家永远的风度。

教育家的风度，映射着“先生之风”，而“先生之风，山高水长”，像是汩汩的清水，流进我们的心里，流进学生的心田。教育家的风度，本身就是教育，本身就是一种文化。

教育家的风格

在我国，风格最早是用来指一个人的风度、品格的，是对人之品貌的全面评价。在西方，风格一词的语意也是不断延伸和拓展的。法国博物学家、文学家布封在《论风格》的演讲中说：“风格为人的思想的一种秩序的安排和运转的方式。”认为作品所含的知识、事实都是身外物，而“风格却是本人”。江苏省教育科学研究院资深研究员孙孔懿认为：“风格是特殊的人格。”正因为此，德国作家歌德在《自然的单纯模仿·作风·风格》一文中说：“照我看来，唯一重要的是，给风格这个词以最高地位，以便有一个用语随手用来表明艺术达到和能够达到的最高境界。”我理解，“随手用来表明”的意思是风格能最简洁、最准确，也能最方便用来描述和全面评价一个人的整体风貌及其独特性。为此，我们也应该“随手”用风格来描述和评价教育家。

确实，风格不只是外在的东西，它关乎思想，关乎艺术，关乎人格。风格追求与形成的过程，正是人格的塑造和完善的过程，正是思想的锻造和提升的过程，也正是艺术不断臻于最高境界的过程。由此，不难得出这样的结论：风格是教育家的显著特征，是未来教育家的必然追求和重要条件。甚至还可以这么论断：风格是造就教育家的重要途径和突破口。讨论教育家的成长，风格是一个绕不开的问题。

教育家当有鲜明个性和独特风格。现代画家、散文家丰子恺先生曾经写过一篇随笔《李叔同先生的教育精神》，文中比较了李叔同与夏丏尊的不同风格。夏丏尊先生曾经指出李叔同做人的一个特点：做一样，像一样。李先生一做教师，就把洋装脱下，换了一身布衣，灰色长布衫，黑布马褂，金边眼镜换成了钢丝边眼镜。他对学生和蔼可亲，学生犯了过失，他当时不说，过后特地叫这学生到房间里，和颜悦色，甚至“低声下气”地开导他，态度的谦逊、真诚、郑重，使学生感动不已，这是李叔同的风格。夏丏尊则不同，夏先生心直口快，学生生活上大大小小的事情都要管，像母亲一样爱护学生，学生也像对待母亲一般爱他，都知道他的骂是爱，而且因为他的头长得像木瓜，给他取个绰号叫“夏木瓜”，其实这并不是绰号，而是爱称。

李叔同与夏丏尊有着共同的特点：爱学生。所以，丰子恺说：“李先生和夏先生好像我们的父亲和母亲。”相同的爱，却有着不同的态度和方法，不同的态度和方法表现的是不同的风格。丰子恺的这段回忆，让我们对教育家及教育家的风格有许多新的认识。其一，教育家有着真实的人性。在学生面前，他首先是一个真实的人，不同的态度和方法是从心底里流淌出来的，学生感受到的是发自心灵深处的爱，因而学生能接纳、会感动。风格，确实是人格的特殊表现形态。其二，教育家既具有共同的人格特征，又具有不同的个性，教育家是具体的，是“这一个”，是“那一个”，教育家是一个丰富多彩的人的世界，而不是抽象的、笼统的。学生面对丰富多彩的世界，才觉得教育生活的完整、多彩、有趣，才觉得教育家不仅值得敬重，而且可爱，是可亲可学的。其三，风格有着一些重要的特征，但其本质特征应当是独特性。所谓独特，有人用了比喻来诗意地描述：风格是众多合唱声中领唱者的旋律。领唱的旋律与合唱声浑然一体，又与众不同。教育家应当是合唱队中优秀的、独特的领唱者。教育需要领唱者，需要有与众不同的旋律——风格。

用这样的故事以及观点来观察当下教育家的宣传和解读，不难发现，在对教育家的认识上有失偏颇。主要问题在于没有去关注和研究教育家的个性，即没有认真探讨教育家的风格。讨论与宣传教育家的精神思想，尤其是宣扬教育家的事业心、爱心，这固然是对的，而且是必须的，但只解读这一方面而不关注个性风格又是很不够的，其结果往往会造成一些假象，误以为教育家是“神”，可望而不可及，深不可测，高不可攀。倘若如此，风格被遮蔽了，个性被淹没了，说到底，朴实而崇高的人性，可能被神秘化了，这是其一。风格的“缺席”，往往使教育家失去了鲜活个性，缺失了活力，从某种意义上来说，这样的教育家是不完整的，也是不真实的，讨论与研究教育家的风格，让教育家回归真正的生活世界，让大家真切地触摸到教育家完整内心世界的“这一面”与“那一面”，“这一种”与“那一种”，从而倾听到真实的心灵发出的声音，感受到教育家就在我们身边，这是其二。前文所述，风格的追求与形成可以作为教育家成长的重要途径和突破口。教育家的成长有多个核心要素，也有多个发端，多个切入口和突破口，但因风格是特殊的人格，所以风格可视作教育家成长关键性的核心要素。从追求与形成风格入手，可收“牵一发而动全身”之效，推动教育家核心成长要素的实现，未来教育家在成长之路上可以走得更好更远，这是其三。正因如此，在教育家成长的实践和研究中，应当将风格的讨论置于十分重要的位置。让风格永远在场，就是让真实的、完整的、鲜活的教育家永远在场，就是让我们广大教师、学生永远和教育家在一起。同时，让优秀、杰出的教师有这样的追求：也许我成不了教育家，但我永远有教育家的情怀，永远有着自己的教育主张和风格，永远努力像教育家那样去教书育人。我以为，这才是“教育家办学”的崇高境界，也才是教育家培养工程或奠基工程的最高使命与旨归。

*教育家风格的核心是爱的真诚与无私。*1979 年春天，南京大学校长匡亚明收到一封奇怪的告状信。告状信没有原告的姓名，只注“一名教师”，也没有被告。更奇怪的是连申诉的理由也被“匿”了，被告有什么不当之处，也只字不提。匿名信的大意是：“匡校长，我不想把我向您反映的意见写出来，只是希望您能在晚上 11 时后，到教职工宿舍前站一站，看一看，就可以晓得我的意见是什么，知道我批评的是谁了。如果您第一天看了没有悟出来，第二天再去就一定会全然明白我告状的主要内容。”匡校长接到匿名告状信以后，按匿名信所述，于夜里 11 时赶到了教职工宿舍楼前。那时的楼不高，只有四层，一层、四层灯火通明，可是二层、三层一片漆黑。他一看就明白了：开灯的在开夜工，关灯的已经入睡；而开夜工的是教师，早眠的是行政人员；行政人员住的楼层好，教师住的楼层差。他知晓了：行政人员“欺负”教师。这怎么行！大学里不能容忍行政化倾向，匡校长立即要求给教师调换房子，这一举措，提升了知识分子的地位。

这就是教育家，这就是教育家的精神，匡亚明这位教育家以他亲身的行动告诉我们，“教育家应当有精神，教育家的精神不虚空，因而也算不上伟大”，它具体、实在。我们常说，教育家的精神是挚爱教育事业，而匡亚明则用行动诠释了热爱教育事业，必须落实在热爱教师和学生身上。我想，真心实意地爱教师、爱学生是热爱教育事业的核心，一个不真心实意爱教师，不把自己心灵献给学生的人，怎么可能是教育家呢？

匡亚明的事迹还告诉我们，真正付出爱是需要勇气的。匡亚明心底无私天地宽，不怕得罪学校行政人员，没有瞻前顾后，没有纠结，而是当机立断，毫不犹豫地作出决策，立即采取了行动。这让我想起了一个重要概念：知识分子。知识分子敢于坚持真理，敢于追求光明，敢于发表自己出自道德良知的独立见解，这才是真正的勇气，这样的人才是真正的知识分子。教育家首先应当是这样的知识分子。

说到爱学生，不得不想到胡适。胡适是教育家，他爱学生，一心一意，真真切切，又把爱隐藏起来，让学生不知觉，表现了一种大爱的情怀。林语堂是他的学生，出国留美留德的费用，名义上是向北大借的，其实是胡适个人资助 2 000 美元——当然是无需归还的。没有这笔留学款，林语堂就可能不是今天的林语堂。青年陈之藩不是胡适的学生，比胡适小了好多岁，后来成了忘年交。出于对青年才俊的爱惜，胡适同样资助 400 美元作为保证金，让陈之藩出国留学，使之完成了学业，当然也无需陈之藩归还。胡适说："我借出的钱从来不盼望收回，因为我知道，我借出的钱总是'一本万利'，永远有利息在人间。"确实，胡适用自己无私的品格铸就了最重要的利金。"利息永远在人间"就是他的爱，他的帮助，永远在他所热爱的学生中，而学生又去帮助其他人，"利生利""息生息"，越滚越大。为着未来，为着民族，他的爱永远产生着巨大的效益。

教育家对学生的爱，因为是无私的，所以是悄悄的，从不张扬，也从不炫耀，反之，如果爱的行为轰轰烈烈，倒可能不是真正的爱，他很可能成不了教育家。有教师常常这样追问自己：今天我爱学生了吗？学生感受到爱了吗？第一句固然重要，但第二句更重要，缺少爱的艺术，爱可能会变异，学生感受不到爱，爱的价值也就失去了。英国哲学家罗洛·梅认为爱与意志是教育中的两个重要因素，应当相提并论，缺一不可，没有爱的意志只是一种操纵，缺乏意志的爱，必然只是一种无谓的伤害。爱的意志是什么？爱的意志在哪里？教育家告诉我们：爱的意志在对学生爱得真诚，对学生爱得无私。

*教育家的风格是思想的血液。*风格的深处是思想。法国著名作家福楼拜说，风格是思想的血液。俄罗斯思想家别林斯基则说，风格是"思想的雕塑"。血液也好，雕塑也罢，是思想铸就了风格的力度和厚度。可以说，风格是思想的另一种表现方式，思想常常融化在风格中。所谓风格的独特性，主要是思想的独特性，独特的风格表达的正是独特的思想，我把独特的思想称之为教育主张。教育主张是教育思想的个性化，教育主张较之一般意义上的教育思想或教育理念，更具稳定性，也更具体，教育主张也是教育思想学科化的表达，教育思想或理念化为教学见解，体现了教育思想与学科特征的融合。

我们可以先举一些其他的例子，因为"家"是相通的。张季鸾是民国时期最具声望的报人。1926年,张季鸾郑重其事地提出了独立办报的方针,即“四不”方针:“不党、不卖、不私、不盲。”“不党”主要是防范编辑工作受到政治理念的干扰;“不卖”则力图排挤金钱对报纸的腐蚀;“不私”主要从报纸功能上明确为公服务的原则;“不盲”则主要是从编辑主体角度阐明了实践中应规避的行为。这是张季鸾的办报宗旨。办报主张,形成了办报的风格,独立、鲜明、坚定,正是这样的主张,在他主持笔政的三十余年间,办出了最好的报纸。夺得国际建筑界最高奖“普利兹克奖”的王澍,尽管他反对别人用风格来总结,但他确实有着自己独特的个性,因为他有自己的主张:“我成为一个建筑师之前,是一个知识分子、一个文人”,“造房子就是造一个世界”,“我的建筑会呼吸”,“尊重过去,而不要只是把它抹掉”。王澍不是教育家,但这些主张用之于教育(何况他是大学教授)不也道出了教育的意义与真谛吗?如此看来,无论是报人,还是建筑师,还是其他什么“家”,有没有自己的主张,风格是不一样的。

尽管“家”是相通的,还是要回到教育家上来。叶圣陶,著名教育家,他有自己的教育主张。他讲过这样的话:“小学教育的价值,就在于奠定小学生一辈子有真实明确的人生观的根基”,“学校教育的目的就在于使学生养成正确的人生观,因而不能不注意教育与人生的关系”。在这一核心主张的引领下,他又提出了“七大观”:“学校教育应当使教育者一辈子受用”的教育本质观,“教育就是要养成良好习惯”的素质教育观,“教是为了达到不需要教”的教育哲学观,“受教育的人的确跟种子一样”的学生主体观,国文是“发展儿童心灵的学科”“应付生活的工具”的语文教育观……历史走过了这么多年,至今我们都沐浴在“养成习惯”“教是为了不教”以及“学生跟种子一样”等教育主张的阳光下,感受到丝丝清凉和永远的温暖。读着他的话,我们眼前浮现的就是叶圣陶那和蔼的面容、扬起的寿眉、智慧的眼神,那人格,那风格,一直抚慰着我们的心灵,撞击着我们的思想。

教育主张是教育家风格的灵魂,它让教育家站在一块高地上,俯瞰教育田野,瞭望教育的未来世界。教育主张让教育家的风格中满含学术的色彩和研究的含量,因而有厚度、有深度、有力度。用这样的观点来观察一下当今未来教育家的成长,不难发现,有些人虽努力、刻苦、勤奋,但缺失的是自己独立的人格、自由的精神,缺失的是独特的见解、鲜明的主张、深刻的思想,因而往往面面俱到而略显“平面”。当然这也是一种风格。“风格”一词源于希腊文,原义为雕刻刀,但用原义、用歌德关于“风格是艺术”的最高境界等论述来考量,这样的“风格”偏离了风格的深刻意蕴，缺失了思想的血液，因而它一定是平庸的，而且算不上教育家的风格，至少不是大家所认可所称道所仰慕的风格。

教育家的身份与风格以及必须谨防的“官风”。教育家的风格与他自己的身份认同和追求紧密联系在一起。教育家自己认同什么身份，追求什么，就会在实践中形成不同的风格。从这层意思来说，风格的确是特殊的人格。当代画家吴冠中认为，风格是人的背景，其含义是，风格是人格的投射，而且风格应当任别人去评说。

教育家应当有什么身份？应该形成什么样的风格？又应当警惕和谨防什么样的不良作风？

教育家首先是知识分子，应当有知识分子的人格和风格。季羡林曾被评选为“感动中国人物”，给他的颁奖词是：心有良知璞玉，笔下道德文章，一介布衣，言有物，行有格，宠辱不惊，贫贱不移……我认为，这是对季羡林最朴实然而又是最高的评价，季羡林是真正的知识分子。知识分子有自己的人格特征，那就是具有璞玉般的社会良知、独立人格及批判精神，而且具有平民的情怀。显然，衡量知识分子的根本尺度不是知识。教育家的风格应当是：宠辱不惊、贫贱不移、不卑不亢、求真求实，脑中装着知识，但心中装着社会、祖国与民族。这样的风格与一些当官的人的风格截然不同。

教育家应当是学者，应当有学者的风度和风格。教育家视学术为生命，绝不以金钱、利益、地位、官职为追求。一心追求学术的人，体现出的气质肯定与一心当官的人不同。梁启超是著名的思想家、教育家。作为教育家，梁启超的学问，自不待言。其实，他不仅学问做得好，站在讲台上，亦是别有一番风采。他给清华大学的学生上课，走上讲台，眼光向下一扫，然后是简单的开场白——“启超是没有什么学问”，眼睛向上一翻，轻轻点点头，“可是也有一点喽！”谦逊，不乏可爱的自负。这是一种学者的风格、名士的风度，事实亦如此。同样是学者的熊佛西回忆他的老师梁启超道：“先生讲学的神态有如音乐家演奏，讲到幽怨凄凉处，如泣如诉，他痛哭流涕！讲到激昂慷慨处，他手舞足蹈，怒发冲冠，总之，他能把整个灵魂注入他要讲述的题材或人物，使听者忘倦，深入其境。”学者、学术铸就了自由的品格和风格。

教育家应当是研究者，应当有研究者的品格与风格，教育家不是教书匠，研究是他的方式和习惯。而研究者的态度是实事求是，承认无知，从问题出发，深入研究，力求突破。王国维，大师也。他讲课逻辑性强，凡经他做过精深研究的课题，都有严谨分析，有肯定的结论。但是，当他碰到某些问题时，又常以“这个我不懂”一句就带过去，有时一节课下来，竟说了几个“我不懂”。“我不懂”，不乱讲，不搪塞；“我不懂”，需要研究，需要搞懂。教育家总是在研究中求学，以研究对待教学。研究是教育家的品格，教育家要形成研究的风格。

以上说这么多，无非是说，教育家不是官，不应有“官风”，千万不能沾上官气，染上官腔，“官风”不是教育家的作风，也不是教育家的风格。遗憾的是，当下的一些名校长、名师对此缺少应有的警惕，甚至有所沾染。这，很危险。研究教育家的风格，必须让教育远离官僚化。让教育家以自己的身份，以自己的风格与品格，去引领教师，与大家一起去推动教育改革。

教育家的风骨

“先生之风，山高水长。”先生之风，首先当是他的风骨。

教育家最看重风骨，教育家最具风骨。风骨，是教育家最伟大、最可贵之处。风骨也，人之气概、气节、品格也。崇高的人格，不屈的气节，宽广的胸怀，刚毅的性格，爱憎分明之情感，独立自由之精神与思想，等等，构成了教育家的风骨气象。向教育家学习，首先学习他们的风骨。

马相伯，乾坤朗朗，风骨清奇，尽显“国家之光、人类之瑞”。华东师范大学教授黄书光的这一评述实在恰当。1840 年 4 月生于天主教世家的马相伯，将一生献给了教育事业。他曾说：“我是一只狗，只会叫，叫了一百年，还没有把中国叫醒。”自比一只狗，对祖国无限的忠诚；叫了一百年，对民族复兴的坚信和锲而不舍；还没把中国叫醒，一种谦逊与责任的勇敢担当。其实，他用自己的人生，试图叫醒中国。1879 年，他做了一生中最惊人的一件事：将自己继承的三千亩田产献给耶稣会，作为创办后来被称为震旦学校的“中西大学堂”的基金。他还立下字据：自献之后，永不反悔。在他 63 岁时，为学校规定了三条原则：崇尚科学，注重文艺，不谈教理。叫醒中国的赤子之心，怎能不让人钦佩、崇敬？马相伯告诉我们，教育家心中应有对祖国的赤诚，有民族振兴的责任、使命，应有忘掉自己、牺牲自己的气概和精神。这叫什么？这叫风骨。

唐文治，无锡国专的创始人。面对国难，他风骨铮铮，教学生做人，教学生做有民族气节的人。他从中华民族最古老的经典《尚书》中提取“做新民”三字定为校训。他又亲自撰词创作校歌:“俭以养德,静以养心,建功立业,博古通今。为生民立命,为万世开太平。”何等的气概!1931年“九一八”事变以后,日寇侵华的枪炮声震国人,抗日救国的情绪在无锡国专师生中沸腾,唐文治校长以他特有的方式激发、鼓励学生的爱国情感,他同意并支持学生停课三天,让学生去城里宣传抗日。他还在膳堂里悬挂大字书写的《膳堂铭》:“世界龙战,我惧沦亡;生聚教训,尝胆越王;允文允武,阳明继光;明耻教战,每饭不忘。”何等感人!当年12月24日,无锡上千名学生赴南京请愿,要求政府出兵抗日,双目失明的唐文治亲自送请愿的学生至校门口,一直“凝望”着学生远去……这情景至今都使人难以忘怀。1932年1月,上海发生“一·二八”事变,日军烧杀焚掠,惨无人道。学校经费严重困难。为了学校,为了学生,为了让学生面对外侮时,永远有民族的气节,从4月起,作为校长的唐文治带头减薪,带动全校教员集体减薪三至四成,这件事让学生刻骨铭心,永志不忘。唐文治告诉我们,在国家、民族危难之际,当有民族的脊梁、民族的血性,同仇敌忾,奋勇抗争。这叫什么?这叫风骨。

自然想起陶行知。他有民族之魂,永揣理想,执着于实验研究,为了民众,奉献自己,永远在行知路上前行,人格崇高,风骨峻峭。芝加哥大学历史系教授曾这么评说:陶行知等人有可能成为甘地,但他们最终没能成为,其中一个重要原因便是政治权力的产生压迫着他们,使理想无法实现。陶行知绝不是为了成为英雄,而是为了民众,为了教育,因此,面对权力的重压而无所畏惧。当晓庄学校被查封,陶行知被通缉,流亡日本。一年以后回国,他仍然坚持办学校,搞教育实验。当“普及教育”“义务教育”无法实施时,抗战时期提出“大众教育”。抗战胜利后,又提出“民主教育”,向师生宣告:学习民主,帮助创造民主的新中国,还高呼:“大家都来上民主第一课。”陶行知告诉我们,一个有良知的教育人,心中永远有人民,永远为大众,永远怀抱教育的理想,而理想又化为一个个教育信念和教育实验,永不退缩,越战越强。正是在“行知”中,陶行知成了人民教育家。这叫什么?这叫风骨。

教育家一个个远去了,给我们留下了一个个背影。可是从他们的背影中,我们却看到了教育家的风骨;虽是背影,却看到了一个民族的正面。这是先生之风啊!先生之风,山高水长!

进入21世纪,时代变了,社会进步了,技术革新了,生活方式变了,世界变得越来越丰富多彩,价值观变得越来越多元复杂,教育面对着越来越多的问题,将会接受越来越严峻的挑战……我们需要追问的是：有什么是不能变的？有什么不仅不能变，而且越发要坚守？教育家告诉我们，这仍是风骨。

永远记着斯霞。她以庄重的口吻说："我是普通的小学教师，我为自己是小学教师而自豪。"组织上曾请她担任南京市教育局副局长，做了一个多月，她回来了，回到她所熟悉所钟爱的小学，回到她喜欢的课堂，和可爱的孩子们在一起。教学改革越来越深入、具体，各种实验模型不断涌现时，斯霞说，不管什么改革什么研究什么模式，有一条原则是不能变的：不能加重孩子们的负担。这就是爱，是童心母爱。她清楚地知道，教师只有母爱是不够的，但是，她很认真地说，教师应当有母爱——最高尚最无私的爱。当然，斯霞的母爱已成了教育爱、教师爱的代名词，既是母爱，又超越母爱。教一年级语文时，课文中有"我们爱祖国"的句子，斯老师让小朋友说说什么叫祖国。孩子们说，祖国就是南京。她说，南京是城市的名字，是祖国的一座城市。孩子们又说，祖国就是国家。她说，是的，祖国是国家，可是世界上还有美国、英国……好多国家呀！孩子们终于明白了：祖国就是自己的国家。斯老师非常肯定地说：是的，祖国就是我们自己的国家，我们爱自己的祖国。于是，教室里回荡着稚嫩却坚定的声音："我们爱祖国。"这声音永远回荡在孩子们的心里。斯霞告诉我们，童心母爱是温柔中的坚定，是坚守中确立起的信念，是教育的情怀，这就是教育家的风骨。教育家的风骨是具有美学精神的，正是这样的美学精神，引领着教师发展走向崇高境界。

至此，我们可以回答：当今社会，作为教育家，风骨不能变！何为风骨不能变？那就是永远的民族精神，永远的家国情怀，永远的教育理想，永远的人格尊严，对学生永远不变的爱，对学术追求永远不变的品格。这些都是金钱买不到的东西。完全可以说，在任何时候，金钱买不到的东西就是风骨。我们坚信，只要风骨在，精神就在；只要风骨在，人格尊严就在；只要风骨在，教育家就在；而教育家在，教育的希望就在。"教育是未来的定义"，这一判断的另一层意思是，教育家可以定义未来，因为他们有风骨。

行文到此，本该结束了，又总觉得还有什么没说完。是什么呢？那就是"为生民立命，为天地立心，为往圣继绝学，为天下开太平"；还有"厚德载物，自强不息"；当然还有"嚼得菜根，做得大事"。也许这些"中国梦"铸就了教育家的风骨，铸就了所有教师的风骨——我们应当有这份自信，这是中国教师的自信，是中国教育的自信。

作为教育家的叔本华（节选）*

[德]弗里德里希·尼采

周国平译

倘若我想描述初次读到叔本华的著作对于我是怎样的事件，则请允许我在一个想象上稍作停留，在我的青年时代，这想象是如此经常而且迫切，非其他的想象可比。当我那时候耽于各种异想天开的愿望时，我常想，但愿命运会替我解除掉自我教育的可怕烦劳和责任，我会适时地找到一位哲学家做老师，一位真正的哲学家，人们能毫不犹豫地听从他，因为人们信任他将超过信任自己。接着我自问：他循之教育你的原理会是怎样的呢？我又思忖，他对我们时代流行的两种教育原则会说些什么。一种原则要求，教育家应该立即发现其学生的固有长处，然后向之倾注全部力量、养料和全部阳光，以帮助他将这个长处发展成熟，结出硕果。与此相反，另一种原则要求，教育家应该培育、关心现有的全部能力，使它们彼此形成和谐的关系。可是，难道我们要强迫一个显然有锻金艺术天赋的人学习音乐吗？我们要授权给切利尼[1]的父亲吗，他一再逼他的儿子学“可爱的小号”，而这个儿子却称之为“该死的吹管”？在表现得如此强烈和确定的天资身上我们不会说这是正确的；那么，这个和谐培养原则也许仅仅适用于较弱的天性，这类人身上虽然交织着众多的需要和倾向，但是无论整体地看还是个别地看，它们都不具有重要意义。然而，人们究竟到哪里去寻找一个人，他身上有着和谐的整体和多声部的协奏，我们在何处能惊叹于一种和谐，竟超过一个像切利尼这样的人所具有的，在他身上，认识、欲望、爱和恨，一切都涌向一个中心，涌向一个根本的力，正是通过这个活的中心的强有力的支配地位，一个和谐的动力系统才得以在上下左右形成？那么，两种原则也许并非对立的。也许其一仅是说，每个人应该是一个中

---

* 本文节选自[德]弗里德里希·尼采著，周国平译：《作为教育家的叔本华》，译林出版社2012年版。

① 切利尼(Benvenuto Cellini，1500—1571)，意大利佛罗伦萨天才的金饰匠、雕刻家。

心;另一仅是说,他也应该有一个圆周。我所梦想的那位教育家兼哲学家不但要善于发现中心之力,而且要懂得防止这个力对其余的力发生破坏作用。毋宁说,正如我认为的,他的教育任务在于把那个整体的人培养成一个活的运动着的太阳和行星的系统,并认识其更高级的驱动机制的规律。

当时我未遇见这样哲学家,我试试前一种原则,试试后一种原则。我发现,与希腊人和罗马人相比,我们现代人显得多么可怜,哪怕只是在对教育任务的认真严肃的理解上。我们不妨心怀这样一种需要走遍德国,特别是所有的大学,绝不会找到我们要寻找的东西;即使卑微和简单得多的愿望在这里也始终不能满足。譬如说,在德国人中谁若想认真地把自己培养成一个演说家,或者谁若想进一所作家学校,他不可能找到导师和学校;在这里,人们似乎未尝想到,演说和写作是一门艺术,若无最细心的指导和最艰辛的学徒期便不能学得。然而,在对于教育家和教师的要求上,我们时代的人既吝啬又愚昧,没有什么比这更清楚、更可耻地暴露了他们的夜郎自大。甚至在我们最优秀、受过最好教育的人那里,顶着家庭教师名义的一切即已使人满足,怎样的怪僻头脑和迂腐课程的大杂烩常常被称作文科学校,当作宝贝,而与把一个人培养成人这个任务的困难性相对照,作为最高教育设施、作为大学的东西又怎么能使我们大家满足,什么样的领导人,什么样的机构!即使是德国学者们借以向他们的科学进军的那种令人惊叹的作风,主要也是表明了他们这样做时关心科学甚于关心人性,他们如同一支敢死队受命为科学做出牺牲,以吸引新的一代前仆后继。科学工作如果不受更高的教育原则指导和限制,而只依据"多多益善"的信条一发而不可收,便必定会损害学者,就像 laisser faire(放任主义)的经济原则会损害整个民族的道德品质一样。谁还懂得学者的培养是一个最困难的问题,他们的人性是不应该被割舍和弄得枯竭的——而要能够正视这一问题的困难性,我们不妨观察一下大量的标本,那些人盲目地、过早地为科学献身,从而以驼背为其特征。可是,尚有一个更重要的证据,一个更重要、更可怕,尤其是普遍得多的证据,证明了我们缺乏任何高级的教育。如果我们很容易明白,为什么现在培养不出一个演说家、一个作家——正因为没有培养他们的教育家;如果我们同样很容易明白,为什么现在一个学者必定会被扭曲,会变得怪僻——因为是科学,从而是无人性的抽象物在培养他——那么,我们最终要问:对于我们全体来说,不论是学者或非学者,高贵者或卑贱者,我们同时代人之中的道德楷模和名望究竟在哪里,我们时代一切创造性道德的有目可睹的典范究竟在哪里？一切时代的任何高尚的交往都致力于深入思考道德问题，这种深入思考到哪里去了？现在不再有这样的名望和深思了；我们事实上在消耗我们的祖先所积累的道德遗产，我们对之不图增值，只知挥霍；对于我们社会中的这类事情，我们或者讳莫如深，或者用一种自然主义的生硬空洞的方式谈论，这种方式十足令人反感。结果，我们的学校和教师完全无视道德教育，或满足于形式主义。德行乃是一句空话，教师和学生对之一无所思，一句过时的空话，人们对之加以嘲笑——如果不嘲笑就更糟，因为那样人们就弄虚作假。

要解释整个道德力量的这种乏弱和低落，是困难而复杂的；无论谁注意到上升时期的基督教对于我们古代世界的品德的影响，就都不会忽视正在没落的基督教在我们时代的相反作用，以及它越来越可能的命运。靠了它的高超理想，基督教超越了古代的道德体系以及人皆有之的自然本性，以至于人们对这种自然本性麻本甚至厌恶了；可是后来，当他们尽管知道却无法达到更好更高的境界之时，不管他们多么愿意，他们已经不再能回到原来那个次好次高的境界，亦即那种古代的美德了。徘徊在基督教和古代之间，恐吓或欺骗的基督教道德和怯懦拘谨的仿古风尚之间，现代人活得很尴尬；从先辈继承来的对自然本性的畏惧以及这种自然本性重又焕发出的吸引力，在不论何处获得一个支柱的渴望，蹒跚在次好与更好之间的认识能力的疲软，这一切在现代人的心灵中造成了一种不安，一种迷乱，注定它一事无成，郁郁寡欢。未尝有过一个时代，比现在更需要道德教育家，也未尝有过一个时代，比现在更难找到这样的教育家；在瘟疫流行的时代，医生既是最需要的，同时也是最易受害的。现代人到哪里去找这样的医生，自己如此健康，如此稳固地用自己的足站立，因而竟还能支撑并且伸手援助别人？在我们的时代，最优秀的人格也被阴郁的氛围笼罩着，他们胸中进行的伪装与诚实的交战使他们陷入了永恒的烦恼，不敢信任自己——因此他们完全没能力做别人的指路人和导师。

所以，当我幻想自己能找到一个真正的哲学家做老师时，我简直是异想天开，我想象他能够使我超越时代的不足，教我在思想上和生活中回归**简单**和**诚实**，也就是不合时宜，这个词要按照其最深刻的意义来理解；因为现在人们已经变得如此复杂，以至于只要他们想说话、发表意见和据之行动时，他们便必然会不诚实。

正是在这样的困苦、需要和渴求中，我结识了叔本华。

我属于叔本华的那样一些读者之列，他们一旦读了他的第一页书，就确知自己会读完整本书，倾听他说过的每一句话。我一下子就信任了他，现在这信任仍像九年前①一样坚定。我之理解他就像他是为我写的一样——这样表达是为了清晰，虽则会显得狂妄和笨拙。原因在于，我在他那里从未发现过似是而非之论，尽管在这里那里会发现小小的谬误。似是而非之论是什么呢，倘若不是那样一些意见，它们不能引起信任，原因是作者自己也并不真正相信它们，只是想用它们来哗众取宠，大出风头？叔本华从不想出风头，因为他是为自己写作的，没有人甘愿受骗，尤其是一位为自己立此法则的哲学家：不要欺骗任何人，绝对不要欺骗你自己！他甚至不说那种讨人喜欢的社交式假话，那是几乎一切交往都带有的，而且被作家们近乎无意识地模仿着的；更不玩演讲台上的比较有意识的欺骗以及人为造作的修辞手法。叔本华是在对自己说话，或者，倘若人们一定要设想一个听众，就不妨设想一个在听父亲教诲的儿子。这是一场恳切、直率、善意的谈话，诉诸一个怀着爱心的倾听者。我们太缺少这样的作家了。当这位言说者刚刚吐出第一个音，他的强烈的快意便已笼罩我们；我们宛如走进高山上的森林，我们深深地呼吸，立刻感到通体舒畅。我们觉得，这里处处是使人强健的空气；这里有一种不可模仿的无拘无束和自然而然，正如那些以自己的心灵为家宅，并且拥有一所极其富裕的家宅的人的感觉的一样。与此相反，有些作家为了显示机智而故意语出惊人，他们的演讲因此而有一种不安静、不自然的风格。当叔本华说话时，我们同样也不会想起那些学者，他们生就一副僵硬而不灵活的躯体，心胸狭窄，所以笨拙、窘迫或者做作地从那里走来；另一方面，叔本华的粗糙的、有点儿像熊一般的灵魂岂不使我们既怀念又鄙弃法国优秀作家的灵巧高雅的妩媚，在他那里无人能发现模仿来的、仿佛镀了银的伪法国风格，这种风格是德国作家十分引以为自豪的。叔本华的表达这里那里偶尔会使我想起歌德，但绝不会使我想起德国模式。因为他善于质朴地说出深刻的真理，没有华丽辞藻却抓住了听众，不带学究气却表达了严密的科学理论，他从哪个德国人那里学得到这等本事呢？他也拒斥莱辛那种尖刻的、过于活泼的以及——假如允许这么说的话——相当非德国的风格，这是怎样伟大的功劳呵，因为在散文写作方面，莱辛是德国人中最有诱惑力的作者。为了立刻说出我对他的写作态度所能说的最高感受，我要引用他自己的话：“一个哲学家必须极其诚实，以至于不利用任何诗意的或修辞的辅助手段。”把诚实当一

① 尼采初次读叔本华著作是在写作本书的九年前，即 1865 年。

回事甚或一种德行，这在公共舆论的时代当然属于被禁止的个人意见；所以，当我重复说叔本华作为作家也是诚实的之时，我并不是在赞美他，而只是在描述一个事实；诚实的作家如此之少，因而人们的确应该对一切搞写作的人报以不信任。我只知道一位作家，在诚实方面我认为他可以和叔本华并肩媲美，甚至略胜一筹：他就是蒙田①。有这样一个人写过东西，真可增加我们在尘世生活的兴趣。至少对我来说，自从结识这颗最自由强健的灵魂以后，我的情况就如他谈到普鲁塔克时说的那样："只要看他一眼，我就长出了一条腿或一对翅膀。"倘若所面临的任务是在尘世安家，那么，我但愿与他为伍。

除了真诚之外，叔本华与蒙田还有第二个共同之处：一种真正的富有感染力的欢快。Aliis laetus, sibi sapiens（对他人兴致勃勃，对自己通情达理）。有两种很不相同的欢快。真正的思想家永远使人欢欣鼓舞，不管他所表达的是他的严肃还是他的玩笑，是他的人性的洞见还是他的神性的宽容；没有阴郁的表情，颤抖的双手，噙泪的眼睛，而是明确而单纯，勇敢而有力，也许带一些强硬的骑士风度，但始终是作为一个胜利者。而使人最深刻最发自内心地欢欣鼓舞的事情就是，看见一位得胜的神站在被他打败的所有巨怪旁边。反之，在平庸的作家和刻板的思想家那里，人们有时候也能读到一种欢快，可是它只会使我们这样的人觉得可怜，譬如说，就像我对大卫·斯特劳斯②的欢快所感觉到的。拥有这样一种欢快的同时代人，令我们异常惭愧，因为他们在后代那里丢尽了我们和我们的时代的脸。这种乐天派完全看不见苦难和巨怪，而他们作为思想家本应看见它们并与之斗争的；所以他们的欢快令人不快，因为它是骗人的，它企图诱使人们相信在这里赢得了一场胜利。归根到底，哪里有胜利，哪里才有欢快；而这一点既适用于真正思想家的作品，也适用于一切艺术作品。即使内容也许始终可怕严肃，恰如人生问题之真相，但只有当半吊子思想家和半吊子艺术家在作品上散布自身缺点的阴云时，作品才会使人感觉压抑，受到折磨；相反，一个人可以获得的最快乐、最好的享受，莫过于接近那样的胜利者了，由于他们思考过最深刻的道理，所以必然喜爱最生气勃勃的事物，终于作为智者皈依于美。他们真正在言说，他们不语无伦次，也

① 蒙田（Michel de Montaigne，1533—1592），法国作家，传世作为《随笔集》三卷。

② 大卫·施特劳斯（David Strauss，1808—1874），德国哲学家、神学家，代表作为《耶稣传》。

不人云亦云；他们真正的活动，在生活，不像别人习以为常的那样，幽灵似的戴着面具过日子。所以，与他们接近，我们真正感到亲切而自然，我们要像歌德那样欢呼："生气勃勃的事物何其辉煌珍贵！与之相处令人感到何其踏实，何其真实，何其实在！"①

我所描述的无非是叔本华给我留下的近于生理性的第一印象，一个自然生长物的最内在力量向另一自然生长物的魔术般的涌流，这涌流在它们乍有了极轻微的接触时便立即发生了；而当我事后分析这个印象时，我发现它是由三种因素混合而成的，即他的真诚、他的欢快、他的坚韧这三个印象。他是真诚的，因为他是对自己说话，为自己写作；他是欢快的，因为他借思想而战胜了最艰难的事物；他是坚韧的，因为他不得不如此。他的力量就像无风时的火苗，笔直轻盈地向上，坚定不移，毫无颤动或不安的迹象。他在任何场合都能找到自己的路，而我们却并未觉察他曾经寻找；他如同受了重力规律的驱迫似的走来，如此沉着而又灵活，如此无可避免。有谁感悟到在我们当代的非驴非马人性(Tragelaphe Menshheit)②中，一旦找到一个完整和谐、依于自己的枢轴转动、不受拘束和阻碍的自然生灵，这将意味着什么，他就会理解我发现叔本华时所感到的幸福和惊奇了。我明白，在他身上，我已找到我苦苦寻找的那个教育家兼哲学家了。尽管我找到的只是书籍，而这确实是一个极大的遗憾。于是，我便愈加努力地透过其书去看和想象活生生的其人，我读到了他的伟大遗嘱，他遗言唯有这样的人才能成为他的继承者——这些人不仅愿意和能够做他的读者，而且愿意和能够做他的儿子以及弟子。

---

① 语出歌德《意大利游记》。

② 非驴非马，原文 Tragelaphe，为希腊传说中一种名叫牛鹿的动物，尼采以此讽刺当代人的人性是拼凑的、混杂的。

什么样的教育家才是真正的教育家*

——杜威对我们的启示

黄宇红

约翰·杜威(John Dewey,1859—1952)在美国思想史和教育史上的权威地位在学术界是一致公认的。美国著名文化史家亨利·斯蒂尔·康马杰(Henry Sreele Commager)在他的文化史名著《美国精神》中曾对杜威的成就有一全面的总结:“杜威忠实地实践了他自己的哲学信念,从而成为美国人民的向导、导师与良知;在整整一代人的时间里,没有哪一个重要问题不是经过杜威阐明的,这样说并不夸张.作为教育改革的开拓者,政治党派的组织者,政治家的顾问,劳工、女权、和平以及公民自由权利的发言人,作为美国的对外解脱员以及俄国、日本、中国和德国在美国人民中的阐释者,他是十多个运动的开路先锋,二十个进步组织的领袖,一百项改革事业的发起人.他用自己的一生表明了哲学可以有效地应用于社会改造,后者既是他自己的追求,又是哲学的责任。”①杜威何以成为一代宗师,也许我们可以其生活经历中找到答案。

杜威对于其所处的时代的清醒而自觉的历史意识成为其教育思想的来源和成为真正教育家的原因。这与杜威所处的社会背景密切相关,杜威一生横跨19世纪的下半叶和20世纪的上半叶。在这一时期,美国发生了一系列重大的政治、经济、文化与军事事件,美国社会从政治、经济到文化均发生了深刻的变化,而杜威亲身经历了这一切。杜威出生在美国内战前夕,在大移民的浪潮中长大,看到了美国工业化和城市化的过程,投身于进步主义运动和“新政”的改革,经历了两次世界大战,目睹了“冷战”的序幕,身在其中的人必然能感受到这种变化,而杜威

* 本文选自《教育史研究》2003年第3期。作者黄宇红,教育学博士,首都师范大学高等教育研究所教授。

① Henry Steel Commager, The American Mind[M] , New Haven: Yale University Press,1950,100

对于这种历史发生重大转变和社会所经历的转型的认识是清醒的和自觉的，并主动地投身于其中，试图通过新教育，培养民主社会有公民。

从杜威的经历和其教育思想的发展中可以清晰地看到历史意识的重要性。杜威的家乡——柏灵顿是一个快速发展中的城市，它是全国第二大木材基地，也是佛蒙特的商业和文化中心。在这里，阶级已经明显分化，民族和宗教的构成也是多元化的，而同时古老的镇议会传统仍在规范着人们的行为，阶级分化和文化的多样化趋势与古老的共和主义民主传统之间的紧张正在加剧。柏灵顿小镇为杜威提供了认识转型中的现代美国社会的第一本活教材。

历史意识是实用主义认识的基本原则之一，而作用实用主义大师的杜威必然能够把握其时代脉搏。1936 年，杜威为纪念美国 19 世纪上半叶的教育改革家贺拉斯·曼的文章中表现了这种敏锐的历史意识。他比较了两者所处的时代："他生活的时代，人们主要过着农业生活。当然，蒸汽动力已经有了，还有一些工业化了的地区。"①"众所周知，工业与技术的发展创造了一整套广泛而复杂的相互依存关系，而这在 100 年甚至 75 年以前的个人是无需面对的。贺拉斯·曼可以理所当然地接受政治制度的涵义，他要做的只是在个人身上培养维持这些制度所需要的知识和品格。而今天，我们所关注的正是要找到民主的生活方式在其与工业、金融、家庭以及教育，乃至个人所有广泛延伸的种种联系的关系中应有的涵义，甚至连民主政治中政府的恰当功能都成了一个问题。"②

杜威的新教育思想正是建立在自觉而敏锐的历史意识之上的，是建立在对美国乃至整个西方社会的历史进程的观察之上的。正如杜威自己所言："任何时候我们想要讨论教育上的一个新运动，就必须特别具有比较宽阔的或社会的观点"，③"人们难于相信，在整个历史有过这样迅速、这样广泛和这样彻底的革命（杜威指的是工业革命）。经历了这个革命，世界的面貌，甚至它的自然形状都在改变着。因此，认为这个革命对于教育只有形式上的和表面上的影响，那是难以

---

① JohnDewey, Horace Mann Today, in John Dewey, Jo Ann Boydston ed, The Later Works of John Dewey, Vol.11[M], Carbondale: Southern Illinois University Press, 1987, 388

② John Dewey, Horace Mann Today, in John Dewey, Jo AnnBoydston ed, The Later Works of John Dewey, Vol. 11[M], Carbondale: Southern Illinois University Press, 1987, 388—389

③ 杜威著，赵祥麟等译：学校与社会·明日之学校[M]，北京：人民教育出版社，1994，27

想象的。”[①]这种清醒而自觉的历史意识和对自己所处时代的准确把握，成为杜威教育思想和改革的基石，同时是其成为真正教育家的基础。

对社会的强烈的责任感是杜威成为真正教育家的原因，杜威强烈的社会责任感是与杜威的哲学思想息息相关的。杜威从15岁进入佛蒙特大学，1884年在约翰·霍普金斯大学结束研究生学习，在此期间，杜威初步形成了自己的世界观和思想倾向。赫胥黎的“相互作用的有机体”，黑格尔关于主体与客体、精神与物质之间存在有机联系的思想，经过杜威的改造成为其实用主义哲学的基础。杜威认为社会应该是有序、有机的整体，而美国社会的现状却是混乱和无序的，因而如何使美国社会成为一个和谐的有机体，成为杜威最关心的问题。而杜威认为“理智”应该成为行动的指南，即杜威所言的“当前的任务就是要使理智社会化——实现理智对社会实践的指导作用”[②]，再加上他自己所主张的行为观，认为人的行为是获得真理，认识世界的最可靠的手段，这一切使杜威要求理论联系实践，学者与社会结合。

而杜威参与创办《思想新闻》的过程，使杜威理论上认为的学者的社会责任成为现实。1891年，杜威开始初步涉足社会活动，对陈腐的学院气氛不满和希望参与社会改造的杜威与怀有创办“具有社会学特征的报纸”的理想的富兰克林·福特(Franklin Ford)一拍即合，决定创办《思想新闻》，但马上遭到了新闻界的强烈反对而无果而终，但对于杜威而言，这不是一次荒唐之举，实际上正是杜威参与福特创办《思想新闻》的种种努力在很大程度上促成和体现了作为社会活动家和教育家的杜威的基本价值取向，即理论须运用于实践；学者必须参与社会生活；社会是一种机体；理智应该成为社会行动的指导。正如杜威自己所说的：“所有伟大的哲学家都曾有过这种无情的思想探险。”[③]杜威强调学者的社会责任对于目前中国学者来说是有启发意义的，一个自愿放弃社会责任而过分“边缘化”的学者对于

---

① 杜威著，赵祥麟等译：学校与社会·明日之学校[M]，北京：人民教育出版社，1994，28

② John Dewey，Outlines of a Critical Theory of Ethics，in John Dewey，Jo Ann Boydston ed，The Early Works of John Dewey，Vol.3[M]，Carbondale：Southern Illinois University Press，1969，320

③ John Dewey，The Scholastic andspeculator，in John Dewey，Jo Ann Boydston ed，The Early Works of John Dewey，Vol.3[M]，Carbondale：Southern Illinois University Press，1969，154

社会是无益的，同时一个迫使学者“边缘化”的社会是不会取得很大进步的，一个真正的学者和教育家应该是将社会责任承担在身，随时关注社会的发展，并用自己的学识和智慧服务和造福于社会的人，而不是一个在书斋中喃喃自语的人，满足于自己所谓“理论”的人。

杜威成为一个真正的教育家经历了从理论到实践，又将理论重新应用到实践的过程。杜威学生时代所关注的都是一些形而上的问题，用杜威的话说就是“思想、自然与上帝的意义及其相互关系”，对教育问题和社会问题并无兴趣。直到1881—1894年，杜威执教于密执安大学哲学系，他的研究从形而上的问题转向伦理问题，研究方法则倾向于从事实和现实出发，一共发表了50篇哲学和心理学方面的论文，四部著作，开始了将为他带来世界性声誉和荣耀的事业。此时，教育问题开始引起他的浓厚兴趣和关注，如1885—1886年发表的《教育与妇女健康》和《高等教育中的健康和性别》，就是这种趋势和兴趣的表现。

如果说在1894年以前的杜威尚还生活在教室和书斋之中，那么1894年的杜威逐渐走向社会，成为各种社会运动和教育运动的领导者。而杜威走出书斋是与其参与哈尔屋的活动分不开的，自1894年杜威到芝加哥大学任教，就开始积极参与到简·亚当斯创办的哈尔屋的活动中，并成为第一代的董事，如戴克瑜圣所言：“简·亚当斯及其同事的战斗品质无疑感染了杜威天性中同样的品质，于是随着岁月的流逝，他越来越多地走出教室和书斋，进入现实生活世界，为他所以为重要的事业而战斗。”①

1894—1904年的十年是杜威作为真正教育家的开始，体现在两个方面，首先，杜威创办了芝加哥大学教育系，他从原来的哲学系中分离出一个教育系，由他兼任系主任。教育学成为他研究的重要领域，他在教育系内并设了大量的教育学方面的课程，如教育心理学、教育哲学、教育方法论、教育理论的演变等等课程，而且发表大量的教育著作和论文，其中于1889年出版的《学校与社会》一书是他这一时期在教育领域内的最重要的成果。

其次，杜威对于教育的理解和改革不再局限于理论阐述和书斋中，而是来源于生活，走入生活，创办了芝加哥大学实验学校，成为一系列教育改革的开拓者。杜威对教育投入大量的精力是与他的理论，尤其是与他对教育的认识密切相关

---

① 孙有中：美国精神的象征：杜威社会思想研究[M]，上海：上海人民出版社，2002，25

的。他认为教育是促进美好生活的手段，而“哲学是研究美好生活的性质、内容及其实现所依赖的条件的，哲学与教育是有机地联系在一起的”，哲学就是“教育的基本理论”；①教育乃哲学理论的最重要的试验场；②教育是社会进步及社会改革的基本方法，享受教育是民主社会中每一成员基本权利，是实现社会平等的基本条件之一。

杜威对于教育的认识不仅是理论上和口头的，而且是赋之于实践的。到芝加哥大学不久，杜威就向校方申请开办一所“使理论与实际需要联系起来”的学校，1896 年 1 月，芝加哥大学实验学校宣告成立，这所学校常被人称为“杜威学校”，这所学校中的教学和管理的理论基础均来源于杜威的教育理论、功能心理和伦理学。在这所学校中，教育不再是脱离儿童现实生活的，教育本身是与现实生活联系的，教育成为促进美好生活的积极手段。在这里，所有知识的学习都与集体活动联系起来，一切都以“活动”或“共同体生活”为中心展开。杜威学校开办了六年半，成为当时美国进步主义教育改革的样板，杜威自己也把这所学校当成理论研究的实验站，通过大量的观察和实验，使自己的理论更加充实。

在其后漫长的岁月中，清醒而自觉的历史意识、强烈的社会责任感，对现实世界的关注和投入始终伴随杜威，使他最终成为一名真正的教育家和教育改革的开拓者。什么是真正和教育家，我们从杜威身上也许可以得到一些答案，真正的教育家应该是关心现实，关心教育实践，其理论来自于实践并应用于实践；真正的教育家是关心贫苦大众的，并始终将社会责任承担在身。

---

① John Dewey, Democracy and Education , in John Dewey, Jo Ann Boydston ed, The Middle Works of John Dewey, Vol. 9[M], Carbondale: Southern Illinois University Press, 1980, 338

② John Dewey, My Pedagogic Creed, in John Dewey, Jo Ann Boydston ed, The Early Works of John Dewey, Vol.5[M], Carbondale: Southern Illinois University Press, 1972, 93

童心母爱：永不熄灭的教育精神[*]

——纪念斯霞诞辰100周年

朱小蔓

享誉世界的苏联哲学家巴赫金说过，“在长远时间里，任何东西不会失去其踪迹，一切面向新生活而复苏。在新时代来临的时候，过去所发生的一切，人类所感受过的一切，会进行总结，并以新的含义进行充实”。① 值中国教育界熟悉、敬仰的斯霞老师诞辰100周年纪念之际，我们希望带着对中国教育的问题意识缅怀和思考斯霞的道路和斯霞精神，期待人们将斯霞所建树的儿童教育文化所蕴藏的含义潜能予以挖掘和充实。因为纪念优秀历史人物的诞辰不仅是庄重的仪式，更是寄托我们更新现实的热切愿望，表达自己的教育理想、价值取向与持守。

一、童心母爱是儿童最需要的淳朴自然情感，它是儿童发展最宝贵的教育资源

对所有敬仰、热爱斯霞老师的人来说，纪念斯霞老师，都不能不谈她的“童心母爱”。当年，她曾最质朴地解释说“与孩子打成一片，这叫有童心；要把学生当作自己的孩子一样看待，这就叫作对学生的母爱”。四十多年过去了，童心母爱一直生动地标示着斯霞教育人格的精神特质，它已成为教育家斯霞最鲜明的符号象征。

童心母爱源自一种原始的自然—社会性情感，它是一种最自然淳朴的人的情

---

* 本文选自朱小蔓：《关注心灵成长的教育》，北京师范大学出版社2012年版。作者朱小蔓，北京师范大学教授、博士生导师，中国陶行知研究会会长，中国教育学会副会长，俄罗斯教育科学院外籍院士。

① M.M.巴赫金著，贾泽林译：《论行为哲学》，钱中文主编：《巴赫金全集》第1卷，河北教育出版社1998年版，第63页。

感。童心表征着孩子般的纯洁、率真与好奇，母爱则表达对孩子的仁慈、无私哺育与关怀。斯霞将童心母爱作为自己的教育信念，无论是在工作顺遂时，还是在“文革”受挫时，都从没动摇过。这表明她对教育本质最素朴的理解、对儿童教育特殊性的深刻认识。她说：“我知道六七岁到十一二岁的小学生除了要接受系统的文化科学基础知识外，还正是身心迅速发展的时期，个性逐渐形成的时期，他们需要母亲般的温暖和爱抚。他们需要欢乐的环境，轻松活泼的气氛，他们应该得到和谐的协调的发展。我整天生活在孩子们中间，从他们的表情、动作、言谈中推测他们有什么想法，有什么苦恼，有什么困难，需要得到什么帮助……我和孩子们成天相处，他们也给我补充着稚子的童趣，生命的活力，他们天真活泼的动作，纯洁无邪的心灵，也使我变得年轻了。”在她的心目中，童心是母爱的基础和前提，它们又浑然一体而不可分。在她的行为里，童心母爱天性自然，并不需要刻意的人为。那自然、质朴的情感从她心中流出，一如清澈的小溪，好似和煦的阳光，浸润、温暖着孩子们的心灵。我以为，正是童心、母爱融为一体的温暖情感，自然地展现出人性深处的东西，才会特别吸引儿童，教师也才可能与儿童的情感、与儿童的身心融为一体，从而成为儿童学习、成长最可依助、可享用的重要教育资源。

现在我们知道，对于小学生而言，其身心健全发展最需要、最迫切、最不可贻误时机的教育资源恰恰是情感，即情感关怀与情感理解；最需要被关注和呵护的也是儿童的情绪状况和情感发育品质，即正向的、积极的情绪感受。比如：安全感，被认可和被尊重的自我悦纳感，学习中探索、胜任的快乐，与人相处时适应、合群的惬意，还有共情、他心想象、利他的满足感、安宁和愉悦等。这些积极的、正向的情感表达，在脑部形成的神经传导回路，已经被证实是人的自我认识、社会性发展和创造性思维的脑神经基础，也被证明是提供其身体能量、滋养精神发育的心理基础。在今天已经到来的终身学习时代，经由情感反应模式积淀、影响而形成的学习生活习惯、态度、趣味和价值倾向恰恰是身心与人格健全发展的基础。可是，成人世界常常被眼前的功利目的模糊了视线与心灵，不能认同儿童时期情感关怀的缺失以及情绪感受的负性积累可能造成的巨大危害，不能真正意识到支持小学生长远发展的“根”和“翅膀”究竟是什么！

现在的小学教育，甚至学前教育总是把知识教育看得过重，对知识标准掌握过死，而且往往把知识狭隘地理解为抽象知识、用语义记忆的知识，对直观知识、对社会认知性知识、对那些用情景记忆的知识不那么看重，也不那么敏感。斯霞老师的语文教学，包括分散识字的成就迄今仍被中国小学语文界视为丰碑。其所以有效，是因为她的教学从来不是枯燥无味的、冷冰冰的。由于她对儿童心理的深度体察和关怀，她便必然地在教学中不仅关注儿童理性思维和操作思维的发展，而且关注儿童情感发展的水平。若依现代神经科学的最新报告，是因为童心母爱的情感可以同时激活儿童多个脑区的活动，将两类知识同时交融学习；后一类知识学习多与人的情绪活跃、情感发展相伴随，多与人的有意义的生活经验相联系。儿童时期的学习需要大量形成其生活、学习和审美习惯的知识，需要学习与脑神经回路的建立和不断完善最有关的知识。小学生虽然开始用高层次的意识学习抽象的知识，但大量仍在用感知的意识层次学习。并且，不是所有孩子都适合现代学校教育体系越来越偏向抽象知识的学习取向及其检测。小学学习阶段如果没有教师的童心母爱的情感来保护儿童的感受性，儿童的知识学习不仅丧失其丰富性、完整性，而且学习时间和生命精力会消耗、浪费很多，产生出学习与自己“无联系”“无意义”“无自我”的消极情感结果。斯霞老师总是说：“所谓备课、备人、备教法、备学法，实际上都离不开备学生，离不开对学生的爱。真正爱学生，就会让学生把精力用于‘有效’的学习上，就会让学生享受童年的欢乐！”①现在，人们往往习惯将德育与智育相分离，学校老师则埋怨给他们“控制”使用的德育时间不够。斯霞老师从来都注意在教学过程中培养儿童的道德意识和习惯，也从不放过适时的道德教导与行为要求。今天我们也已知道，“同情共感”本是人类形成社会秩序基本的天然禀赋，是进化的结果。童心母爱所表达的关爱的自然情感是可以引发儿童朴素的“道德共情”的。因此，斯霞帮助儿童建立起的价值观和性格倾向不仅是由外至内，更是由内至外的、在情感上的喜好与认同，这对儿童期的道德启蒙特别适合和有效。本世纪初脑科学发现，社会性认知过程需要激活脑的下列三种功能，即自我意识、场景记忆和他心想象，从而使自我和他人通过场景建立交往关系。② 这为斯霞老师智德一体的教育方式及其效果，为新一轮课程改革为什么特别要求扩展学生社会性认知学习的机会增添了新的脑科学根据。这也更让我们深信，小学低年级学生学习时产生的积极情感就像一粒粒富含美善情感的生命种子，儿童身体、智力、审美、精神方面的果实都将由此发育。斯霞为孩子们

① 斯霞等：《爱心育人》，江苏教育出版社 1999 年版，第 19 页。

② 汪丁丁：《市场经济与道德基础》，上海人民出版社 2007 年版，第 108 页。

创生了多么丰富、可持续的教育资源啊！对教育资源如果仅仅做“物化”性的理解是多么狭隘！她的教育成就在今天进一步证明：情感教育之于儿童的长远发展真正是“根”和“翅膀”的教育。

二、斯霞的童心母爱是教育爱的专业品质，它是小学教师职业最重要的专业特质

当然，斯霞的童心母爱并不是基于血缘，它是一种教育情感、教育品质。它以保护儿童的学习权利、恪守教师的职业义务为基础，但与教师个人的情感特征、情感品质、人格特质密切相关。过去，我们对教师的这类品质及其在教育活动中的影响缺乏深入研究，没有足够的认识，尤其对教育情感中的教育爱与教师专业水平发挥的密切关系远未取得共识。我本人从 20 世纪 90 年代初不断提出素质教育呼唤具有情感性人文素质的教师，意在彰显教师的健康情感对教师职业、对提升教育品质的特殊价值。我认为，教育爱的品质是教师专业素质的核心要素，也是教师职业专业化最重要的价值取向，它具有道德的性质，既保障教师专业化的道德方向，也提高教学效能及其内在品质，无论对于小学、中学，还是大学。对于小学教育而言，教育爱的情感与能力更感性直观，更需审美化的色彩，如此，才更加符合儿童时代较多具象的、浪漫化的学习天性。小学教师的教育爱既是温柔和激情，又是稳定、平和的心境，是来自人性深处的纯净与慈祥，是源于天赋并在工作中不断磨砺出来的敏感性、感受力。依助这类素质，教师才可能发现儿童身心的真实状况，及时而恰当地应对他们的情感需求和外显行为，从而建立起与儿童间相互依存、共度教育时光的信任关系。现在许多教师学历已经不低，他们可能记熟了教学法，也掌握熟练的教育技术，可他们仍然是不那么称职、不受学生喜爱的教师，因为他们并不从心底里爱孩子，缺少与孩子相处的热情和耐心，不善于和孩子打交道。许多研究已一再证明，年幼儿童的生命潜能远未绽现，他们的神经系统也还比较脆弱，如果没有师生间相互依恋的、信任的关系，只能使隐藏在儿童心中无穷的宝藏丧失殆尽。斯霞以童心母爱为表征的教育爱表明其教师专业性不是技术层面的，而是人文文化层面的，是精神性的。她从来坦言自己对教育的执着不仅出于责任感，也出于兴趣与热爱。我觉得，教育爱的情感正是她刻苦钻研业务最强烈而持久的内驱力。她高度认同“教育是科学，也是艺术”，看重在教

育职场中练就教师的技艺，主张教师要有一系列好习惯，包括具体的教学环节上的习惯，作风上的习惯，在教学的语言、文字、教态上的习惯，写字的习惯，除了写字的姿势外，站的姿势、坐的姿势、走路的姿势、讲课的姿势统统要养成习惯。她认为，养成好习惯全靠长期反复的实践，贵在坚持。① 她从教育实践中磨出来的智慧、一招一式，都极其自如。因为她爱孩子，处处替孩子着想，所以，她的教学策略、教学方法、评判标准，都不是从既有的统一标准出发，而总是实事求是、灵活掌握。那时，对学校没有那么多的检查、评比和竞争，她可以专心致志做她喜欢、认为有意义的教改实验。我以为，她的职业状态始终是充满热忱、积极负责的，也是从容自由的。

分析起来，斯霞的教育爱是一种内蕴丰富、淳厚的复合性素质，她的教育爱是人性美善之爱、职业道德之爱、公民责任之爱的集合。这样的教育爱在其行为方式上表现为一贯地无差别地对待学生，面对全体学生，不分家庭、不分性别、不分贫富、不分学习成绩，这完全吻合今日提倡的全民教育、全纳教育思潮；表现为一贯地尊重儿童的人格，从不训斥儿童，时时刻刻替儿童着想，按儿童的生理、心理特点和需要进行教学与教养的工作。斯霞老师在 80 多岁高龄时，还一直在呼吁"要克服旧的学习观念，研究学生的学习方法"。她说："教给学生学习方法，他们自己学会了，才能叫'主人'，否则只能是'奴隶'，什么'乐学''高效'，统统谈不到。"②这也完全吻合今日提倡的主体性教育理论、生命化教育理念。直至 90 多岁高龄，她还常常去学校，想与孩子们在一起，想为学校出点力。她爱教育、爱孩子爱得如此痴迷，爱得艺术高超，钻研业务至炉火纯青，怎能不荣获首批宋庆龄"热爱儿童奖"，怎能不获得"教育界的梅兰芳"之美誉。

斯霞的教育爱品质不是偶然的，这与她的人生道路、生活经历相关，与她在职场中的长期磨砺有关，也与她的人格趣味和天然的慈祥、平和性格有关。回望斯霞的生活史，家乡恬静的自然风光、家族的开明、对子女读书的支持以及受母亲影响而植入的自主、不依赖的思想都对她产生了较大的影响。考察斯霞的师范教育经历，当时学校课程丰富，学习的知识面宽，十分注重实际锻炼。师范毕业后的从教生涯，她几乎各科都教过。年轻时代起受到"五四"以来"科学"与"民主"思想的

---

① 斯霞等：《爱心育人》，江苏教育出版社 1999 年版，第 22—26 页。

② 斯霞等：《爱心育人》，江苏教育出版社 1999 年版，第 85 页。

影响和抗战时期的颠沛之苦以及对国民党高官腐败的痛恨等，她的教育爱最终立于社会理想、人生理想和教育信念的高地。从17岁做教师起，她整整做了三代人的老师。她服膺懂教育、按教育规律指导教育的行政领导，也常与他们切磋教育认识与技艺，但她坚持不肯从政，因为她爱孩子、爱教书，认为小学教师的生活方式更适合自己。她所生活的时代，教育理论书籍远没有今天这么多，更没有今天教师可以得到的学术包装和市场包装。她的教育知识，主要是在与孩子们相处中积累的，虽然朴实无华，却完全称得上是有教育实践理论的小学教育家、小学教育专家。我永远不会忘记：2002年，在南京师范大学与当时的南京晓庄师范学院联合培养的全国首届本科小学教师毕业典礼上，50名年轻人手捧鲜花，面对敬爱的斯霞前辈激情朗诵《献给斯霞老师的歌》。在那时刻，诵者、听者，还有我们的斯霞老师，眼里全都噙着激动和幸福的泪。这是一个真实的场景，也是极富象征意义的。我相信，斯霞的道路对于我们如何看待和凸显小学教师的专业特质，如何培养称职的小学教师，如何评价小学教师的工作业绩，包括如何甄别和挑选适合于小学教师职业的人才都有深刻的思想启迪。缅怀斯霞，反思这些年小学教师队伍建设的历程，我们需要有更加贴近职业性质和特点本身的一系列制度与政策的调整与建设。

三、斯霞的童心母爱，是爱的哲学，是精神性的大爱，是当前中国社会迫切呼唤的教育文化

斯霞因其著名而有魅力的童心母爱成为中国教育界体现爱的哲学、爱的教育精神的教师代表，成为教育从业者的精神偶像。今天，如何看待童心母爱作为爱的哲学、精神性大爱的价值呢？或许还需要从文化传承和改造的角度，从学校教育的社会文化功能上进一步谈点认识。

改革开放以来，中国教育在事业发展、教育普及方面取得了举世瞩目的巨大成就，但同时，人的道德教养、学习能力、身心协调以及学校教育品质的差距和困难却日渐显现，其形势与情状无不警示人们，学校教育反映出的问题，与家庭环境、与社会大环境的急速变迁息息相关。现在，一方面，大量的儿童人群和个体得不到应有的关爱，对于他们而言，情感资源极其稀薄；另一方面，从大量的家庭、学校到社会风尚中，无不充斥着功利主义的爱、强制性的爱、算计性的爱，以及表现

为国民文化性格缺陷的“面子”爱。“爱”文化的缺失与畸形深刻地反映社会、学校和家庭现时太需要纯净自然的爱、温润平和的爱，需要真正为每个不同生命个体着想的爱，需要那些体现着尊重、理解、扶助，给其尊严的爱。斯霞的道路和精神最可贵的地方是向人们揭示了什么才是真爱，什么是健全的教育爱。她的自然、淳朴，她的自主选择与坚守，她从不自卑于小学教师身份的自我尊严与高贵感；她善良、平和、率真与乐善好施，所有了解她的人都知道她不论对学生、对同事，还是对家人、对自己的孩子，都予以真挚、饱满的爱。她那鲜明独特的情感与人格特征，传递的是既自然素朴，又超凡脱俗的爱的本质精神。人本主义哲学家弗洛姆认为，爱的本质是给予，无论哪种爱的形式都包括关心、责任心、尊重和了解等基本要素。在斯霞身上我们分明可以感受她的爱是那种具有创造倾向和成熟人格的一种能力。她的爱从来不是“占有性”的，也不仅仅是无私的，而是“生产性”的，即：她用她的自然、无私欲和利他精神在不断地培育出会感受爱也会爱人的孩子，创造出有爱的师生群体、有爱的学校环境。考察斯霞的童心母爱从情感、行为到一贯的信念和信仰，其处处体现的是一种爱的哲学、爱的文化品格。

斯霞老师生前工作过几十年的南京师范大学附属小学是一所百年老校。南京师范大学从南京高等师范学校、东南大学、中央大学到建国后的南京师范学院发展至今，数代教育大家主政、执教于此。作为其附属小学，这里保存有 1919 年杜威来华讲学的“杜威楼”，接受和活用杜威的“生活教育”思想、坚持将儿童的学习与生活相联系、主张“教学做合一”是学校最强大的传统。这里感受得到陶行知“捧着一颗心来，不带半根草去”的温暖情怀，回荡着陈鹤琴“一切为了儿童”的仁爱心声，留下了附小俞子夷校长一生专注新教学试验的足迹。先贤们铺就了这所学校民主、厚重、创新，充满人文关怀的学校文化底色。可以说，是这所历史文化名校特有的精神氛围塑造、成就了斯霞这样优秀的教育家，而作为历史人物，斯霞又成为南师附小百年“爱的教育”集中传承的旗手，斯霞的童心母爱成为南师附小永远的骄傲和取之不尽、用之不竭的精神财富。

今天的南师附小一直行走在爱的教育的道路上。学校秉持“怀大爱心，做小事情”的校训，以培养大爱之才作为办学育人的目标。老师们以爱的教育理念构建校本课程、传承童心母爱的价值追求，他们坚持在“月有所盼”“年有所伴”的浸润中，轻轻悄悄地创造儿童一生铭记的生活，为儿童镌刻“爱”的印迹。学校用爱的精神，以斯霞为人格楷模，建设教职工团队，悉心培育一种关爱信任的学校文化。在斯霞诞辰100周年之际，学校增添了“斯霞小学”的命名。虽然时代不能复制，每个教师的生活道路不会相同，在这所学校，也许说不清谁是斯霞的私淑弟子、嫡传弟子，但我们相信，只要爱的精神真正变成学校的文化，乃至品格，传承的必将是整体精神，斯霞精神的传人定会代代涌现。

在今天，斯霞童心母爱的价值也远不止于儿童、不止于学校。追求着“现代性”的学校教育体系和制度正面临着一系列现实而深刻的矛盾，如：教授越来越多的科学逻辑的知识与儿童直观学习特点的矛盾，普及教育、标准化要求与学生生命多样性、民族地域的差异性、社会需求多样化的矛盾，直接量化的评价与人的素质发展复杂内隐的矛盾等，都使得眼下教师与家长、学校与社会、政府行政与教育育人之间不尽相同的利益诉求容易演化为对教育的“信任危机”。学校若要真正追求超越“分数”和“升学”的教育品质，需要社会多方的支持，教师、学生与家长，学校、政府与社会间需要真正形成一种价值共识，即：基础教育是为人的终身发展奠基，必须克服功利和短视。不同利益群体间也需要相互尊重、理解与包容，更需要积极探索几方间良性互动的制度及机制。以此而言，斯霞所体现的大爱精神，斯霞人格中所蕴含的诚实、平等、尊重、友善、淡泊等美好价值观以及真正为祖国民族未来着想的公民责任感正是当代迫切呼唤的一种教育文化。斯霞精神遗产可以帮助我们审视和纠正时下戕害孩子、扭曲教育、污染社会的不良文化，可以帮助我们扩展心胸、树立信心，认识“从我做起”“从细微处着眼”“从微观环境改造着手”的意义和可行性。

虽然现代性的教育难题还会继续，社会转型期的教育供求矛盾短期内也难以完全化解，但祖国大地新的价值观、健康的教育理念正在生长、传播，对人性美善的呼唤也日趋强烈，我们希冀斯霞精神作为示范、感召的力量，作为永恒、常青的精神推动社会政策、行政管理、教师队伍以及民风有更快的文化性改变。

斯霞的童心母爱和崇高的教育精神永不熄灭！

教育家什么模样？*

——李吉林的启示

李庆明

教育家什么模样？一提教育家，人们联想和谈论得多的似乎还是民国的那些“大腕儿”：蔡元培、胡适、梅贻琦、张伯苓、刘文典、陶行知、梁漱溟、晏阳初、林砺儒、陈鹤琴、经亨颐……言外之意，当下中国教育家还是相当稀缺。我想，它也许可以看作“钱学森问题”的一个教育视角。2005年，时任总理温家宝在看望钱学森先生的时候，钱老曾发出浩叹：回过头来看，这么多年培养的学生，还没有哪一个的学术成就，能跟民国时期培养的大师相比！这个问题其实也适用于中国教育的当下境况。笑蜀在《教育家办学，需要最高力量推动》一文中曾经这样高度评价当年的众多教育家：“一个人就是一部传奇，一个人就是一座丰碑，一个人就是一个时代，这是民国诸多教育家共有的特点。他们有如擎天巨柱，撑出民国教育的灿烂星空。”①何以如此，值得省思。当然，我不认为当下的中国就连一个称得上“教育家”的人物也没有。退一步说，至少也有“例外”。在我看来，李吉林就称得上其中的一个。20世纪90年代，我就在许多场合“贸然”称李吉林是“教育家”，当时有人说“评价太高”，我却认为她当之无愧，作为教育家，李吉林至少给我们这样几点启示：

一、对于儿童和教育具有一种神圣的情怀

学校似乎天生就具有一种神圣的禀赋。古巴比伦学校隶属于宫殿和神殿；埃及新王国时代，儿童在神殿隶属的建筑物中跟随神官学习古代经典；传说中的中

---

* 本文选自李庆明：《教育的可能》，漓江出版社2014年版。作者李庆明，江苏省特级教师，宁波滨海教育集团校长。

① 《南方周末》2010年2月11日。

国古老学校“瞽宗”也是神圣的祭祀之地。学校在近现代世俗化后倘若还能保持它作为神圣之地的高贵气质，成为维护知识尊严，进行理性启蒙，捍卫独立、自由和人文主义精神的殿堂，必得有伟大心灵和信念的支撑与引领。施特劳斯曾说过：“正如土壤需要它的培育者，心灵需要老师。但老师的产生可没有农夫那么容易，老师自己是学生且必须是学生。但这种返回不能无限进行下去；最终必须有一些不再作为学生的老师。那些不再做学生老师的人有伟大的心灵，或者为了避免在如此重要的事情上的含糊其辞，可以说是最伟大的心灵。这些人实乃凤毛麟角。”①毫无疑问，李吉林就拥有一颗“伟大的心灵”，她几十年如一日，以儿童为荣，以教育为诗。她常说：“我要在花和月中寻找，寻找童年的眼睛……一颗纯真的童心在胸中激荡，周围的一切，竟变得这样新奇、美好”，“教师也在用心血写诗，而且写着人们最关注的明天的诗——不过，那不是写在稿纸上，是写在学生的心田里”，“我总是觉得，胸膛里还是那颗赤子之心，对学生，对教学依然是那样赤诚，那样执着。”②当学校发展或者个人探索遭遇荆棘和坎坷时，教育家神圣的教育信念更如飞鸟一般，能“感觉到了光明，唱出了歌”（泰戈尔语），引领人们度过艰难而幽暗的岁月，走向辉煌。相反，学校一旦失却教育的“神圣情怀”，必将成为庸碌无为和急功近利的场所。

二、陈腐教育的勇敢批判者和“我行我素”的坚定探索者

我一直认为，教育者是应当有点知识分子的良知的，教育家就更应当是知识分子良知的化身。而所谓知识分子的角色，还是爱德华·萨义德说的：“知识分子扮演的应该是质疑，而不是顾问的角色。唯其如此，知识分子并没有凌驾于一切的权力，反而是实事求是、求知求真，批判的态度必然来自独立的立场，以知识为基础，人道为依归。”③教育家绝不是那些只对现存教育曲意逢迎、大唱颂歌的人，他们坚持在对教育问题的敏锐洞察和深刻批判中发出时代的声音。翻阅李吉林不同时期的著作，到处都能看到她对教育现状的强烈质疑，可以说，她的“学校批

---

① ［德］列奥·施特劳斯著，一行译：《什么是自由教育》，载刘小枫、陈少明编《古典传统与自由教育》，华夏出版社2005年版。

② 李吉林：《情境教学理论与实践》，人民日报出版社1996版。

③ ［美］爱德华·萨义德著，单德新译：《知识分子论》，生活·读书·新知三联书店2016版。

判”遍及教育的所有领域，从儿童观念、教学模式，到课文建构，乃至基本的教育原理，几乎无所不包。例如：“内涵极为丰富的小学语文教学，被支离破碎的分析讲解，没完没了的重复性抄写，名目繁多的习题，以及不求甚解的机械背诵所替代，并充塞儿童的生活。所有这一切造成了小学语文教学呆板、繁琐、片面和低效的弊端，压抑了儿童的禀赋和才能”，“注重认知，忽略情感，学校成为单传授知识的场所。这就导致了教育的狭隘性和封闭性，影响了人才素质的全面提高，尤其是情感意志及创造性的培养和发展”，“多少年来，学校教育习惯于把学生看作接纳的对象，学生的主要任务是‘静心’听讲，教师的主导作用的过度夸大和强化，形成了一个教师掌握，甚至牵制着的一个划一的集体，排斥或者忽略了学生的活动”，“校园的高墙，以至是教室低矮的门窗阻隔了儿童与社会，与大自然的相通，在这样一个狭窄天地里怎么去培养能适应未来，适应世界，可以驾驭现代化的人才呢”，“因教学抽象、概念化，缺乏形象与情感而影响右脑的激活、兴奋，会造成压抑，甚至损伤儿童的创造才能”①……诸如此类的尖锐批评让人很难想象是出自一个普通小学教师之口，当时堪为“空谷足音”，却反而在更需要这种发自理性良知的“批判”的当下很难听到了！当然，教育家不仅是旧教育的破坏者和批判者，更是新教育的探索者和建设者，并在探索和建设的过程中表现出非凡的果敢勇毅和特立独行。在2007年的那次“长三角校长高峰论坛”上，原教育部副部长、时为教育部总督学顾问和江苏省人大常委会副主任的王湛先生旗帜鲜明地倡导“教育家办学要敢于我行我‘素’”，他说：“他们敢于摆脱来自各方面窒息创新活力的束缚，把这种束缚的影响尽可能减弱到最小程度，在自己的办学空间里，坚持我行我‘素’，坚定并深入地实施素质教育，坚持自主创新，将国家的教育方针和对人才培养的要求，通过有个性特色的教育实践活动得到充分有效的实现。这样，才能无愧于‘教育家’的称号。我们期望在基础教育领域里，有愈来愈多的我行我‘素’的教育家。地上本没有路，走的人多了，也就成了路。实施素质教育的宽广之路，应该是由愈来愈多的我行我‘素’的教育家和教育工作者们走出来的。”②李吉林同样是这样一个值得效法的范本，即使遭遇困顿，她也没有改变自己的信念和执着，

① 参阅李吉林著：《情境教学实验与研究》《小学语文情境教学》《为全面提高儿童素质探索一条有效途径》《李吉林情境教学—情境教育》等。

② 王湛：《教育家办学：校长的角色、使命与成长》，《中国教育报》2007年6月26日。

没有这种我行我素的坚持,很难想象有情境教育的独树一帜。

三、发出彰显时代精神乃至世界意义的"中国声音"

20世纪的中国儿童教育并不缺乏国际视野,也曾产生过像陶行知"生活教育"、陈鹤琴"活教育"这样融会中西文化,真正富有价值的教育思想和主张,但时下充斥我们视域的,更多的不是闭目塞听的闭锁话语,就是拾人牙慧的舶来赝品,很少发出自己有内涵的声音。相形之下,李吉林的情境教育便有了特殊的意义。情境教育接通中西教育的血脉,又扎根本土文化语境,个中意蕴颇值得细细咀嚼。我注意到,在众多影响李吉林的人物中,杜威和王国维是最不能忽视的(有趣的是,他们都曾来过李吉林的家乡南通讲学授业)。杜威首倡教育"情境"说,王国维提出文艺"境界"论,李吉林对两位大师的学说可谓熟读精思。情境教育从某种意义上讲,就是创造性地融会了西方语境中包括杜威在内的各种情境学说(如问题情境论、暗示教学论、情境认知论、情境学习论等)和本土语境中包括王国维在内的意境或境界思想的产物,这一点,我在《李吉林与情境教育》中已有备述。杜威和王国维思想的意义就在于:它们相得益彰,从不同的文化维度催生了情境教育,并经由李吉林的转换性创造,使之获得了本土文化的意义和跨越本土文化的普遍价值。正因为如此,"情境教育"所说的"情境",就不只是英文 situation 所指称的客观刺激、客观事件、客观场景,或客观环境,以及人与这些客观情境的认知关系了,而是"情"与"境"和谐交融的产物。倘使用英文硬译这个"情境"概念的话,便应当是 perfect harmony of sentiment and situation(即情与境的完美和谐)。李吉林会通中西"情境"概念的诸多含义,总结出情境的四大特点,也即"讲究真","讲究情","讲究思","讲究美"。她说:"'真''情''思''美',我以为正是儿童教育所需。……运用它可以使小学教育真正走中国人自己的路,可以在儿童接受初等教育过程中,在学习基础知识、基本能力的过程中,潜在智能得以充分开发,精神世界得到丰富,完美人格得到培养。我以为这正是许多人所追求的初等教育的完美境界。"①也许还存在不少缺陷,但李吉林创立中国特色的情境教学与情境教育,在某

---

① 李吉林:《由情境教育探索出促进儿童素质全面发展的有效途径》,《教育研究》1997年第4期。

种程度上是够格儿让当今的中国儿童教育和国际先进的教育平等对话的。

四、田野式的扎根研究铺就通往教育家的“美的历程”

早就有学者将李吉林的研究范式概括为“融合了科学研究范式和人本研究范式的理论与实践相一致的教育家的模式”①。在北京《李吉林文集》首发式上，我曾用“扎根”来概括李吉林老师几十年如一日的创造性工作。李吉林诗意地扎根于本土语境，扎根于学校土壤，扎根于儿童心田，始有卓尔不凡的独特建树，终成超越前人的一代大家，她给每个“扎根”田野从事教育劳作的教师提示了一条造就教育专家乃至教育家的路径。本来，教师的教育研究就与那些学院式的实证研究或思辨研究很不相同，具有扎根田野的实践品格。20世纪70年代以来，“教师即研究者”“反思的实践者”“反思性教学”“行动研究”等观念越来越成为教师的角色需求，更加凸显了教师教育探索的本性。教师作为研究者意味着他的实践即研究，研究的问题、过程、途径和策略，以及研究的成果都植根于、存在于和展现于教育实践之中。李吉林的教育探索堪为卓越范例。她从来都没有埋首于书斋，沉溺于玄想，凭空构造庞大的理论假设。她不断提出的问题、设想都是扎根于教育实践土壤的一种真切而深情的声音，具有鲜明的实践目的和价值指向。当然，这绝不意味着李吉林只沉迷于粗浅、表面的经验摸索与积累，而疏远甚至拒绝理论的“援助”。在她身上有着渴求理论的可贵品质。从情境教育的探索历程中不难寻获李吉林辛勤而顽强地“寻找理论”的踪迹。中国古代儒道的人文教育思想、美学理论尤其是意境理论，西哲卢梭的自然主义教育观，杜威的儿童本位论、活动课程论，尤其是马克思关于人在活动与环境的交互作用中获得全面发展的哲学思想，以及现代心理学、社会学、美学中有关“暗示”“移情”“无意识”“心理场”等观点与学说，都程度不同地在情境教育中烙上印记。但情境教育绝非这些观点和见解的简单杂凑或移植。李吉林有自己的问题“聚焦”，那就是对儿童天性全面绽放、儿童人格全面发展的深刻关注。正因为如此，这种借鉴就必然是富有现实感和创造性的诠释和融会。情境教育的全部探索过程，它的实践成果和它的理论建构，就

① 张定璋：《情境教育的教学论发展观》，马樟根主编：《李吉林与情境教育》，人民教育出版社2000年版。

是在这种活动实践与研究探索反复循环的良性互动中不断深化，渐臻胜境的。李吉林对“如诗如画”的教育理想的执着和痴迷，她“从坎坷的小路上深一脚浅一脚地走过来”的那种坚韧不拔和忠贞不渝的精神，她像“播种者”一样为开犁拓荒、播撒希望而奉献的巨大辛劳和创造智慧，她为了“使教育研究更具科学性、应用性、艺术性，并具有大众性”而从事的诗性体验式的教育教学研究……铺筑了一条通往教育家的“美的历程”！

上述对教育家的角色期待似乎过于苛刻。但我觉得这样的苛刻十分必要，否则必然会走马灯似的突然“涌现”出流行歌星那样的所谓教育家，上演一出又一出完全经不起时间考验的教育家肥皂剧。当然，这只是问题的一方面。另一方面，教育家的产生境遇，也许是一个比教育家自身的“模样”更要紧、更闹心的问题。我在《李吉林与情境教育》一书的最后曾“话里有话”地指出：“在中国，诞生一个令21世纪的世界瞩目的教育家——就像它瞩目赫尔巴特、蒙台梭利、杜威、马卡连柯、小原国芳等伟大的教育家一样，是多么不容易！”所谓“不容易”，当然指的是造就教育家的“境遇”。这需要花费更多的笔墨来叙说和阐释。不过，我还是禁不住想起了卡尔·波普尔的《开放社会及其敌人》和他的关门弟子、金融巨匠索罗斯。我们知道，正是波普尔的开放社会理念对索罗斯产生了毕生的影响，正是因为逃离了幽暗与闭锁走向一个开放的社会，他才走向巨大成功。难道我们还不能从中领悟点道道来吗?!

论中国历史上的教育家*

胡德海

在笔者看来,“中国历史上的教育家”是一个值得研究的课题,也是一个难度不小的问题。本文就这个问题作简要论述。

纵观中华民族整个悠长的历史,可以说,中华民族历来是一个重视教育的民族,中国社会历来是一个重视教育的社会,中国人民也历来具有热爱知识文化和尊师重教的优良传统。这种优良的民族传统精神长久运化作用的直接结果,一是在中国这块土地上,积淀、创造了丰富灿烂的华夏文明和称誉世界的中华礼仪之邦;二是在中国历史上先后出现了众多灿若群星,功业垂世,影响深远的教育家。

什么叫教育家?如果我们可以把教育学家定义为在教育理论和教育学领域成一家之言的人,那么所谓教育家主要指那些在人类教育活动或教育事业中站在最前面,确实推动了社会文化文明的发展和进步,即在实践和理论上卓有成就和贡献的人。

和任何人一样,教育家也孕育、生长在人类所创造的文化天地里,他们也是人类文化文明的产儿,所不同的是,他们既是人类文化文明最辛劳的耕耘者和播种者,也是人类文化文明最丰硕的收获者和拥有者。中国历史上的教育家们正是中国历史的创造者和中华民族文化文明最有力的推动者。数千年的中华文化文明的延续、存在和发展,最清晰地凝聚着历史上诸多教育家的丰功伟绩,忘我的献身精神和无比卓越的才能与智慧。数千年的中华文化文明也最生动地体现在中国历史上诸多教育家的身上。

从中华民族文化文明长期发展的情况来考察,我们可以看到,在三个不同的历史时期里,存在着三类或三批不同特点和类型的教育家,这便是上古时期的一

* 本文选自《教育研究》1998年第8期。作者胡德海,西北师范大学教授。

类或一批，古代时期的一类或一批和近现代历史上的一类或一批。

一、中国上古时期的教育家

上古或称远古，也就是史家所说的史前期，即指有文字记载的文明史以前的历史时期。中国在文明史以前的原始时代，即有一批杰出的教育家出现，这是中国历史的一个突出特点，中国历代人民不仅为此交口赞颂，而且从来引以为民族的骄傲。他们即是人们所熟知的传说中的有巢氏、燧人氏、神农氏、伏羲氏、女娲、黄帝、尧、舜等人。

上古时期离我们今天实在太久远了，加之没有文字记载可作参证，这样，后人对那个历史时期的存在情况和部落氏族首领人物的故事的了解，就只能靠代代相继的历史传说。

例如，关于有巢氏，历史传说告诉我们，“上古之世，人民少而禽兽众，人民不能胜禽兽虫蛇；有圣人作，构木为巢以避群害，而民悦之，使王天下，号之曰有巢氏。”(《韩非子・五蠹》)

关于燧人氏，历史传说告诉我们：“上古之世，民食果蓏蚌蛤，腥臊恶臭，而伤害腹胃，民多疾病；有圣人作，钻燧取火以化腥臊，而民悦之，使王天下，号之曰燧人氏。(《韩非子・五蠹》)

关于神氏农，历史传说告诉我们：“古之人民皆食禽兽肉，至于神农，人民众多，禽兽不足，于是神农教民农作，神而化之，使民宜之，故谓之神农也。”(《白虎通号》)“神农教耕生谷，以致民利。”(《管子・形势》)“神农氏作，斫木为耜，揉木为耒，耒辱之利，以教天下。”(《易・系辞》)“神农之时，天雨粟，神农耕而种之，然后五谷兴助，百果藏。”(《经史》卷四引《周书》)“神农尝百草之滋味，水泉之甘苦，令民知所避就，当世之时，一日而遇七十毒。”(《淮南子・修务训》)“神农之世，公耕而食，妇织而衣，刑政不用而治，甲兵不起而王。”(《商君书・画卷》)。

关于伏羲氏，历史传说告诉我们：他“教民佃渔畜牧，养牺牲以弃庖厨”([唐]司马贞《补史记・三皇纪》)；“作八卦，以通神明之德，以类万物之情”(《商君书・画策》)。

关于黄帝，历史传说告诉我们：“黄帝作杵臼”，“断木为杵掘地为臼，杵臼之利，万民以济。”(《易・系辞下》)“黄帝作舟楫”，“刳木为舟，剡木为楫，舟楫之利，以济为通，致远以利天下”(《易·系辞下》)。

对于上述有巢氏、燧人氏、神农氏、伏羲氏、黄帝等传说中的人物，人们可能会说，那是些著名的原始社会部落的首领人物，却不一定要加之以教育家的头衔。对此，笔者则认为，这些人固然是原始社会部落的著名首领，但关于他们的诸多传说却更清楚地告诉人们，他们只有首先是杰出的教育者，才能成为公认的著名的部落首领。这也就是说，在这些人身上，第一位的身份并不是部落首领，而是教师、教育家，他们首先具有了教育家的气质和表现，才成为部落的首领人物。这是因为他们的出现，完全是社会文化生活的要求所致，也是适应社会存在和发展客观需要的结果，他们是发展社会文化、推进社会生活的创造人才，同时也是中国史前时期最典型的教育家。

关于这个道理，两千多年前的墨子曾说过，在生民之初，无刑政之设，人各行其事而“交相非”，天下混乱而无政长，于是“天下之贤能者，立以为天子”(《墨子·尚同上》)近世谭嗣同也指出过，生民之初，本无所谓君臣，“民不能相治，亦不暇治，于是共举一民为君”。共举为君的条件是什么？首先是适应社会、历史发展的客观要求能推进社会的发展，为人民办好事、办实事。他们是时代文化的开拓者、推进者，是为人民生存和发展所迫切需要的循循善诱、诲人不倦的教育家。不是这样的人，我们的祖先不可能选他为君、为首领，后人不可能视之为圣人贤者，他们也不可能名垂千古。《礼祀·祭法》告诉我们，“夫圣王之制祭祀也，法施于民则祀之，以死勤事则祀之，以劳定国则祀之，能御大灾则祀之，能捍大患而祀之。”可见，我们的祖先从来都是讲原则的，从来都是以实事为重的，也是最为公正的。实至名归，名与位都要以事实表现为基础，无此基础条件者，或可以欺蒙当世于一时，而不能欺骗历史于久远。历史上真正受到人民崇拜并在死后配享历史祭祀的人，只能是那些或是法施于民，或是以死勤事，或是以劳定国，或是能御大灾、能捍大患者，即确对社会对人民有实际贡献的人物。

上述这些上古时期的历史人物，是中国历史史前时期著名的部落首领，也是中国历史上的第一批教育家。或许有人会说，依靠历史传说得来的有关史前人物的情况靠得住吗？对此，笔者的看法是：在这里我们所要尊重的是数千年来中国人民一贯重视文化创造、重视教化的思想感情。关于史前人物的一些传说故事，哪怕是由后人精心设计出来的，也值得我们尊重、珍视和赞叹，也足可用来说明我们中华民族历来是一个重知识、重教化的民族，足可用来说明中国人民具有一贯的尊师重教的优良传统。试想，历史上的“后人”为什么不把自己的祖先描绘成青面獠牙的牛鬼蛇神而是循循善诱、诲人不倦的教育者的形象呢，这不很能说明问题吗？何况，人类社会既有文明史，也有其史前期，尽管人类的文明史和史前期的历史具有重大性质上的差异，而其文化的创造与传承，具有前后的联系性则是毫无疑义的。人类文明史靠文字传承文化文明，而史前期靠记忆与传说传承人类文化成果，这文字与传说之间同样具有联系性，也是勿庸置疑的。

在后人的眼里，上述中国史前期传说中的诸多人物，都已为社会为人民建立了真正称得上光彩夺目，足以震古烁今的历史功勋和具有积健为雄的非凡气概。而其实他们都是一些最具实际意义的社会和人民的公仆罢了。在这里，部落首领一词也是公仆一词的别称而已，而不是可以等同于后来的那种高高在上可以为所欲为的统治者的。不论从部落首领还是从教师、教育家的角度看他们，他们都属于最平凡而又最勤奋最智慧的劳动者的行列。他们是一批真正的社会教育家，也是一批以教育活动为历史和个人使命的社会活动家。他们的生命和生活的特点在此，作为教育家的共同特征也在此，这正是历史上真正有作为的教育家的本质所在。

二、中国古代时期的教育家

中国古代时期的教育家是中国历史上第二批教育家。中国有文字记载的历史始自殷商。从此至1840年三四千年之久的文明古史时期，不仅有一批性质同类的教育家活跃在教育舞台上，而且在他们身上反映着中国古代教育实践状况和凝聚着中华民族智慧的教育思想。和中国历史上第一批教育家相比，第二批教育家不论在实践和思想上都得到了发展。特别由于教育家们教育思想的发展，中华民族和中国人民对教育活动的认识和把握从此可以站在理性的高度，这就大大增强了对教育的反映控制能力和自觉自为程度，中华民族固有的文化教育事业也从此得到了迅速的提高和发展。

在中国古代教育史上，春秋时期的孔子，一直是一位人们公认的伟大教育家，地位最为崇高，影响也至为深远。他是公认的第一个具有较系统教育思想的教育家，但我们不能认为在孔子之前，中国古代就没有可以称道的教育家了。事实上，孔子在我国历史上最伟大的贡献，就在于继承和发扬了他以前中华民族千百年来所积累起来的悠久深厚的文化传统，将人类文化推向一个新的高峰。古代中国，一旦脱离了蒙昧和野蛮，就知道着手教育事业的建设。而中国古代的教育思想，早在《尚书·虞夏书》中就已见端倪，“帝曰：契，百姓不亲，五品不逊，汝作司徒，敬敷五教，在宽。”这段文字不仅反映了作为氏族首领的舜的教育人事安排，也反映了他的教育思想和教育工作的基本原则。而在《尚书·周书》中所反映的箕子、周公的教育思想，则更具清晰性。尤其值得我们注意的是，中国周代的周公，不仅是一位杰出的政治家，也是一位杰出的教育家，或者更准确地说，他是一位杰出的教育政治家或政治教育家。在他身上，理想的政治家和教育家的思想、气质得到完美的结合和体现，并成为以后中国历史上有作为的政治家和教育家的光辉典范。不仅如此，他的政治和教育结合的思想还正是中国历史上这第二批教育家教育思想的重要源泉所在。孔子的思想学说和周公的思想就有其一脉相承的渊源关系。孔子为政以德的思想和周公以德治国的思想不仅内涵完全一致，而且应该说就是脱胎于周公思想的结果。所以周公成为孔子心目中最崇高的形象。

在中国古代文明史上，儒墨在春秋时代曾并称显学，从墨子本人的言行来看，他无疑也是一位杰出的教育家。但是，在孔子以后中国两千多年的古代社会，儒家教育思想在其中占据着主导的地位，到底是一种无可否认的事实。从孔子以后，历代儒家代表人物几乎个个都是历史著名的教育家；儒家哲学也被公认为是教育家哲学。春秋战国时期的孔子、孟子、荀子，汉唐之际的董仲舒、郑玄、王通、韩愈，宋元明清时代的张载、程颢、程颐、朱熹、陆九渊、王阳明、王夫之、颜元等一批人，他们就是我国古代时期最负盛名的一批教育家。正是他们对中华古代文明历史和民族文化事业的建设和发展，做出了最为重要的贡献。并且也正是在这批教育家身上，十分明显地体现着中国古代教育和古代教育家所共同具有的民族特色。这便是：其一，中国古代教育从理论到实践主要是一种道德教育，中国古代教育家也主要是道德教育家，他们以教人如何“做人”和“完善自我”为本。其二，中国古代教育家都本着积极入世的精神，把教育和社会政治密切结合起来，教人积极入世。从根本上说，中国古代教育家都是一些胸怀化民成俗、建国君民之志而又言行一致的社会思想巨子。清初学者唐甄曾说：“古之圣人，言即其行，行即其言，学即其政，政即其学。”（《潜书·有为》）这确实抓住了古代教育家思想的核心。

三、中国近现代时期的教育家

中国历史上的第三批教育家出现在1840年以后至1949年以前这段中国近现代时期。这段历史虽然才一百多年时间，但面临急剧变化的中国社会，也必然会产生与此变化时代相适应的一批具有新特点的新教育家。

1840年之前延续了几千年的中国古代文明，在近现代中西文化冲突与汇合的潮流中，逐渐向现代文明转换。中国旧文明体系的核心，是其独特的伦理价值。由于西方文化对中国传统文化的冲击，至此形成了一个世纪之中中国文化的多元发展。在中国近代史上很长一段时间内，人们的文化价值取向折中于“中体西用”的互补价值。但是，从总体上看，从19世纪中叶起，西学东渐则是中国文化的主要潮流。进入20世纪，中国教育面临彻底转轨改制的现实课题。中国教育面向世界，已成为中国从近代到现代这百年中国教育历史的基本气候。中国历史上第三批教育家正是在此时代背景和社会条件的基础上出现的。不少著名教育家的历史作用和社会意义也主要在适应时代潮流和实现社会与历史使命过程中得以表现和衡量。

活跃在中国近现代教育领域的诸多教育家，如果作一番分析和比较，就可以发现他们各具不同特点、不同性质，各有不同类型。这是因为：中国历史上的第三批教育家所从事的是近现代教育，而第二批教育家的事业属于古代教育范畴。近现代教育比起古代教育来，不论在形式还是内容上都要复杂得多，也丰富得多，特别在从古代教育向近现代教育转变的历史过程中，尤其是很复杂多样。这样便决定了同样作为教育家，不可能在此过程中扮演同一个角色，而必然是各具不同的特色和作用。教育家的不同性质、类别、层次主要由此而来。

基于以上思路，笔者认为，中国近现代史上的教育家依据其不同的历史地位和实际所起的作用，大体可分为三类：第一类是为西学东渐起鼓动宣传作用的；第二类是教育转轨改制的具体实行者；第三类则是探索教育中国化道路的教育事业改革家。其中第一类人物可以张之洞为代表。张之洞，人们都知道他是近代中国政治、工业、教育、学术等领域的一位重要而复杂的人物。综观他一生的教育实践和教育思想，可以说，在他的身上清晰地反映了中国近代新学与旧学、中学与西学之争和此消彼长的文化和教育发展的历史。因此，张之洞的教育思想在中国教育思想史上实有其重要地位。他的“中体西用”的思想，从文化建设方面提出了新的发展战略见解。它作为清末的统治思想，影响了文化政策的修订，影响了学制，并促进了教学内容的改革和留学教育事业的发展。张之洞作为一个过渡时期的历史人物，他的最基本的历史作用，是为新学、西学、现代教育思想和制度在中国这块土地上的移植和推行，首先亮起了绿灯，作了切实的引渡，即他为此起了首要的必不可少的作用。

在20世纪的前三四十年中，主要是西方教育制度、教育思想的引进。中国社会的教育现实这时面临转轨改制历史课题具体落实的任务。具体的教育事业主要是兴办各级各类从西方引进的学校教育事业。由于有此时代与社会的需要，于是就有各种教育人才、新式教育家应运出现，这便是中国近现代史上第二类教育家。蔡元培、张伯苓、梅贻琦等这时成为著名的高等教育家，而林砺儒、俞子夷、陈鹤琴、黄炎培等人也就分别成为中学、小学、幼教和职业教育等方面的教育家了。以上这些教育领域也正因为有这些教育家为之作出卓有成效的工作而使之在中国这块土地上得以存在和发展。

与此同时，当然也有姜琦、吴俊升、邱椿等教育学家的出现。他们大多是在大学任教的教授，一般较少参与教育事业的实际建设工作。

在西方教育制度、教育思想的引进、发展和完善过程中，也伴随教育事业中国化、民族化问题的探索和改革活动。这是因为这时所推行的教育制度，虽属新学范畴，属于世界较先进的一种教育制度，但它到底是一种舶来品，不完全符合中国的国情。所以，20世纪的中国教育既有转轨改制的内容，也有以中国化、民族化为目标的教育探索和教育改革的历史任务。于是在这个领域又出现了一批著名的教育改革家，而其中以陶行知和雷沛鸿为代表，他们是中国近现代史上第三类教育家。

总的说，教育改革家的目光所及是在探索中华民族整个教育的出路，他们怀抱着经国济民之志，一般都是站在时代和社会的制高点上来思考教育问题的。但是综观陶行知和雷沛鸿这些教育家们一生的教育实践活动和教育思想，由于他们进行教育改革、实验活动范围有大小的不同，也有教育视野宽窄的区别，他们在宏观中观和微观上又各有所属。相对而言，陶行知应属中观领域的教育改革家，而雷沛鸿则属于视野更为宽广的宏观领域教育改革家。

中国近代教育史上的教育家为数众多，且有不同类别，分属不同层次，这在笔者看来，既是一种事实，也正是中国历史上第三批教育家不同于第一第二批教育家的主要特点之一。而这又和这时期的社会分工更趋复杂直接相关。

已故沈阳师院马秋帆教授曾在其《对雷沛鸿教育理论与实践的再认识》一文中这样写道："我曾多次给研究生讲授中国古代、近现代教育史课，我总觉得中国现代史这部分的问题最多。为了讲述方便，我把从五四运动至中华人民共和国成立前夕的教育家分列为五大类。"可见，在马秋帆教授看来，对这个时期的教育家进行分类，也是必要的。只是我们以上所表述的与马教授的分类见解有所不同罢了。因为对近现代教育史上的教育家进行分层分类，本身就是一个十分重要又十分复杂的问题。包括这个问题在内的本文全部内容也同样只是对有关问题的一家之言而已，在这里提出的主旨是为了进行学术观点的交流。

人类的教育，作为教育现象的教育活动和教育事业，是随着人类社会经济、文化生活不断发展和进步而愈显其复杂和丰富多样的。自"五四"后的中国教育界，教育家的人数不仅大大地增加了，而且出现了前所未有、名目繁多的教育家称号，诸如医学教育家、农业教育家、军事教育家、美术教育家、音乐教育家、戏剧教育家和语言教育家，等等。显然，这是一批专业性更强的专家型教育家。各类专家型教育家的出现，是社会科学文化进一步分化、发展的结果，是符合社会人才发展状况和关系的基本规律的，它正可说明人类对早已存在的教育现象的认识和其本质的把握此时更趋于细致和深入。然而，从另一个方面看，由于专家型教育家大多长期工作和生活在微观的教育领域，他们的教育视野和教育观念都不能不因此而受到极大的局限和制约，而只能说他们大都是具有一技之长和拥有某种专业知识的微观教育家。而人类社会和教育事业发展到了 20 世纪以后这个历史阶段，任何国家都十分需要一批具有宏观头脑的教育战略家为之运筹设计、统一安排、科学管理。因而可以说，那些能从全局出发、视野开阔、可以统览整体的宏观教育家，此时是尤为需要和难得的。哲学家费尔巴哈曾说："理智就是那个存在者的视野。你看得多远，你的本质就扩展到多远。"这也说明，只有视野开阔，站得高、看得远，才能有大智慧。多年来就有人讲"大学校长应该是一位教育家"这样一句话，其实更确切的说法应是：大学校长应具有宏观的教育视角和气魄，使自己不断成为既见树木又见森林的全面的教育家。

在当代中国，办大教育，就要有大智慧、大视野、大气魄，就首先要有卓越的教育思想家、战略家。而在这方面，真正可以当之而无愧的，在笔者看来是邓小平。

邓小平为当代中国教育事业所做出的历史性贡献，概而言之即在“拨乱反正”四字。即拨长期极左路线之乱，反社会主义教育事业之正。他的“尊重知识、尊重人才”的思想理论，不啻是教育事业上空的一轮红日。长期笼罩在教育领域的极左阴影为之敛迹，并得以不断扫除，社会主义教育事业的命运也因此得到了根本的改变，并展现了无限光明的前景。

在现实生活中，任何作为个人的教育家，都有这样那样的不足，而作为一个文化概念，教育家无疑是人类文化的一座丰碑，也是人类社会真、善、美的象征和人间正气的赋形。他们甘于淡泊，脚踏实地，乐于奉献，矢志不移，气质出众，精神崇高。我们现实生活中不少优秀教师身上，也大多具有这些精神特点。而这些，既是中华民族精神文明建设的成果，也是今日中国社会主义精神文明建设的动力。

中国教育家的世界（节选）*

杜　钢

在中国教育数千年绵延不息的历史长河中，教育家的涌现可谓璨若繁星、代不乏人，而孔子、老子、孟子、庄子、董仲舒、朱熹、王守仁、蔡元培与梁漱溟等九位，则更是其中之特别光彩夺目者，走入他们的世界，我们可充分领略到中国教育家的独特风貌，并对其成长规律达成本质认知。

孔子堪称中国教育史上最著名的教育家，他的出现，实质上是开创和奠定了在中国传统社会中最具主流代表性的儒家教育家风格的先河与基础，其后的孟子、董仲舒、朱熹与王守仁等都可以说是在不同历史时期对孔子儒家式教育家风格的杰出继承者与弘扬者。当然，在他们各自所处的时代，也有各自对这一教育家风格的与时俱进的及自出心裁的变革之处，诸如孟子对人性本善与良知及良能之教的全力倡导，董仲舒对儒学教化与政治治理立足于天人感应论基础上的有机结合，朱熹与王守仁既致力于返归孔孟儒学之本源同时又自创理学与心学教育新体系的大胆探索等，都可充分表现出他们对孔子所创立的教育家风格的继承与创新。与孔子等所代表的儒家主流式教育家风格形成鲜明对比的，是由老子开创并由庄子集成的道家教育家的独特风貌。从某种程度上而言，孔子等儒家教育家之所以会成为中国传统教育家的主流代表，是与汉武尊儒后历代中央政府对儒家的大力支持与扶携密不可分的。但在中国传统教育的整体发展进程中，道家教育的地位与影响却始终是不可忽视的，老子与庄子等所展现出来的以自然、无为、素朴、逍遥等为基本表征的别具一格的道家教育家风貌，实质上是可与孔子等所代表的儒家教育家风格交相辉映、各擅其美的，在老子与庄子那种隐逸式教育家表

* 本文节选自作者专著《中国教育家的世界：从孔子到梁漱溟》，河北大学出版社 2015 年版。作者杜钢，教育学博士，首都师范大学教育学院教师。

象的背后，实质上也蕴藏着类似于孔子等儒家教育家一样的普世情怀与人生理想，在这一点上，他们似乎是与儒家教育家殊途同归的。

与历史悠久的中国传统教育进程相比较而言，中国现代教育的发展阶段就显得短暂很多，但由于在这一短暂的历史时期里，中国教育与西方教育发生了前所未有的深层互动，尤其是在西方教育对中国教育的强势作用与影响之下，中国教育展开了史无前例的现代转轨进程，中国现代教育家就是在这样一种“千古未有之大变局”的时代背景下成长起来的。基于此，以蔡元培与梁漱溟等为代表的中国现代教育家形象，均带有鲜明的中西交融的色彩，这乃是由时代变革的大趋势所决定的。蔡元培之在中国现代教育家群体中的地位，有些类似于孔子之在中国传统教育家群体中的地位。可以说，蔡元培所引领的是中国现代教育家的典型发展路向，他实质上是塑造出了中国现代教育家成长的原始典范样态，从这一意义上而言，蔡元培在中国现代教育家中的地位是独一无二的。梁漱溟的教育家生涯的延伸度在中国现代教育家群体中是异常突出的，他不仅参与了民国时期教育变革的完整进程，而且在新中国成立之后的近四十年间，其仍是在一如既往地参与到中国现代教育变革的进程之中，这在现代教育家中是很罕见的。而且，梁漱溟在努力探索中西交融式的中国现代教育变革路径的同时，其对儒家教育传统的切实研学与传扬，在中国现代教育家群体中也是独树一帜的。

中国教育家的养成，是植根于其超迈绝群的人生理想的，这种人生理想带有鲜明的中国文化的特质。自孔子时代始，“人生完善与天下平治”便始终是历代教育家所追求的共同理想所在，其教育活动的开展也便从这一理想之中获得了源源不绝的动力给养，这实质上也使得中国教育家的成长面貌从其根源上便是与众不同的，而其所达成的结果自然也是非同寻常的。在这样一种高阔宏远的人生理想砥砺之下，中国教育家们普遍具有了一种“当仁不让、舍我其谁”的自任与担当精神，他们致力于理想实现的信念显得异常坚韧不拔，在这一愈挫弥坚、百折不挠的精神信念支撑之下，他们的教育家形象所呈现出的乃是一种终生不懈、矢志不渝的典型风貌。可以说，理想与信念构成了中国教育家之养成的动力源泉与精神支柱，而这也正是我们探究中国教育家独特成长规律的基点所在。

统而观之，中国教育家的人生境遇似乎总是坎坷丛生、荆棘遍布的，从孔子到梁漱溟，皆是如此，他们的成长历程从来都不是一帆风顺的。从某种意义上而言，他们的教育家生涯的基调似乎更是悲情式的，他们所执守的教育路向即便是符合了教育规律，乃至顺应了时代趋势，却也总是不能与正当其位的教育取向两相合拍。从以孔子等为代表的中国教育家的个体命运来看，似乎总是以志趣难酬的失意状态告终的，而当我们在一种教育发展的漫长历史进程中去对此加以全面而深刻的洞察的话，中国教育家的历史命运却又是大获成功的，他们所展示出的透达教育本质的慧识与实践，尽管总像是一种被掌握在少数人手中的“稀缺”资源，往往为现实所不容，抑或为大众所不解，但在经历了漫长的教育历史进程的反复核验之后，终归还是被证明了其所独具的超常价值，这种个人境遇与历史影响之间所存在的巨大反差性表现，恰恰也构成了我们解读中国教育家整体面貌的一个独特视角——不以个体得失而以历史成败来论断教育家的真实功绩。

中国教育家是在中国文化的情境下成长起来的，他们的根骨里烙刻着深深的中国文化精神的印记，这一点，突出地表现在他们以“立身行道、知行合一”为基本形式的“学教一体化”的教育家风格里。在中国文化语境中，教师这一角色，从来就不仅仅是知识与技能的传授者这样一种单一身份，以知识与技能为核心的工具取向的教师身份应是以伦理与道德为核心的价值取向的教师身份为准绳的。在中国教育家的养成模式中，以对伦理道德的切身实践为本位的教师养成标准乃是衡量教育家成就的根本法则，这从孔子所树立的教育家形象开始，便一贯如此。因此，对于中国教育家而言，构成其教育家身份的两大基本元素的为学与施教乃是贯通一体的，或者从更加本位的意义上来考量，他们更加恰切的身份首先应当是学问家，而教育家则是其所达成的学问家境界的一种自然衍生结果。具体来说，在中国教育家的独特成长模式中，他们的施教也是另外一种特殊形式的为学，其实都是在为了更好地促成他们的学问家境界的养成，这与《中庸》所提倡的“修道之谓教”的本质意涵是相通的，同时也与《学记》中所主张的“教学相长”的原意是一致的。这种特质，不仅仅是孔子等中国传统教育家所具有的一种本质属性，就是在蔡元培等中国现代教育家身上也是一种根深蒂固的本质性存在，这实质上是由中国文化中一脉相承的师者当以立道、行道为本务的核心精神所决定的。

……

中国教育家的世界与众不同，妙趣横生，引人入胜，而又启人深思。

对于中国教育家世界的解读，有三个视域是至关重要的——文化特质、人生境界与历史塑造。

中国教育家是在中国文化的母体之中生长而成的，他们的教育家风格透显出鲜明的中国文化精神的特质，而诸如以道为本、自然中和、天人相应、伦理情谊、人生完善、天下平治等一系列中国文化所特有的精神理念，则恰是我们深入而清晰地探究中国教育家独特风格所应依据的基本视角所在。

中国教育家是中国教师群体中的出类拔萃者，他们具有超越于一般教师的人生境界，这种人生境界主要又是由他们所具有的非同寻常的理想、信念、志趣、情怀、品格、学养与才能等诸多方面的个人素质来加以体现的，他们的教育家的形象也正是在这样一种别具一格的人生境界的滋养之下得以熔铸而成，并迸发出不绝的生机，彰显出无穷的魅力，令人叹为观止，心向往之。

中国教育家的养成，既是个人努力的结果，也是历史塑造的产物。尽管中国教育家均具有极强的个性自主化的风格，但在不同时代变迁的背景之下，其教育家风格的形成，却必定会自然而然地贴上历史塑造的标签，从孔子的“有教无类”到梁漱溟的“乡村教育以建国”等，皆是如此，这也从某种程度上反映出，探寻中国教育家的成长规律，是不能脱离开中国历史变革的整体背景去孤立进行的。

中国近代教育家群体特征综论*

田正平　肖　朗

中国教育近代化，既是一种具有客观必然性的自在的历史运动，也是一种明显地体现了社会主体主观能动性的自为的历史运动。在中国教育近代化的历史进程中，那些站在运动前沿的领导人物和领导群体的主导意识，深刻地影响着运动进程的本质和特点。从 19 世纪 40 年代至 20 世纪 20 年代的 80 年间，中国社会发生了巨大的变革。大致而言，在辛亥革命之前，这种变革是在传统封建社会的框架之内进行的，有第二次鸦片战争之后面临三千余年一大变局所引发的近代化起步，有甲午战败唤起四千年大梦而酿成的维新变法运动，有 20 世纪初清王朝为挽救“残局”而进行的“新政”改革，等等。辛亥革命后的社会变革，则是在封建专制政治框架轰然倒塌的背景下展开的，先后发生了讨袁“二次革命”、新文化运动、五四运动等等。每一次重大的社会变革都孕育了一批体现时代精神的先觉者，这些先觉者都曾给予文化教育的改革以特殊的关注。尽管他们中的许多人本身并不是严格意义上的教育家，普遍具有非职业化特点，但是在我们回顾中国教育近代化历程、考察传统教育在各个层面发生深刻变革的历史轨迹时，他们的思想和行动是如此强烈地吸引着我们。从根本上讲，这种中国近代教育史上的特有现象，既体现了历史传统的延续，更是由近代中国社会的特殊环境所决定的。

一、地域结构：沿海、沿江口岸地区的特殊经历

中国教育近代化是 19 世纪 60 年代拉开序幕的。从一开始，它就在传统教育

---

* 本文选自《教育研究》1999 年第 11 期。作者田正平，浙江大学文科资深教授，浙江大学中外教育现代化研究所所长，博士生导师。肖朗，浙江教育学院教育学系教授、博士生导师。

的变革和新式教育机构的设置方面显现出鲜明的地域特征。我们曾考察了1862至1893年期间国内最早设立的各类学堂计26所，这些学堂主要分布在广州(5所)、天津(4所)、上海(3所)和福州、南京、武汉等沿海、沿江一线口岸城市。新式学堂所呈现出的这种地域分布特点，从客观原因上讲，是因为中国的近代化特别是工业化首先从这些地区启动。而从教育近代化的主体人的因素分析，则是由于这些地区最先产生和培育了一批有别于传统士人的改革者，他们成为改革旧教育和倡导新教育的先驱。其中，有的是清廷的封疆大吏，有的是传统的读书人；有的人有海外留学的经历，有的人则以创办实业而闻名于世。让我们先来看一看19世纪90年代以前，即在教育近代化早期阶段做出过显著贡献的重要人物的地域分布情况：

姓名	出生地	从事教育活动的主要地区
冯桂芬	江苏吴县	顺天府、广西、南京、苏州、上海
王　韬	江苏常州	香港、上海
容　闳	广东香山	美国 Hartford 城
曾国藩	湖南湘乡	天津、南京
李鸿章	安徽合肥	南京、武汉、天津、北京
左宗棠	湖南湘阴	湖南、浙江、福建
郑观应	广东香山	上海
张之洞	直隶南皮	四川、山西、广东、武汉、北京

以上8人中，冯桂芬、王韬是江苏人，容闳、郑观应是广东人。广东、江苏都属中国东南沿海省份。他们不仅青少年时期在家乡度过(容闳是20岁时赴美留学)，而且他们所从事的革新事业都是在上海、香港等口岸城市起步的。冯桂芬在上海期间完成了《校邠庐抗议》一书，成为上海广方言馆的第一任监院；王韬20岁时到上海接触西学，后赴香港，踏上了与传统士人不同的人生旅程；郑观应17岁到上海，开始了与西人打交道的“买办”生涯。生于内陆的曾、左、李、张诸人既是清政府的封疆大吏，又是中国近代化运动不同时期的领导人物。考察他们的洋务活动，特别是参与推动教育近代化运动的经历就会发现，也都是从沿海口岸起步的。中国近代教育史上的第一次留学生派遣是曾国藩在直隶总督任内和李鸿章在湖广总督任内实现的；左宗棠在闽浙总督任内创办了福建船政学堂，促成了留

欧学生的派遣;李鸿章、张之洞举办的大量新式教育事业几乎都是在他们担任江苏、湖广、两江、直隶等沿海、沿江地区最高行政职务时进行的,上海、天津、广州、武汉、南京等地留下了他们在这方面的业绩。换言之,在中国教育近代化早期做出过重要贡献的人物,都有在沿海、沿江口岸城市或地区生活和工作的特殊经历。中国近代教育家群体的这样一种地域分布特征,相对而言,愈在早期表现得愈明显,随着时间的推移逐渐淡化。

进入19世纪90年代,中国教育近代化加快了步伐,涌现出一大批在这个历史的舞台上卓有建树的人物,至辛亥革命前,其主要代表有:

姓名	出生地	从事教育活动的主要地区
盛宣怀	江苏武进	天津、上海、武汉
康有为	广东南海	广州、上海、北京
梁启超	广东新会	上海、湖南、日本横滨、北京
严　复	福建侯官	福建、天津
孙诒让	浙江瑞安	浙江
张　謇	江苏南通	南通
严　修	直隶三河	贵州、天津、北京
张百熙	湖南长沙	山东、四川、广东、北京
刘光蕡	陕西咸阳	陕西、甘肃
吴汝纶	安徽桐城	南京、保定、北京
王国维	浙江海宁	上海、北京

上述11人,大致包括了辛亥革命前15年间对晚清教育从不同层面发挥过重要作用的代表人物。他们或拥天子以号令天下,或负有制订中央教育政策之大权,或在教育理论上提出独到的见解,或以自己的切实努力推动着地方的教育改革。其中,康有为、梁启超、严复、盛宣怀、张謇、孙诒让、王国维分别生于广东、福建、江苏、浙江等东南沿海各省;他们的事业也大致是从广州、福州、上海、天津、南通、温州等口岸城市开始的。其余4人张百熙、吴汝纶、刘光蕡、严修均生在内陆地区,但都有长期从事教育工作的经历,特别是表现出对西方资本主义文化教育的热情关注。与前一阶段的教育家群体比较,这一阶段涌现出的教育家群体从总体上看,有在沿海、沿江口岸地区生活和工作的经历,仍是一个较为显著的特征,

11人中，有这方面经历者有7人。另一方面，与前一时期相比，这一特征又有所淡化。其余的4人，不仅生于内陆地区，而且也不像前一时期那样，革新事业并不一定在沿海、沿江地区起步。严修是在西南边陲的贵州学政任内写下著名的《奏请设经济专科折》；刘光蕡一生生活在陕甘地区，仅为参加会试去过北京一次，但仍成为西北地区新式教育的开拓者。这种变化趋势，考其原因，与19世纪90年代以后国内改革浪潮的不断高涨有直接联系，更与西学东渐的渠道逐渐拓宽并向内陆推进的大气候有关。

进入民国，在革故鼎新的历史大变革中，蔡元培（浙江绍兴人）、范源濂（湖南湘阴人）、袁希涛（江苏宝山人）、黄炎培（江苏川沙人）、陈宝泉（河北天津人）、张伯苓（河北天津人）、郭秉文（江苏江浦人）、胡适（安徽绩溪人）、陈独秀（安徽怀宁人）、李大钊（河北乐亭人）等，以各自的出色业绩站在了改革旧教育、发展新教育的时代前沿。至20世纪20年代，中国的教育界可以说群星璀璨、人才辈出、各领风骚。作为一个群体，在他们身上，地域特征相对而言更显淡薄，代之而起的是几乎人人都有的出国留学经历。当然，从一定意义上讲，共同具有的走出国门的留学经历也可说是一种更为广泛的地域特征。

近代教育家群体在地域分布上所体现出的特征，是由近代中国沿海与内陆地区的显著差别所导致的。鸦片战争以后，西方殖民主义者利用不平等条约，首先在我国沿海建立据点，然后再扩展至长江沿岸。在进行经济掠夺、促使这些地区的农业经济结构发生解体的同时，也首先在这些地区使中国的传统文化教育受到挑战。他们建教堂、设学校、办报纸、建立新式印刷机构和出版机构，传播西方文化，使这些地区成为西学东渐的前沿，中西文化教育的交汇之地，并逐渐发展出一种不同于中国传统文化的新的文化氛围。毫无疑问，中国文化的重心仍牢固地植根于内陆地区，但是，客观存在的文化势差，沿海、沿江地区所形成的新的文化氛围，为身临其境的传统士人提供了认识世界、转变观念、孕育革新思想的机遇和土壤。19世纪90年代以后，特别是进入民国，随着新的传播载体的广泛采用、几次留学高潮的此伏彼起、以知识分子为主体的各种社会团体的大量涌现，沿海与内陆的显著差别相对减弱，沿海、沿江口岸城市和地区不再是人们汲取新知、接受西学的唯一可供选择的场所。于是，近代教育家群体的地域色彩逐渐淡薄。

二、科层结构：思想倡导与付诸实施的不同角色

考察近代教育家群体，我们会发现，那些提出革新思想的人物，他们的教育主张，他们改革旧教育、发展新教育的理想往往是通过掌握一定权力的政府官员变为现实的。换句话说，近代教育家群体结构中，思想倡导与付诸实施往往是由不同的角色来完成的。前者多为政治地位低下但思想敏锐的士绅，后者则大多是握有实权而又具有与西方资本主义列强打交道经历的清廷大吏。这种科层结构特点，在民国以前的晚清教育家群体中表现得尤为明显。

1863年设立的上海同文馆（后改称上海广方言馆）和1864年设立的广州同文馆是中国近代教育史上继京师同文馆之后，出现的第二所、第三所新式学堂，在培养外语外交人才和科技人才方面发挥过重要作用。这两所新式学堂的创办，与冯桂芬有极大关系。1860年，冯桂芬为避太平军来到上海，次年完成《校邠庐抗议》一书。在该书的《采西学议》和《上海设立同文馆议》一文中，鉴于上海、广州为"洋人总汇之地"，建立推广京师同文馆之法，在两地仿照办理，各为一馆，聘西人如法教习，培养外语人才，进而译介西人"历算之学，格物之理，制器尚象之法"，"探颐索隐，由粗迹而入精微。我中华智巧聪明，必不出西人之下，安知不冰寒于水，青出于蓝？"①1863年，江苏巡抚李鸿章奏请在上海、广州设同文馆，其奏章即出自冯桂芬之手。不仅如此，冯桂芬还为上海同文馆制定试办章程十二条，提出："西人制器尚象之法，皆从算学出，若不通算学，即精熟西文亦难施之实用。凡肄业者算学与西文并须逐日讲习，其余经史各类，随其资禀所近分习之。专习算学者，听从其便。"②在新式学堂中教习算学，冯桂芬提出的这一远见卓识，比奕䜣奏请在京师同文馆增设天文算学馆的改革实践早了5年。然而，上海同文馆和广州同文馆之设却分别是通过江苏巡抚李鸿章和两广总督毛鸿宾、广州将军瑞麟才得以实现的；而京师同文馆的增设天文算学馆，如果不是经过奕䜣的一再坚持和左宗棠、李鸿章等疆臣的大力支持，恐怕也很难在一年之内奏效。

---

① 张岱年主编：《中国启蒙思想文库》，《采西学议》，辽宁教育出版社1994年版，第111页。

② 朱有瓛主编：《中国近代学制史料》第1辑上册，华东师范大学出版社1983年版，第217页。

众所周知，容闳在中国近代教育史上的地位是由他所倡导的幼童留美这一重大事件所决定的，容闳因此而被誉为近代留学生之父。早在美国学习期间，容闳就立下志愿："予之一身，既受此文明教育，则当使后予之人，亦享此同等之利益，以西方之学术，灌输于中国，使中国日趋于文明富强之境。"①从 1854 年回国到 1872 年第一批留学生走出国门，容闳为了实现自己的教育计划，历经周折，整整努力了 18 年。其间的关键，是千方百计地寻求各级官员的支持，丁日昌、曾国藩、李鸿章这些洋务大员都是他争取的目标。1870 年，当容闳得知他的派遣留学生计划已由曾国藩（两江总督）、丁日昌（江苏巡抚）、毛昶照（工部尚书）等四位大臣联衔入奏，清政府采纳实行的消息后，深感十多年的梦想就要成为现实，"闻此消息，乃喜而不寐，竟夜开眼如夜鹰，觉此身飘飘然如凌云步虚，忘其为僵卧床笫间"②。字里行间流露出历经艰辛之后的欢欣鼓舞。受过西方文化教育全面熏陶的容闳为了实现自己的理想不得不走这样一条迂回曲折的路线，这是容闳个人的不幸，却是 120 名幼童的大幸。以后的历史事实证明，如果没有曾国藩、李鸿章等人的领衔主持，容闳的计划或许还要被搁置多年，即使得到了曾、李等人的大力支持，最后仍遭到中途夭折的命运。

革新思想的倡导与其付诸实施（或使之合法化）多由不同角色完成的这一科层结构特点，不仅反映在具体的教育事件、教育活动中，而且也体现在重大文教方针的提出、重大教育政策的制定等宏观决策方面。众所周知，"中学为体，西学为用"是贯穿于晚清中国教育近代化历程中的一个战略指导方针。早在《校邠庐抗议》中冯桂芬就对此作出了"以中国之伦常名教为原本，辅以诸国富强之术"③的最早表述，此后薛福成、王韬、郑观应等人均曾以不同的言词表达了大致相同的意思。1898 年，时值戊戌变法即将来临之际，张之洞撰写下《劝学篇》对"中体西用"思想加以理论化、系统化，因而梁启超曾说："张之洞最乐道之，而举国以为至言。"④不过，张之洞的主要作用却在于清末"新政"时期主持制定了《奏定学堂章程》，从而把"中体西用"思想确立为国家对教育的指导方针。历史证明，20 世纪初颁布的《癸卯学制》并不意味着传统封建教育的"中兴"，相反是它濒临崩溃的征兆。

① 容闳：《西学东渐记》，湖南人民出版社 1981 年版，第 23 页。

② 容闳：《西学东渐记》，湖南人民出版社 1981 年版，第 90 页。

③ 张岱年主编：《中国启蒙思想文库》，《采西学议》，辽宁教育出版社 1994 年版，第 84 页。

④ 梁启超：《清代学术概论》，中华书局 1954 年版，第 71 页。

从这个意义上讲，张之洞使“中体西用”取得合法地位，也应该说是一种贡献。

中国近代教育家群体的科层结构特点，既是历史传统的继续，更是中国近代社会特殊环境的产物。在中国漫长的封建社会，历代统治阶级有重视教育的传统。“化民成俗，其必由学”“建国君民，教学为先”，千百年来的这些儒家经典中的格言警句正是这种传统的最好体现。各级统治阶级都把兴学育才、推广教化作为自己的重要职责。近代以降，随着国家民族灾难的日益加深，人才的严重匮乏更引起人们对教育的高度关注。像曾国藩、左宗棠、李鸿章、张之洞，甚至包括袁世凯这样一些封疆大吏，本来是不应该列入教育家的研究范畴的，但是，他们不仅在戎马倥偬、政事繁剧的宦海生涯中对传统教育的改革和新式教育的发展给予了充分关注，而且，就近代教育变革的许多重大问题而言，他们的倡导、支持和组织确实起了关键性作用。以张之洞为例，他不仅于职守范围内以“修明文教为先图”，而且公务之外，亦以兴学育才为乐事。所以，在世时被人誉为“当今第一通晓学务之人”，去世之后也备受称赞：“其生平精神所寄，尤在振兴教育，储养人才，以备国家缓急之需，而救当世空疏之习。”①从这个意义上讲，曾、左、李、张诸人的重视教育可以说继承了历史传统。这是问题的一个方面。另一方面，在近代社会的特殊历史条件下，传统教育任何具有实质性意义的变革，都不可避免地要触及诸如“夷夏之辨”“道器之辨”“义利之辨”等封建社会最根本的价值体系，都关系到改变“祖宗成法”和“圣人遗训”的大事。要那些身居要职、与封建皇权利益息息相关的高官大吏们在这些重大问题上敢为天下之先，冒“名教罪人，士林几类”之大不韪是不可能的。举例来说，在1862年京师同文馆成立和1867年增设天文算学馆的过程中，总理衙门大臣奕䜣发挥过重要作用，发表过许多精彩的议论，就封建社会最高统治阶层中的一员而言，已属难能可贵。但是，把这些议论与冯桂芬在《校邠庐抗议》中所宣传的“法苟不善，虽圣人吾弃之；法苟善，虽蛮貊吾师之”的新信仰相比较，与冯桂芬所阐述的中国“人无弃才不如夷”“地无弃利不如夷”“君民不隔不如夷”“名实不符不如夷”的中西观相比较，差距立显。前者着眼于一事一物的师夷长技，后者则敢于宣称“法苟善，虽蛮貊吾师之”；前者着眼于西方的坚船利炮、语言技巧，后者却放眼于人才、地利、君民、名实等更深层次的借鉴与变革。其境界是大不相同的。一方面是封建统治阶级中一批有与西方资本主义列强打交道

① 赵尔巽折，《张文襄公全集》，中国书店1990年版，第6页。

经验的、相对开明的实权官员，从维护封建王朝的根本利益考虑，关注教育，积极为封建教育的改革寻求出路；一方面是一批不居庙堂之上、没有名位之累，由于个人的特殊经历而对西方资本主义文化教育有较多接触、较深刻理解的革新派士人，大胆提出自己改革旧教育、发展新教育的主张和建议。前者需要后者的知识、见解、能力，后者则渴望在前者权力的支持下把自己的理想变为现实。冯桂芬、郑观应、马建忠、盛宣怀、吴汝纶之任职李鸿章幕府或属下，容闳、薛福成对曾国藩的推崇和寄予厚望，张謇的依附于两江总督刘坤一，张之洞的倚重罗振玉、梁鼎芬等等，均为显例。扩而大之，20 世纪前 10 年晚清新政中最富成效的许多重大教育改革举措，如废科举、兴学堂、派游学等，虽说大多由张之洞、刘坤一、袁世凯、张百熙等重臣联名会奏而获准，但其内容却基本没有超出维新运动时期康有为、梁启超、严复等设计的蓝图。考察近代教育家群体，呈现在我们面前的就是这样一幅思想倡导与付诸实际相对错位、浓淡鲜明的科层结构图景。

三、知识结构："通才—专才—国民—公民"，传统人才观的演变

从知识结构的角度研究中国近代教育家群体，主要是指他们通过对西学的认知与接纳，逐步改变原有的知识体系，从而导致教育观念的变革。一般地说，中西杂糅、新旧并存是他们共有的特点。从 19 世纪 60 年代的冯桂芬、王韬，到 20 世纪 20 年代的蔡元培、胡适，总体上都具有这一特点。由于他们接受西学的途径各异，身份地位也大不相同，因而作为一个群体，近代教育家对西学价值的认同存在着巨大的差距。像曾国藩、李鸿章等人始终停留在对西方器物文化认同的层次上，张之洞在《劝学篇》中大讲"西艺非要，西政为要"，却坚决排斥在新学堂中讲授西方哲学；即使如冯桂芬、严复、蔡元培等站在时代前列的先进人物，他们对西学价值的认同也存在明显的差异。但是，无论这种差异有多大，有一点却是共同的，那就是都承认在数三年未有之社会大变革中需要引进、借鉴西学，以补中学之不足。从一定意义上讲，正是这种共同认识，才使他们在不同历史时期为中国教育近代化做出了自己的贡献。

那么，知识结构的改变是如何转化为促使教育家群体积极参与改革旧教育、发展新教育的理论倡导和实践活动的思想资料，即是说，知识结构的改变在哪些根本问题上促进了他们教育观念的变革呢？应该说，知识结构的改变在诸多方面

促进了教育观念的变革，如人才观、知识观、职业观等，其中，人才观的转变是最重要的转变。在漫长的封建社会里，人才观是历代教育家非常关注的一个问题，人才观的实质就是教育要培养什么样的理想人才。孔子提出教育的目的在于培养“贤才”，荀子主张培养“大儒”“雅儒”，王充则有“通人”“文人”“鸿儒”之别。两千年来，这些贤才、大儒、雅儒的称谓有所变化，但其标准却几乎是一成不变的，那就是具有治理人民的本领，人才与统治能力、人才与治才几乎成为同义语，其极致是达到“内圣外王”的境界，是一种全能全知的“通才”。尽管封建社会后期一些反传统倾向明显的进步教育家，如颜元等对传统的人才观有所突破，主张人才要各专其业，各得其用：“上下精粗皆尽力求全，是谓圣学之极致矣。不及此者，宁为一端一节之实，无为全体大用之虚。如六艺不能兼，终身只精一艺可也。”“学须一件做成便有用，便是圣贤一流。”①但是，这种主张远非封建教育人才观的主流。

近代以降，随着西学的导入，传统的人才观渐次发生变化。冯桂芬提出中国“人无弃材不如夷”，鉴于“制洋器”人才的缺乏，建议“特设一科，以待能者。宜于通商务口拨款设船炮局，聘夷人数名，招内地善用思者从受其法，以授众匠，工成与夷制无辨者，赏给举人，一体会试；出夷制之上者，赏给进士，一体殿试。廪其匠倍蓰，勿令他适。……中华之聪明智巧，必在诸夷之上，往时特不之用耳”②。虽然没有明言，但“往时特不之用耳”一句，却是对传统人才观的批评，而字里行间把能制船造炮的人看作是国家的人才这一层意思也是十分明确的。1871 年 9 月，曾国藩、李鸿章联名上奏选派幼童赴美留学时说：“窃谓自斌椿、志刚、孙家穀两次奉命游历各国，于海外情形亦已窥其要领，如舆图、算法、步天、测海、造船、制器等事，无一不与用兵相表里。凡游学他邦得有长技者，归即延入书院，分科传授，精益求精，其于军政船政直视为身心性命之学。今中国欲仿效其意而精通其法，当此风气既开，似宜亟选聪颖子弟，携往外国肄业，实力讲求，以仰副我皇上徐图自强之至意。”③这段话涉及了解西方、认同西学和人才观发生变化的内在关系。对西学的认识远远高于同时代人的王韬则明确把人才分为数等，他说：“才有数等：

---

①《颜元集》，中华书局 1987 年版，第 54、667 页。

② 张岱年主编：《中国启蒙思想文库》，《采西学议》，辽宁教育出版社 1994 年版，第 76，77 页。

③ 曾国藩，李鸿章：《奏选派幼童赴美肄业酌议章程折》，陈学恂、田平正编《留学教育》第 87 期，上海教育出版社 1991 年版。

有吏才，有将才，有匠才，有出使之才，有折冲御侮之才，有明体达用之才，有应急济变之才；用之必各当其才，而后才乃见。”①王韬的后面一句话似乎有着特殊的含义，即首先必须把上述各类人当作人才使用，然后他们的才智才能得到充分的发挥。这既是他人才观的正面表述，也是长期以来怀才不遇的压抑心情的宣泄。总之，在19世纪90年代以前，传统人才观的转变主要表现在外延的扩大，“艺才”“专才”“异才”等新名词作为“通才”的对立面的出现，反映了人们对西学器物层面的认同接纳。在教育实践领域则是一批语言学堂、军事技术学堂的创办。

甲午战争的失败，民族灾难的进一步加深，促进了西学的传播。进入19世纪90年代，对政治人才的呼吁显得格外强烈。最突出的代表是梁启超，他说：“启超谓今日之学校，当以政学为主义，以艺学为附庸。政学之成较易，艺学之成较难；政学之用较广，艺学之用较狭。使其国有政才而无艺才也，则行政之人，振兴艺事，直易易耳！即不尔，而借材异地，用客卿而操纵之，无所不可也。使其国有艺才而无政才也，则绝技虽多，执政者不知所以用之，其终也必为他人所用。今之中国，其习专门之业稍有成就者，固不乏人，独其讲求古今中外治天下之道，深知其意者，盖不多见，此所以虽有一二艺才而卒无用也。”②梁启超对政治人才的呼唤，是出于现实的维新变法运动的需要。从表面上看，是对此前30年间只注意“艺才”“专才”培养的批判，而政治人才的提法也容易使人联想到传统人才观的复活。当然，很难说梁启超这一主张的提出没有受到传统人才观的影响，但是，他所谓的政治人才的内涵却与传统的培养仕宦之才的人才观有很大的不同。这是一种“讲求古今中外治天下之道”的政治人才，而不是凭“半部《论语》治天下”的忠臣循吏。其实，梁启超所讲的政治人才和“艺才”一样，相对于传统人才观的“通才”而言，也是一种专门人才。进一步考察，我们就会发现，19世纪末“政学为主义，艺学为附庸”人才观的出现，是先进的中国人对西学认识加深、从器物层次上升到制度层次的必然结果。反映在教育实践领域，则是万木草堂、时务学堂、南洋公学、通艺学堂等一批以培养政治人才为主的学堂的设立。19世纪后半叶，传统人才观发生了很大的变化，但是，就其主流而言，依然没有摆脱培养、选拔精英人才的传统框架。艺才也好，政治人才也好，都是着眼于少数人才的速成。这固然与急速变革

---

① 《弢园尺牍续钞》卷三，第7页。

② 《饮冰室合集》，中华书局1989年重印版，文集之三，第3页。

的社会现实对各种专门人才的需求剧增有直接的关系，更受到人们对西学的认识大多停留在制度层面的制约。事实上，即使在19世纪的最后10年，已有不少有识之士把目光转向下层民众的普通教育。严复力倡“鼓民力、开民智、新民德”中的所谓“民”，其内涵似已不再局限于士绅阶层。郑观应介绍“泰西”各国的教育是“无论贵贱，男女自五岁后皆须入学，不入学者，罪其父母”（即下至聋、瞽、喑、哑、残疾之人，亦莫不有学，使习一艺以自养其天刑之躯，立学之法，可谓无微不至矣）。[①] 孙中山在《上李鸿章书》中提出人尽其才的主张，他说：泰西诸邦“庠序学校遍布国中，人无贵贱皆奋于学。凡天地万物之理，人生日用之事，皆列于学中，使通国之人，童而习之，各就性质之所近而肆力焉。”[②]郑观应、孙中山对西方各国遍设学校、民众普遍接受教育情况的介绍中所流露出的歆羡之情，预示着传统人才观新突破的萌发，那就是从精英到民众的转变。20世纪初年，中国教育界出现了人才教育与国民教育的争论。梁启超先后发表《新民说》《论教育当定宗旨》等重要论文，王国维也发表了《论教育之宗旨》《教育普及之根本办法》等文。梁启超认为，教育的本义“在养成一种特色之国民，使结团体，以自立竞存于列国之间，不徒为一人之才与智云也”[③]。提出国民教育的概念与人才教育相对立，并具体论述了他理想中的国民形象。王国维则提出教育之宗旨“在使人为完全之人物而已。何为完全之人物？谓人之能力无不发达且调和是也”[④]。王国维还就完全人物的智育、道德、美育三个方面进行了说明。“国民教育”与“完全人物”两个概念的提出，对传统人才观的精英教育和抹煞个性从不同的方向上有所突破。众所周知，梁启超的上述一系列论文是在亡命日本期间完成的，这一时期他利用海外的方便条件，如饥似渴地阅读西方资产阶级的社会科学著作和教育理论，视野大开；而此时的王国维则正沉湎于康德、叔本华、斯宾塞、席勒等人哲学、美学著作的研读之中。知识结构的改变与人才观转变的内在联系隐然可见。这种传统人才观的新突破也反映在清政府颁布的《奏定学堂章程》中。比如说，其中出现了“国民

---

① 陈景磐、陈学恂主编：《清代后期教育论著选》，人民教育出版社1997年版，上册，第510页。

② 舒新城编：《中国近代教育史料》，人民教育出版社1961年版，下册，第1014页。

③《饮冰室合集》，中华书局1989年重印版，文集之十，第55页。

④ 陈景磐、陈学恂主编：《清代后期教育论著选》，人民教育出版社1997年版，下册，第532页。

之智愚贤否，关国家之强弱盛衰”的提法，并指出：“初等小堂为养正始基，各国均任为国家之义务教育。东西各国政令，凡小儿及就学之年而不入小学者，罪其父母，名为强迫教育，盖深知立国之本全在于此。”[①]20世纪初年形成的以开办普通小学堂为主要内容的大规模的兴学热潮，是由多种因素促成的，而传统人才观的转变是一个重要的原因。

辛亥革命结束了中国两千多年的封建帝制，为人才观的转变从两个方面提供了基础。一是使封建伦理道德失去了赖以存在的政治依托。如前所述，传统人才观的核心是培养内圣外王的通才，这种通才的最重要的标准是对封建伦理道德的认同和身体力行。随着封建帝制的崩溃，旧的标准处在了被重新估价和受批判的地位。二是为西学的广泛传播扫除了障碍，各种西方学说，形形色色的西方教育理论、教育思潮纷至沓来。一批又一批就总体而言对西方文化教育的理解认同达到新高度的职业教育家成了推动教育近代化的主体。民国首任教育总长、学贯中西的蔡元培提出五育并举培养完全人格的教育方针，强调忠君与共和政体不合，尊孔与信仰自由相违，以公民道德取代封建伦理，倡导美育和世界观教育，培养新公民，从一定意义上讲，标志着传统人才观的终结和近代人才观的形成。经过新文化运动和五四运动的洗礼，培养“公民”的新人才观至少在理论层面和制度层面得到了普遍的认可，1922年颁布的《壬戌学制》对此作了充分的肯定。

通过上面的简略回顾可以看出，随着近代教育家群体知识结构的改变，传统人才观的转变经历了“通才—专才—国民—公民”这样一条演变轨迹，从外延和内涵两个方面体现了近代教育的本质特点。人才观是教育观念的核心，从这个意义上讲，正是人才观的转变推动着近代教育家们为培养他们“理想中的人才”，不懈地投身于改革旧教育发展新教育的努力之中。

综上所述，沿海、沿江口岸地区的特殊经历，思想倡导与付诸实施的角色错位，由知识结构改变而导致的传统人才观在不同时期所经历的“通才—专才—国民—公民”的演变轨迹，是近代教育家群体所表现出来的一些基本特征。

---

① 璩鑫圭等编：《学制演变》，上海教育出版社1991年版，第491页。

民国时期教育家群体特征论析*

林良夫

在中国近代教育史上，民国时期的教育家就其整体而言，具有远较前几个时期教育家更为鲜明的群体特征。辛亥革命后中国社会政治、经济、文化的急剧而深刻的变化，为他们的思想和实践添上了共同的时代色彩；而各异的个体背景，又使得他们从各自不同的角度把握着时代的脉搏，从而又呈现出鲜明的个体来。群体和个体的和谐统一，是民国时期教育家这个富有生气的群体的总体特征，本文通过对蔡元培、黄炎培、晏阳初、梁漱溟、陶行知等几个在理论与实践两方面均富有代表性的教育家的分析，对民国时期教育家这一群体的特征作简要论述。

一、教育救国：一个共同的出发点

从鸦片战争开始，古老的中华帝国揭开了一幕千古未有的变局，西方列强挟其炮坚船利之威，蛮横地敲开了中国封闭了两百年之久的国门，惊破了天朝大国的千年美梦。一批开明的封建官僚和知识分子，开始睁眼看世界。经过痛苦的蜕变，他们不得不承认中国已不再是位居世界中心的强大的“中央大国”，中国人只有勇敢地正视自身落后的现实，积极自强自救，才能在优胜劣败的生存竞争中免遭淘汰。甲午战争失败后，举国上下弥满了亡国灭种的危机意识，几乎所有进步的知识分子，都带着国家危亡无日的深切忧思，投身于救亡图存的探索。

民国时期的教育家们正是满怀救亡图存、保国保种的爱国激情，投身教育探索的事业中。像蔡元培主张五育并举、学术自由、教育独立，黄炎培提倡“大职业

---

* 本文选自《华东师范大学学报（教育科学版）》1999年第4期。作者林良夫，浙江大学教授。

教育主义”，晏阳初倡导平民教育，梁漱溟开展乡村建设运动，陶行知从事乡村教育改造，与其说是一种教育探索，毋宁说是一种政治理想的追求更为贴切。教育救国是他们共同的出发点和原动力。不仅如此，振兴颓荡国势，挽救民族危亡，还是他们提出自己的教育理论、学说、主张的立论依据。这些教育理论、学说和主张，实际上是教育家们针对中国的具体问题，为救国所开出的药方。

民国时期教育家为教育救国开出的药方，各具特色，可谓仁者见仁，智者见智。这种各领风骚的情形与中国近代教育史前几个阶段颇有些不同。民国以前的教育家，无论是出于“师夷长技以制夷”，抑或“鼓民力、开民智、新民德”的目的，大多只是笼统地倡议兴教育，很少从“纯教育”的角度作深入细致的、富有针对性的探索。民国时期的教育家，受惠于五四新文化运动的洗礼，又得西方现代教育理论的滋养，对中国问题这一病症的把握更为精确，对教育功能的认识也更为深入，因而更能对症下药。

在民国教育界扮演重要角色的蔡元培，一向视教育为救国之唯一法门。早在民国元年出任教育总长时，蔡元培就发表了《对于新教育之意见》一文，提出五育并举的教育宗旨。即以军国民教育谋求强兵，以期保卫国家，抵抗强权，恢复国权，且防范军人专政；以实利主义教育充实国民生计，发达国家生产事业，谋求国家之富强；以公民道德教育培养自由、平等、博爱之精神，以消弥兵连祸结、贫富血战之惨剧；以世界观教育提倡超越现象世界的实体观念，时时以全人类的永恒幸福为鹄的；以美育沟通现象世界和实体世界，帮助完成世界观教育。蔡元培认为此五者不可偏废，“譬之一身：军国民主义者，筋骨也，用以自卫；实利主义者，胃肠也，用以营养；公民道德者，呼吸机循环机也，周贯全身；美育者，神经系也，所以传导；世界观者，心理作用也，附丽于神经系，而无迹象之可求”①。应该说，蔡元培的主张是高瞻远瞩的。在当时的历史条件下，他比较全面地考虑到教育的社会功能及其在人的发展过程中的巨大能动作用，针对中国社会的现实问题，提出了一个既重治标又重治本的教育方案，对民国时期的教育实践思想和教育实践产生了深刻影响。他所提倡的军国民教育、实利主义教育和道德教育，一经提出，就受到普遍认同，开一时风气。美感教育，尤其是世界观教育，虽说最初人们反应冷漠，但在新文化运动以后，特别是在他主持北大校政，实行“思想自由、兼容并包”的办

① 蔡元培：《对于新教育之意见》，《蔡元培全集》第2卷，中华书局1984年版，第135页。

学方针取得巨大的成功之后，也被人们逐渐认识。

与蔡元培着眼全局不同，民国时期的另一些教育家则是从以下三个不同角度，把握中国问题，进而提出各自具体的教育救国方案的。

一是从社会现象角度来把握中国问题。主要是黄炎培，他有感于“一般社会生计之恐慌为一刺激。百业之不改良为又一刺激。各种学校毕业生失业者之无算为一大刺激”①，积极倡导职业教育。黄炎培大声疾呼：“今吾中国至重要至困难之问题，阙唯生计。曰：求根本解决生计问题，阙唯教育。”②与当时的许多学者一样，黄炎培认为，中国致贫弱之一大患是“民多分利少生利”，这种倾向不仅不利于国家的真正富强，还会导致内部纷争，耗尽国本。在黄炎培看来，人类社会，所以扰扰不宁，是由于物质条件的限制。人生而有求，求之不得而有争，有争而有杀，爱群之心泯灭，优胜劣败，弱肉强食，大千世界，惨祸遂伏其中。因此，“人类间唯一问题，是‘全生去杀’”③。中国要自强自救，必须从根本上解决这个问题，具体的办法便是实施职业教育。黄炎培认为，要解决“全生去杀”这一问题，“从客体言，在增进所以供给生活需求之分量与效用；从本体言，在广其知以大其爱”④。而职业正是“增进所以供给生活需求”的最好手段，教育又是“广其知以大其爱”的最好方法，教育与职业的沟通、结合，必将“使无业者有业，使有业者乐业”。如此人世间的一切不幸、一切罪恶、一切惨变，统统都会消失，国家自然也能富强起来。

二是从国民素质的角度把握中国问题。有晏阳初、陶行知诸人，以晏阳初的观点最有代表性。晏阳初积极投身平民教育运动，将平民教育视为解决中国问题的根本方法。“我们内受固有文化的陶冶，外受世界共同潮流的教训，自觉欲尽修齐治平的责任，舍抱定‘除文盲作新民’的宗旨，从事于平民教育的工作而外，别无根本良策。”⑤晏阳初认为，中国的问题千头万绪，但最基本的问题只有四个，可以用“愚、穷、弱、私”四字来概括。所谓“愚”，就是中国最大多数人目不识丁；所谓“穷”，就是中国最大多数人在生与死的夹缝里挣扎着，温饱无定，遑论什么生活程

---

① 黄炎培：《实用主义产生第三年》，《教育杂志》卷9、1号。

② 黄炎培等：《中华职业教育社宣言书》，《教育杂志》卷9、7号。

③ 黄炎培：《职业教育的基本理论纲要》，《教育与职业》第198期。

④ 黄炎培：《我之人生观与吾人从事职业教育之基本理论》，《国讯》第193期。

⑤ 晏阳初：《平民教育的宗旨目的和最后使命》，《晏阳初文集》，教育科学出版社1989年版，第20页。

度、生活水平；所谓“弱”，就是中国最大多数人几近病夫，根本谈不上公共卫生和科学治疗；所谓“私”，就是中国最大多数人不能团结合作，而以内讧为能事。所有这些问题，归根到底还在于国民素质太低。只有着眼于全体国民，从事平民教育，从根本上提高国民素质，造就一代新民，才能彻底解决中国的社会问题。因此，晏阳初认为，“从事‘人的改造’的教育工作，成为解决中国整个社会问题的根本关键”①。

三是从文化的角度把握中国问题。代表人物是梁漱溟。与晏阳初不同，梁漱溟认为，中国问题的症结并不是一个个具体的愚、穷、弱、私等问题，而是中国何以存在这四大问题。仅仅着眼于表面的病象是不够的，必须往深层追究其所以然，以俾从根本上解决中国问题，而不是头疼医头，脚痛医脚。在梁漱溟看来，当时中国的社会问题就其现象而言，是“伦理本位、职业分途”的社会结构在欧风美雨的冲击下日趋败坏，呈现出旧辙已破、新轨未立的混乱景象。就其实质而言，“中国问题并不是什么旁的问题，就是文化失调——极严重的文化失调”②。解救之道就是如何为中国重建一新的社会结构，如何基于中国传统文化而吸收现代欧美的科学技术文明，重建新的民族文化。简言之，就是如何在传统与现实之间寻找出解决中国问题的根本方法。在梁漱溟看来，造成文化失调的原因是西洋文化势力的侵入，而不是机械性的阶级冲突，因此不能机械性地运用暴力革命来解决，而只能以教育去促进文化改造。梁漱溟认为：“教育的功能，不外是‘绵续文化而求其进步’。换句话说，就是‘不使文化失传，不使文化停滞不进’。”③文化的改造与重建维系于教育，这种教育便是民众教育，便是乡村建设。因此，“教育必须站在社会的第一位，以学术指导社会的一切”④。梁漱溟试图纳社会运动于教育之中，形成一种教育家的社会运动，或是社会运动者运用教育功夫，去培养新礼俗，完成新的“乡村文明”，或建立新的社会结构，从而为整个社会开出新的生机。

在这里，我们可以清楚地看到，民国时期的教育家，无论是从哪个角度认识中国社会问题，都得出同样的结论：教育是解决中国社会问题的根本手段。与前几个阶段的教育家不同，民国时期的教育家们突破了运用意识形态处理政治问题的

---

① 晏阳初：《十年来的中国乡村建设》，《十年来的中国》，商务印书馆 1937 年版。

② 梁漱溟：《乡村建设理论》，《梁漱溟全集》第 2 卷，山东人民出版社 1990 年版，第 164 页。

③ 梁漱溟：《乡村建设理论》，《梁漱溟全集》第 2 卷，山东人民出版社 1990 年版，第 565 页。

④ 梁漱溟：《社会教育与乡村建议之合流》，《梁漱溟教育文集》，江苏教育出版社 1987 年版，第 246 页。

传统观念，不再天真地认为中国积贫积弱的原因就在于教育落后，因此也不再把教育作为救国的直接突破口。他们开始认识到，教育落后，仅仅是一个表面现象，中国积贫积弱是有其深刻的社会根源的，要救亡图存，必须着眼于社会的整体改造。在他们的救亡逻辑中，主导中国自强自救的载体是社会改造而不是教育改革，教育是作为社会改造的根本手段而受到重视的。他们开始从宏观上研究教育与社会，教育与政治经济的整体关系，强调教育必须针对中国社会的现实问题作相应的改革，才能真正为救亡图存服务，施何教育必须要察何社会。他们不再把教育当作一项脱尘离俗的事业，而是强调教育"适应社会进化之需要"，不能脱离整个社会条件，并将之视为教育救国的前提之一。可以说，民国时期的教育家们为教育在整个救亡图存事业中作了新的定位。

确实，由于从各自不同角度去把握中国的社会问题，民国时期的教育家们所提出的教育救国方案，众说纷纭，但所有这些药方的"药引"却是一致的，那就是提高国民素质，养成健全人格。他们继承并发展了维新派"鼓民力、开民智、新民德"的思想，进而深入到社会文化心理结构中，在新的高度上探讨了文化教育问题。他们试图把社会改造建立在千百万人的觉醒和全民文化素质的提高上。因此，他们不约而同地把提高国民素质，养成健全人格作为教育的重要目的。譬如：蔡元培就主张普通教育"务顺应时势，养成共和国民健全之人格"①，以为培养完全人格是共和时期学校爱国的主旨。他在爱国女校演说时，明确指出："至民国成立，改革之目的已达，如病已医愈，不再有死亡之忧。则欲副爱国之名称，其精神不在提倡革命，而在养成完全之人格。盖国民而无完全人格，欲国家之隆盛，非但不可得，且有衰亡之虑焉。造成完全人格，使国家隆盛而不衰亡，真所谓爱国矣。"②他主张五育并举，便是为了养成完全之人格，即于现象世界言，有自卫力、自存力和公民道德；于实体世界言，有审美力，能不弃不执，臻于意志自由之境地。黄炎培也把"谋个性之发展"列为职业教育的重要目的。晏阳初则把"除文盲做新民"作为平民教育的目标，试图通过平民教育，培养20世纪中国所需要的具有知识力、生产力、公共心及健康体魄的"完整的人"。梁漱溟认为，"教育应当是着眼一个人

---

① 蔡元培：《向参政院宣布政见之演说》，《蔡元培全集》第2卷，中华书局1984年版，第164页。

② 蔡元培：《在爱国女学校之演说》，《蔡元培全集》第3卷，中华书局1984年版，第8页。

的全生活而领着他去走人生大路”①，从人生问题上对人进行启发指点，使之有合理的人生态度，奋勉向前。所有这些思想，充分反映了教育家们对人的主体价值的高度弘扬，他们试图通过教育和谐地解决社会问题和人生问题。因此，民国时期教育家们在设计教育救国方略时，往往就会于人生两方面立论，给人以通贯内外之感，较维新派单向为社会“开民智”思想更为深刻。

毋庸讳言，民国时期教育家的教育救国思想虽说达到了一个新的阶段，但仍有其巨大的历史局限性。教育救国与革命救国基本是两条不同的道路。对民国时期黑暗政治的失望和鄙视，使得教育家们更倾向于以一种相对超然的态度，将教育作为一种相对独立的救国力量，于是遂有蔡元培等人的“教育独立”之议。教育家们对政治变革的可能性和有效性普遍持悲观的看法，梁漱溟干脆认为，在社会变革过程中，政治是无能为力的。“须知中国社会的重心，向来在社会而不在政治。历史上的中国，其政治从来是消极无为没有力量的，社会生活的进行从来不依靠它。”②相反，政治问题的解决，倒要“反求于社会而不能乞灵于政治”③。在他看来，只有以教育来牖启理性涵养理性，以理性来代替武力，才能合理建造社会，根本解决中国问题。确实，民国时期的教育家们从教育救国信念出发，积极从事教育改造和教育实验，在救亡图存运动中尽了匹夫之责。但是，在半殖民地半封建的旧中国，要根本解决社会变革问题，只有革命。教育救国思想割裂了特定的教育与特定的政治经济之间的辩证关系，忽视了特定的政治、经济制度对特定的教育的决定作用，片面夸大了教育的功能，把教育视为“弱而强之”“亡而存之”的灵丹妙药，实是本末倒置。中国的救亡图存问题最终是以革命的方式获得解决的，历史的事实无情地宣判了教育救国论的破产。历史的步伐急促了，容不得教育家们从容不迫去“补天”。以教育来救国，有如决西江之水，活涸辙之鲋，怎能济急！与如火似荼的革命运动相比，教育救国论又是何其不合时宜！好在绝大多数教育家都是与时俱进的，他们真挚的爱国心还是值得称道的。

---

① 梁漱溟：《办学意见述略》，《梁漱溟教育论文集》，开明书店 1946 年版，第 68 页。

② 梁漱溟：《答乡村建设批判》，《梁漱溟全集》第 2 卷，第 620 页。

③ 梁漱溟：《答乡村建设批判》，《梁漱溟全集》第 2 卷，第 621 页。

二、教育改造:走中国化道路

既然中国的社会改造、救亡图存,有赖于教育来完成,那么,什么样的教育才能承担这一重任呢?在民国时期的教育家们看来,中国式的旧教育,舶来的洋教育,只能窒息民族生气,而不能养成积极向上的民族精神。要真正担负起救亡图存的使命,教育必须作深刻的改造。

对旧教育的批判,是教育家们进行教育改造的起点。从19世纪40年代起,随着国家危机的日益加深,"兵战""商战"的步步败北,人们对"学战"的严重性有了进一步的认识,并开始深刻反思封建旧教育。"国家衰亡在于人才匮乏,人才匮乏,在于教育不振",这样一条逻辑推理几乎成了近代教育家们的思维定势。人们把满腔悲愤发泄到科举制为核心的传统封建教育上。无论是早期改良派,还是维新派,对旧教育都是大加鞭挞的。这种批判在民国时期的教育家那里,非但没有减弱,反而一发不可收。如果说早期改良派和维新派更多的是从物质的、制度的层面批判旧教育的话,那么,民国时期的教育家则把这种批判推进到精神的、心理的层面。他们深刻地认识到,脱离生活的、形式主义的旧教育,就本质来说,是为个人目的服务的,与救亡图存这一社会要求是格格不入的。

民国时期的教育家们对新教育曾倾注过巨大的热情,像蔡元培在教育总长任内,黄炎培在主持江苏教育事务期间,都曾积极兴办学校,创建现代教育体制。他们中的许多人还积极参与了1922年学制改革。教育家们热心于新教育,固然是因为教育救国这一外在的目的,也与西方新教育体制的内在吸引力有关。现代教育所展示的前景,充满着改造世界的威力,远远胜过儒家的理想追求:有物质和精神两方面的力量,有日本和西方具备的那种有形的"富强",又在无形中使野蛮和落后的习俗得以开化和进步。在民国时期的教育家们看来,新教育的许多方面足以纠正旧教育的痼疾:新教育是普遍的,因而可以确保人才不被埋没;新教育是实用的,因而可以避免科举制度长期为人诟病的那种空洞的形式主义,并确保所有受教育的人都能派上用场。人们确信,新教育可以有效地切断教育与仕途之间的直接联系,从而使教育成为一种国家优势,而不单单是服从于个人目标。教育家们推行新教育时的一些基本倾向,清楚地透露出他们对新教育的认识。这些基本倾向有:强调教育的平民性,反对教育的贵族化;强调教育的实用性,反对教育的空冷化；强调教育的科学性，反对教育的盲目性；强调教育的对象主动自觉性，反对教育上的守成法、求划一。

教育家们对新教育寄予厚望。他们期待新教育能一下子实现长期以来梦寐以求的目标，即真正改造国民，确立民主政治，并使国家迅速走上富强的现代化道路。这种乐观情绪本身就表明，他们很少认真思索实现这些目标的机制。似乎只要有了黑板和粉笔，建立一个教育部和一批大学、中小学，就可以一蹴而就。事实上，对具有普遍性和实用性的新式教育的期望，是严重脱离当时中国的政治、经济和社会各方面具体条件的。大小军阀割据的政局使得中央政府不可能筹集大量的教育经费；而鼠目寸光的地方军事当局宁愿把钱花在购买杀人枪炮上，也不愿为育人的教育多花一个子儿；民间虽说热情高涨，但力量毕竟有限。结果，大量的实施免费的、普遍的义务教育的计划因之搁浅，旨在吸引年轻人脱离旧式文化教育的学社和宣言，也多劳而无功，如过眼烟云。有限的教育津贴发给了城市学校和高等学校，广大的农村地区很少受益。相反，对旧教育的全盘否定所导致的对旧式学校的不恰当的破坏，使得原来可以在义学和私塾中接受基础教育的人，反而失了学。因此，尽管新学校取代了大部分私塾，但文盲的数量并没有因此而减少，农村百姓把新学校视为与私塾相对立的“洋”学校，城乡之间受教育的差距进一步扩大。

新式教育的实用性，即获得技术知识而不只是文字能力，且以技术知识的应用本身为目的而不是将之作为沿着社会阶梯往上爬的手段，事实上也与普遍性一样难以实现。教育家们发现，接受新式教育的才子们和旧的一样，是一些只热衷于弄文舞墨、钻营仕途的“高级游民”“高级废物”。他们的幻想破灭了。

通过深刻的反思，教育家们认定，新教育破产的根本原因在于盲目地模仿外国，而忽视了与中国实际的结合。晏阳初直言不讳地批评道：“现在的‘新教育’，并不是新的产物，实在是从东西洋抄袭来的东西。日本留学生回来办日本的教育，英美留学生回来办英美的教育，试问中国人在中国办外国教育，还有什么意义？各国教育，有各国的制度和精神，各有它的时间性和空间性，万不可乱七八糟地拿来借用。”①他认为：“充分模仿外国，结果导致了中国整个教育破产。学习外国是必要的，但不能东拼西凑，而应当有独立性，要把中西的学问融化在一起，应

① 晏阳初：《“误教”与“无教”》，《民间》3卷13期，1936年11月。

用到人民生活中去。”①黄炎培也主张，在教育上向外国学习什么，如何学习，应有个正确的态度，这是“精神上须不失自尊，方法上还需择善而从”②。在他们看来，中国的教育家应该自尊自信，要有自己的哲学，走中国化道路。

民国时期教育家对教育改造的基本看法，大体上是一致的，都以“教育和生活相结合”为指导思想。在他们看来，洋教育的最大弊端与旧教育一样，还是在于严重脱离生活。陶行知曾一针见血地指出：“新学办了三十年，依然换汤不换药，卖尽力气，不过是把‘老八股’换成‘洋八股’罢了。‘老八股’与民众生活无关，‘洋八股’依然与人民生活无关……‘老八股’与‘洋八股’虽有新旧的不同，但都是靠着片面的工具来表现的。这片面的工具就是文字与书本。”③如果不彻底解决洋教育的这种弊病，教育就无法为社会和人生服务，无法为救亡图存服务。

必须指出，教育家们强调教育与生活相结合，并不仅仅是将之作为克制洋教育弊病的一种应付性策略，实际上反映了他们对教育本质的认识。黄炎培认为：“教育之旨，归本人生。其义唯何？一曰治生，二曰乐生。”④教育的作用，“语小，个人之生活系焉；语大，世界国家之文化系焉”⑤。因此，教育与个人生活，与社会生计，与生产力发展的联系是必然的。梁漱溟认为，“教育是生活的向上发展”⑥，“教育是人类个体生命与社会生命的贯穿”⑦，实际上是把教育作为生活的一种特殊形式和动力因素。陶行知倡导“生活教育”，认为“生活教育是给生活以教育，用生活来教育，为生活向前向上的需要而教育”⑧，体现了一种与梁漱溟大体一致的看法。正是基于对教育本质的认识，教育家们强调教育与生活相结合，一方面，教育要改造生活，创造生活；另一方面，又要根据实际生活改造教育，要把教育的改造与生活的改造统一起来。尽管教育家们对教育与生活相结合的具体方式各有己见，有的以“教育即生活，学校即社会”为指标，有的以“生活即教育，社会即学

---

① 晏阳初：《平民教育运动史（初稿）》。

② 黄炎培：《中国教育史要》，商务印书馆 1930 年版。

③ 陶行知：《生活工具主义之教育》，《陶行知教育文选》，教育科学出版社 1981 年版，第 59 页。

④ 黄炎培等：《兴学与垦荒》，《教育与职业》，第 58 期。

⑤ 黄炎培等：《中华职业教育社宣言书》，《教育杂志》，卷 9、7 号。

⑥ 梁漱溟：《乡村建设理论》，《梁漱溟全集》第 2 卷，第 564 页。

⑦ 梁漱溟：《杜威教育哲学之基本观念》，《梁漱溟教育文集》，第 225 页。

⑧ 陶行知：《谈生活教育》，《陶行知教育文选》，第 267 页。

校”为行动的准则，但这两者之间并不冲突，实是相辅相成的。可以说，实施生活教育是民国时期教育家们的一个共识。

统而观之，民国时期的教育家们进行教育改造，有以下几个基本方向：

一是在教育形式上突破学校教育范围，重视成人教育和社会教育，旨在扩大教育对象。像晏阳初的平民教育运动，以“除文盲作新民”为宗旨，着眼于广大民众。梁漱溟的乡村建设运动，强调学校教育与社会教育合流，注重成人教育、终身教育。陶行知的生活教育，以“新民”为原则，强调教育为人民大众服务。“生活教育是大众的教育，大众自己办的教育，大众为生活解放而办的教育。”①这些以扩大教育对象为特征的尝试，既是为了唤醒民众，共赴国难，更是为了从根本上改造中国社会。对社会教育和成人教育的关注，意味着教育真正走出象牙塔，摆脱贵族化。这是一项富有革命性的变革。

二是在教育内容上摆脱空泛化，强调实用化。譬如黄炎培倡导学校教育采用实用主义，推行社会化的、科学化的职业教育。陶行知把“亲物”作为生活教育的原则之一，一贯重视科学和科学教育，主张教育要面向生产，与工农业生产实际结合。他们把教育内容的实用化，作为实施生活教育的保障。

三是在教学方法上坚持手脑并用，教学做合一。陶行知认为，只有实行“教学做合一”，即“事怎么做就怎么学，怎么学就怎么教育，教的法子要根据学的法子，学的法子要根据做的法子”②，手脑并用，才能求得“真知”，培养学生社会生活、生产和创造的能力。梁漱溟十分赞同陶行知的生活教育，认为“教育要本于生活，教育必须教学做合一”③。此外，黄炎培也认为：“职业教育的目的乃在养成实际的、有效的生产能力，欲达此种境地，需手脑并用。”④他提出将“手脑并用”“做学合一”“理论与实际并行”“知识与技能并重”作为职业教育的最基本的教学原则。教育家们试图以“教学做合一”这一富有生气的教学模式，力矫旧教育和洋教育下“先生教死书，死教书，教书死。学生读死书，死读书，读书死”的弊病。

教育家们试图在确立教育水平、课程设置和教学方法方面，因地制宜，量力而行，从而使教育与外部世界更紧密地结合起来。这些深受杜威实用主义教育思想

---

① 陶行知：《生活教育的特质》，《陶行知教育文选》，第 250 页。

② 陶行知：《教学做合一》，《陶行知教育文选》，第 77 页。

③ 梁漱溟：《抱歉—苦痛——一件有兴味的事》，《梁漱溟教育文集》，第 23 页。

④ 黄炎培：《河东记》，《断肠集》，生活书店 1936 年版。

影响的教育改造主张，对现代教育的中国化，无疑是有促进作用的，对旧教育和洋教育的批判和冲击不可谓不大。但是，终民国数十年，教育家们一直没有创立严格意义上的完整的现代教育理论、教育学说。救亡图存的迫切任务，使得教育家们没有充分的时间和精力较长时间地直接从事教育实践活动，探索现代教育中国化的现实道路。并且，他们的教育改造活动多半是出于政治理想追求，政治上的义愤在一定程度上冲淡了学理上的探索。对旧教育的愤慨，又使得他们对封建传统教育中具有民族性、科学性的成分采取了否定态度，因此一直无法建立现代教育中国化的内在机制，而只能在技术层面上作有限度的改进。现代教育中国化的改造道路，远没有完成。

三、教育实验：走向成熟的标志

与中国近代教育史前几个阶段的教育家不同，民国时期的教育家不只是从事理论探索，作纸上谈兵式的倡导，而是躬行践实，积极开展教育实验，这是这个群体走向成熟的标志。

教育家们开展教育实验，从表面看，固然是为了探索教育救国的现实道路；从深层看，则是教育家们的人格精神使然。总括而言，这种人格精神有三个方面：儒家经世致用的事功精神、佛家普济众生的献身精神和基督教的平等博爱精神。分别而言，黄炎培服膺佛教普济众生的伦理哲学，以“自度度人”为自己人生的基本观念，实际上是把从事教育实践作为“自度度人”的一种功德。晏阳初长期受教会教育，是一名基督徒，基督教的平等博爱思想在他心中根深蒂固，是他毕生从事平民教育的精神支柱。梁漱溟作为现代新儒学的创造人，自幼受乃父熏陶，以经世致用为己任。青年时，思考人生问题，又深受印度佛学影响，有强烈的救世情怀和使命感。他曾表示，“吾曹不出，如苍生何？”“誓为天下生灵拔济此厄”[①]，试图通过教育去普济众生。陶行知自幼受信基督教的父母影响，对人民怀有深挚感情。在《我们的信条》中，他曾明确宣布：“要把我们的整个心献给我们三万万四千万的农民，我们要向农民‘烧心香’。我们心里要充满农民的甘苦，我们要常常念着农

① 梁漱溟：《吾曹不出如苍生何》，《漱溟卅前文录》，商务印书馆1923年版，第72页。

民的痛苦，常常念着他们所想得到的幸福。”①这与传教士的口吻何其相似！而从“捧着一颗心来，不带半根草去”这些诗句中，我们又能看出佛家思想的影响。正是这些深厚的人格背景，促使教育家们积极投身实践活动。

教育家们的教育实验，最初是局限于学校范围的，重点在于引进现代教育方法，将民主精神和个性发展思想贯彻到学校教育中，使中国正规教育现代化。教育家们试图以教育实验“塞陈旧之道”“开常新之源”②，像黄炎培倡导“打破平面的教育而为立体的教育，渐改文字的教育而为实物的教育 ”，陶行知主张“改教授法为教学法”等，均属这方面的探索。但是，教育家们很快就认识到，仅将正规教育现代化是远远不够的。一方面，洋化而又昂贵的现代教育不过是当时中国社会中的一朵浮萍而已，对社会变革缺乏深入的影响力；另一方面，救亡图存的任务也太迫切了。“中国现在危亡之祸迫在眼前，万万等不及国民小学的学生长大后再出来为国家担当责任。我们必定要把年富力强的人民赶紧培植起来，使他们个个读书明理，并愿为国鞠躬尽瘁。”③因此，从五四运动开始，教育家们掀起平民教育运动，努力使教育迅速普及于农民。在晏阳初看来，这种教育是“民主国家里最重要、最正宗的教育事业，在中国现状之下，比高等教育、中等教育和义务教育还更重要”④。一开始，平民普及教育的工作重心在于城市地区的平民识字教学，从20世纪20年代中期开始，人们纷纷把眼光转向乡村，开展乡村教育实验。譬如，黄炎培领导的中华职业教育社，在苏、浙、沪的一些乡村创办乡村教育实验区，进行农村教育改进实验；晏阳初领导的平教会，在河北定县等地开展乡村平民教育实验；梁漱溟在山东主持乡村建设研究院，推行乡农教育实验；陶行知创办晓庄师范，推进乡村生活教育实验。乡村教育实验风起云涌，一时蔚为大观。

从城市到乡村，教育实验的这个战略性转移，是与教育家们对农村问题和农村教育的重要性的认识分不开的。教育家们认识到，中国是一个以农立国的国家，农民占总人口的十之八九，因此，无论是平民教育，抑或职业教育，如果不走向农村，不普及于农民，就不能真正推进中国社会的改造与进步。教育家们普遍关注乡村社会由于外来势力的侵入和封建统治的压迫而走向破产这一严酷事实，他

①② 陶行知：《我们的信条》，《陶行知教育文选》，第49页。

③《陶行知书信集》，安徽人民出版社1981年版，第15页。

④ 晏阳初：《平民教育概论》，《教育杂志》卷19、6号。

们对广大农民的衰老、钝滞、麻木及其他种种退化现象，疾首痛心，认定农民素质的提高及其生活基础的改造，是中国社会改造的基础。教育家们试图通过乡村教育实验，改进农村的生活。譬如，中华职业教育社的实验宗旨是："从农村入手，划定区域，从事实验，期以教育之力，改进农村一般生活，以立全社会革新之基。"①晏阳初主张实施四大教育，目的就在于改进乡村生活。梁漱溟则开宗明义地指出："乡农教育的目的只有一个——改造乡村生活；乡农教育的方法也只有一个——去与乡农生活。"②陶行知也指出："乡村教育的政策是要乡村学校做改造乡村生活的中心，乡村教师做改造乡村生活的灵魂。"③教育—乡村建设—社会改造的连环，是教育家们从事乡村教育实验的内心的思想逻辑。

乡村教育实验成了教育家们的思维热点，这可以说是一个共同的思潮，但就乡村教育实验本身而言，则是多姿多彩的。教育家们由于各自站的立场、持的观点不尽相同，因此，所开展的乡村教育实验也各有特色。

陶行知的乡村生活教育实验是以改造农村教育为中心的。陶行知认为，中国乡村教育走错了路，必须根本改造，因为这种教育教人"看不起务农"，"把农夫子弟变成书呆子"，不会生产劳动，只想往城里跑，这是死路一条。"生路是什么？就是建设适合乡村实际生活的活教育。"④陶行知的生活教育理论正是改造农村教育的有力武器，他创办晓庄师范，一方面是要为推进乡村教育改造培养师资，另一方面则是努力将学校办成社区中心，探索农村学校有效改进农村生活的新路子。

黄炎培领导的中华职业教育社开展的农村教育改进实验是以促进农村生产为中心的。黄炎培对教育在乡村经济发展、农民生活与地位改善中的作用深有认识，他认为，改进乡村必须取得农民的信赖，农民所苦者，"贫困第一，病次之，至于教育乃是有饭吃以后的事，先富之，后教之"⑤。因此，职教社的农村教育改进实验坚持把发展生产，发展农村经济放在首位，采取"富教合一"方针。

晏阳初的乡村平民教育运动则着眼于提高国民素质。晏阳初认为："中国真正最大之富源不是煤，也不是铁，而是三万万以上不知不觉的农民。要把农民的

---

① 《教育与职业》，第 76 期。

② 《乡村建设》(乡农建设、乡农学校专号)，第 228 页。

③ 陶行知：《中华教育改进社会改造乡村教育宣言书》，《陶行知教育文选》，第 33 页。

④ 陶行知：《中国乡村教育之根本改造》，《陶行知教育文选》，第 57 页。

⑤ 黄炎培：《我之农村工作经验说》，《断肠集》，第 293 页。

智慧发展起来，培养起来，使他们有力量自动地起来改造，改造才能成功，自动起来建设，建设才会生根，自动起来运动，复兴民族，民族才有真复兴之日。”[①]在晏阳初看来，乡村平民教育运动，便是在最低限度的文学教育的基础上，通过实施文艺教育、生计教育、卫生教育、公民教育等四大教育，使占中国人口绝大多数的农民也成为富有知识力、生产力、强健力与团结力和创建新中国的新民。

梁漱溟的乡农教育实验集政治、经济、文化、教育为一体，以完成“乡村文明”为目的。梁漱溟认为，中国的乡村是中国社会的根本，也是中国文化的根本。因此，中国的建设问题无疑是乡村建设。梁漱溟企图在以伦理为本位的社会条件下，重整乡村组织。在梁漱溟看来，乡村建设工作只能从民众教育入手。他说：“乡村建设运动之做法，即为民众教育，此点毫不含糊，清清楚楚，走民众教育的途径完成乡村建设。”[②]在梁漱溟的乡农教育实验中，民众教育的具体形式是乡学村学。就实质而言，乡学、村学发展起来之后，不仅成为地方教育机构，而且从中分化出乡村基层政权组织，在政治生活上引导、推动农民参加团体生活，关心团体事情。在经济上联合散漫的农民达成自卫和自主，“完成大社会的自给自足，建立社会化的新经济构造”[③]。在文化上，村学通过“采用中国古人的所谓乡约做法”[④]重建中国新的礼俗，进而完成“伦理本位、职业分途”的乡村文明。

概而言之，民国时期的教育家们在开展乡村教育实验时有一个基本倾向，即试图把人的改造与社会环境的改造结合起来，因而以农村农民为主要教育对象，强调整个教育过程与乡村社会生产、生活实际相结合。在教育内容方面，以识字教学为基础，对农民进行农业基本知识和基本技能教育，以便提高农民素质，发展农村生产，改进农民生活。在教育方式方面，把学校教育、社会教育、家庭教育三者有机结合起来，依据乡村的环境、风俗、伦理，因时因地开展不同方式的教育，旨在将整个乡村营造为一个教育环境，培养新的乡村文明。在教学方面，试行“小先生制”“导生传习制”“导友制”，以自学辅导为主，调动农民学习的主动性和自觉

---

① 晏阳初：《中华平民教育促进会定县实验工作报告》，《乡村建设实验》第2集，中华书局1953年版。

② 梁漱溟：《民众教育何以能救中国》，《乡村建设旬报》4卷7—8期合刊。1934年10月11日。

③ 梁漱溟：《乡村建设理论》，《梁漱溟全集》第2卷，第495页。

④ 梁漱溟：《村学的做法》，《乡村建设半月刊》5卷5期，1935年10月15日。

性，把教育过程与农民的生活过程结合起来。这种大教育观无疑较维新派教育家进步。但在实践中，民国时期的教育家们试图通过开展乡村教育实验促进社会改造的一切努力，收效甚微。其根本原因就在于他们不懂得农村中的阶级矛盾和阶级冲突，过分夸大了教育的作用。并且，虽说教育家们为教育实验的开展，荜路蓝缕，但他们的热情并没有永远感动含辛茹苦的乡村小学教师。因此，乡村教育实验在风风火火一阵之后，纷纷偃旗息鼓，远未能深入持久，广泛进行。当然，教育家们的开创性探索，无论从哪个角度而言，都是有益的、宝贵的，值得我们批判吸收。

民国时期的教育家秉持坚定的教育救国信念，积极投身教育活动，于理论和实践两途均有所探索，有所建树，这是这个群体区别于中国近代教育史其他几个阶段教育家的内在特征。可以说，民国时期的教育家是一群现代意义上的教育家。

中国近代大学校长成为教育家的当代意义*

程斯辉

20世纪80年代始，教育界曾有不少人士开始思考一个问题——为什么建国以来没有出现像近代蔡元培、梅贻琦、张伯苓那样的著名大学校长或著名的教育家，并呼吁要造就我们的教育家；近年来国务院总理温家宝多次强调要提倡教育家办学。这些都反映了教育界自身及政府对教育家作用认识的不断深入和国家对教育家的呼唤，也说明社会认可的教育家还不多，我国还没有形成教育家办学的局面。在教育领域，校长尤其是大学校长是最有条件成长为教育家的人物，然而，是大学校长并不一定就能够成为教育家，从大学校长到教育家之间还有艰苦的路要走。当代大学校长怎样才能走向教育家的境界呢？回顾我国近代一些大学校长成长为教育家的历程，其中有着丰富的启示：他们所具备的教育家素养、堪为教育家的成就、达于教育家的标准、成于教育家的奋斗、拥有的教育家精神等等，无疑是当代大学校长走向教育家境界的一面镜子。

一、"教育家"之标准与近代大学校长

在教育界，关于什么是教育家的问题，人们的认识不尽一致。一种意见认为，教育家应该是在前人的基础上提出了一整套开创性的教育理论与思想的人物，如我国古代的孔子、朱熹、王阳明，近代的蔡元培、陶行知，以及外国教育史上的夸美纽斯、赫尔巴特、杜威等。这种意见侧重于教育家思想的影响，是以教育家思想之系统性、新颖性和影响性来评判或衡量教育人物是否成为教育家的。另一种意见

---

* 本文选自《河北师范大学学报(教育科学版)》2007年第9期。作者程斯辉，武汉大学教育学院教授、院长、博士生导师。

则主张把从事过一定教育实践活动的可称之为优秀教育工作者的人都称之为教育家，或者把从事教育理论研究的专家学者称之为教育家。由于对教育家认识的不一致，便出现了当一部分人认为当代中国缺乏教育家的时候，有些人却又发出了中国教育家太多了的感叹。其实，前者对教育家的标准定之过高、过严，如果以此来研究教育家的话，不能反映中外教育发展历史的全貌。后者则又降低了教育家的标准，会导致教育家之过多、过滥，有可能出现类似当今社会将演过一部电影的人即称为表演艺术家、唱过某首歌的人即称为歌唱家、画了某幅画的人即为画家甚至会吃会喝、好吃好喝者也是"美食家"的现象，进而把"教育家"传为笑谈，列为嘲讽的对象。

教育家应该指那些在前人教育实践的基础上进行过富有成效与特色的教育实践活动并为其所处时代培养出许多有用之才的人，以及那些在前人教育思想的基础上提出过独到的教育理论并产生过一定社会影响的人。① 当然，仅给教育家确定一个标准或下一个定义，还不能全面了解什么是教育家。在古今中外数千年教育发展史上有许许多多的教育家，其中不仅有终生从事教育实践与研究的，而且还有众多的政治家、思想家、企业家（实业家）、科学家，以及文学家、军事家，他们关心教育的发展，提出过许多教育主张，对当时的教育乃至对教育发展历史在一个相当长的时期都产生过重大影响。因此，人们又往往把本是某一时期的政治家、实业家、科学家、文学家等称之为教育家。所以，全面地了解什么是教育家，还必须多方位、多角度、多层次地对历史和现实的教育人物进行分类研究和分析。

就宏观而言，教育的发展总是与一定社会的政治、经济、科学、文化乃至宗教有着密切关系的。教育界之外，对教育做出过贡献的人们，又总是从他们所从事的具体职业、所掌管的具体部门与领域来对教育施加影响，促进教育发展。而他们对教育施加影响的时候又往往已经是社会的名流，或是重臣、政府要员，或是有名的实业家（企业家），或是著名的科学家及社会其他行业的知名人士等。从这个角度来讲，可把教育家分为：政治家型的教育家，像我国明代的张居正、清末的张之洞等；实业家型的教育家，如张謇、陈嘉庚等；科学家型（学者型）的教育家，如陈垣、竺可桢等，以及艺术家型的教育家，等等。

从微观看，可把在教育的某一领域从事教育实践或教育理论研究富有成效、

---

① 程斯辉：《当代教育家论》，《教育评论》1991 年第 6 期。

特色与创见的，称之为小学教育家、中学教育家、大学教育家，等等。再具体到教学领域来考察，那些在不同学科的教学与教改中做出过贡献并富于创见的人，可称之为学科教育家，如语文教育家、数学教育家、化学教育家、医学教育家等。

就中观而言，可将教育分为教育实践与教育思想（或教育理论）两个相对独立的方面，相应地在教育实践与教育理论的某一方面做出过突出贡献的人，可称为教育实践家或教育思想家（教育理论家）。教育理论与教育实践的有机结合，主要靠着教育管理，某种意义上讲，教育管理是教育理论与实践相结合的中介。因此，那些从事教育管理并做出过突出贡献的人又可称之为教育管理家（教育管理专家）。还有一些教育家，既有突出的教育实践，又有独创的教育理论，这类教育家又常常是人们心目中所谓的“大教育家”。

还须指出的是，教育家受其时代和所处阶级地位的局限，又有地主阶级的教育家、资产阶级的教育家、无产阶级的教育家、封建主义的教育家、资本主义的教育家、社会主义的教育家等等之分。当然，以上对教育家的分类只是相对的，而不是绝对的，只是就教育家的主要特色或其活动的侧重点而言的。一个人对社会的贡献可以是多方面的，因此，他也就能够集众家或多家于一身。首先是教育家者，也可以是政治家、社会活动家及著名学者。某一时代的政治家、社会活动家、实业家，他也可以是那一时代的教育家。即便在教育领域内部对教育家的划分也是相对的，是教育理论家的，并不是说其没有教育实践活动；是教育实践家的，并不一定就没有教育主张。

根据上述关于教育家的界定和分类提供的思维视野来看近代中国大学校长，我们说在近代大学校长群体中，有许多大学校长尤其是那些优秀的大学校长，他们是当之无愧的教育家。因为他们进行了丰富的、卓有成效的教育实践，为时代培养出了许多有用的人才，甚至是杰出的人才；他们创造了富有特色的办学经验，为当时和以后所借鉴；他们对教育有着自己独到的思考，提出了独到的办学主张和办学理念，对当时以及后世都产生了影响。但是，既有卓有成效的教育实践，又有系统的教育思想，并将二者结合得很好的校长，在近代大学校长群体中所占的比例为数不多，更多的近代大学校长是属于在办学实践上有成绩的校长，如多次出任湖南大学校长并在多所大学担任过校长的胡庶华、河南大学校长张仲鲁、交通大学校长黎照寰、山西大学校长王灵勋等，他们长于实践，很少著述，可谓之教育实践家。近一代有一些校长任职时间较长，管理学校也有自己的一套，但因其办学实践不能超越狭隘的党派利益，故后人不认为其是教育家，如吴南轩、程天放等。吴南轩曾任过清华大学、复旦大学、英士大学的校长，程天放曾在安徽大学、浙江大学、四川大学等大学中出任过校长，但因他们都是国民党C·C系骨干，其C·C系政治色彩太浓，办学过程中党化教育色彩太浓，治校中专制高压性明显，故其治校办学或没有获得当时师生们普遍的认可，或不为后人所称道。那些不仅在当时社会而且在后世都赢得人们称赞的近代大学校长，即被人们称之为教育家的人物，虽有一定的政治倾向或政党立场，但他们在办学治校过程中一般能够遵循教育尤其是大学教育的普遍规律，能够超越政治纷争和党派利益，从国家、民族、人类社会发展的整体利益、根本利益来进行人才培养和学校管理。如北京大学校长蔡元培、清华大学校长梅贻琦、浙江大学校长竺可桢、南开大学校长张伯苓、复旦大学校长李登辉、交通大学校长唐文治、武汉大学校长王星拱、金陵大学校长陈裕光、辅仁大学校长陈垣等人物的办学实践和办学思想，就超越了时间的限制，经受住了历史的检验，而成为同时代人和后人都敬重的教育家。

二、近代大学校长之成为教育家的原因探析

探析近代大学校长成为教育家的原因，要对校长之成为校长的原因和校长之成为教育家的原因加以区分。在众多的候选人中，某人最终被任用或被聘为校长，有其原因。但某人成为大学校长，并不意味着他就能在校长岗位上做出成绩，自然实现由校长向教育家的转变。某人成为大学校长的原因，只是其日后有可能成为教育家的条件之一。因此，近代大学校长之成为教育家的原因，尽管与其成为校长的原因有某些联系，但是，这不是促进近代大学校长向教育家转变的根本原因。近代大学校长群体中一部分校长成为教育家的原因，可以从内外两个方面来把握。

（一）近代大学校长之成为教育家的外部原因

就外部原因来讲，近代社会转型对教育提出的新要求，国家民族危机赋予教育的新使命，政治管理相对松弛为教育改革提供的新环境，思想文化解放运动给教育变革注入的新活力，中西文化教育的交流碰撞为教育发展提供的新借鉴，等等，是促进近代大学校长走向教育家境界、成为教育家之主要的外部原因。

第一，从近代社会转型对教育提出的新要求来看，中国近代处于由传统的农耕封闭型社会向工业化和开放型社会转型的过渡时期，这样一个转型时期对教育提出了不同于以往的新要求。如果说传统的农耕封闭型社会的教育尤其是高等教育主要是培养统治阶级的接班人、为维护统治阶级的统治服务的话，那么走向近代工业化、开放型的社会则不仅要求培养为政治服务的人才，更要求培养促进社会经济发展的实用技术型人才和外向型人才，要求教育为促进社会生产力、经济的发展服务，这就决定了中国的传统教育必须实现转型。

第二，就近代中国的民族危机赋予教育的新使命而言，近代中国一步一步沦为半殖地半封建的过程，使救亡图存成为近代中国的一个主旋律。在救亡图存的近代社会主题下，自然产生了人们对教育救国的诉求，即赋予教育救国的使命。什么样的教育能够救国？显然，传统的以学习儒家经典为主的、依附于科举的旧教育不能救国，以读书做官为目的、只重个人利益的教育不能救国。因此，人们寄希望于学习近代科学的教育、能够促进科学发展的教育来救国，希望教育培养以天下为己任、具有奉献精神、引领社会发展的优秀人才来救国。

第三，从近代社会政治管理相对松弛为教育改革提供的新环境看，中国近代社会的转型，伴随着尖锐的阶级矛盾和民族矛盾，无论是清廷、北洋军阀政府还是国民党政府，都把主要精力放在了应对尖锐的阶级矛盾和民族矛盾上。连年不断的国内战争，使中华民族面临生死存亡的民族战争，迫使不同时期的统治者难以腾出手来对思想文化教育进行过多的控制。因此，这就使近代教育改革、文化发展整体上处于管理相对松弛的环境中，这种环境使教育改革者有了一定的自由度和自主权，这就一定程度上有利于教育改革者的创造性发挥。

第四，就思想文化解放运动给教育改革注入新活力而言，中国近代是一个不断冲破封建旧思想罗网控制的时代。从睁眼向洋看世界、师夷长技以制夷的提出，到“中体西用”，为西学的传播打开一个缺口；从维新运动要求变革政体，到五四新文化运动高举“民主”与“科学”的旗帜，中华民族的现代意识一步一步觉醒，知识分子的主体意识一步一步觉醒，教育者的改革意识一步一步觉醒，最终形成了五四运动前后持续的教育改革运动。

第五，从中西文化教育的交流碰撞为教育发展提供新借鉴来看，近代中国的国门被迫打开之后，伴随而来的是外来文化的不断涌入。在了解和学习西方文化的过程中，中国一批批爱国的热血青年通过留学踏上了西方列强的土地，去学习西方先进的科学技术知识和先进的治国经验。他们在接受西方教育的过程中，也学到了西方的教育思想和办学经验。近代中国留学生中的许多人学成回国后，都怀抱着教育救国、科学救国的理想从事着教育和科学工作。西方教育的许多模式经验，被他们在教育过程中和办学过程中直接地加以模仿或借鉴。

上述五个方面的新情况决定了中国传统教育模式在近代中国社会的极大不适应性。要适应近代社会的新要求，就必须对教育进行变革和改造，这种由近代社会变化引起的近代教育改革浪潮，为近代教育家的成长提供了较有利的环境和机遇。近代中国社会对高等教育提出的新要求与近代高等教育的不适应成为近代高等教育面临的主要矛盾。因此，中国近代的大学校长们一上任便面临着近代高等教育不适应近代社会发展要求的矛盾，他们在办学治校过程中，往往面临着许多矛盾冲突，诸如中西文化的冲突、民主与专制的冲突、理想与现实的冲突、应有与实有的冲突、稳定与动荡的冲突、纪律与自由的冲突、集权与分权的冲突、教育与政治的冲突，等等。这些矛盾与冲突迫使大学校长们去研究和解决，那些直面冲突，勇于挑战，将矛盾和冲突研究得比较透彻、解决得比较好的校长，便走向了成功，实现了由校长向教育家的转变。

（二）近代大学校长之成为教育家的内部原因

能够实现由校长向教育家的转变，主要还是由校长自身素质决定的。在近代大学校长群体中，那些走向了教育家境界、成为了教育家的校长之素质是全面而丰富的。他们拥有扮演主要社会角色诸如社会公民、管理者、知识分子、教育者所应有的基本素质，这些素质为他们走向教育家境界奠定了坚实的基础。再具体从能力、知识、性格及品德等方面考察他们的素质，近代优秀的大学校长在这些方面具有的特征，也正是他们之所以成为教育家的内部原因。

1. 近代大学校长之成为教育家的能力特征

近代优秀的大学校长往往具有敏锐的洞察分析预见能力、及时果断科学的决策能力、勇于改革创新的能力、预防和处置学校事故与突发事件的能力、善于总结办学经验和提炼办学思想的能力。

在近代社会里，各种力量尤其是各种政治军事力量此消彼长，如何在纷繁复杂、变化不定的环境里为大学把稳正确的航向，使师生不至迷航，就需要大学校长有敏锐的洞察分析能力、预见能力和果断的决策能力。近代优秀的大学校长们在洞察古今中外社会发展趋势和教育发展趋势的基础上，往往能为大学的发展指明正确的航向。在这一方面，梅贻琦、竺可桢、张伯苓等人可谓典型。张伯苓在确定学校办学宗旨时反复强调要分析国情，分析民情，把握现代潮流。他很早就洞察到了日本侵华的野心，“九一八”事变之后，张伯苓眼见日本侵略天津、华北的危险形势，就作出了“在国内其他地区创设南开分校以应变”的决定，1936年即在重庆购地筑舍，办起了重庆南开中学。在南开遭日机炸毁的情形下，张伯苓还能从容应对，除将南开大学并入北大、清华重组西南联大继续办学外，在重庆办学不辍，并很快使南开有了新的发展。这不能不说是张伯苓所具有的洞察分析能力、预见能力、决策能力起了重要的作用。

近代一些优秀的大学校长能够在动荡不安的社会里任期十几年甚至更长的时间，一个重要的原因是他们有很强的预防和处置学校事故与突发事件的能力。他们加强平时的建章立制和严格管理，注重校内校外各种关系的沟通，调动教师和学生骨干力量来预防事故和突发事件的发生。当事故或事件出现之后，他们不惊慌失措，而是沉着冷静，机智应对，在这方面，梅贻琦可谓杰出代表。20世纪30年代中期，教育界学潮不断，说不定什么时候就会发生事端，在清华校园，不少人有一种“危机四伏”的感觉，但梅贻琦却总是表现出镇定、从容，因而起到了稳定人心的作用。

近代大学校长中不少人长于实践，善于管理，敢于创新，办学也成效显著，但对于办学经验的总结和办学思想的提炼却重视不够。因此，近代不少办学有成的大学校长没能给后人留下他们办学思想的著述。注重办学经验和办学思想总结、提炼的近代大学校长，蔡元培、蒋梦麟、梅贻琦、张伯苓、李登辉、陈宝泉、郭秉文等属于代表人物。蔡元培重视教育的改革创新，尤其是在北大校长任上做出了具有历史意义的成绩，但他在繁忙之中依然重视教育的研究，重视办学实践经验的总结。他曾专门著文总结他在北大的办学经历，阐述他在北大进行改革的基本思想，这不仅给当时的大学校长们提供了经验，而且为后人研究和学习他的办学思想提供了方便。梅贻琦被认为是沉默寡言的人，但他对自己办学的历史也进行了详细的记述，他撰写的《大学一解》等文章清楚地阐明了他对大学教育的基本看法。蔡元培、梅贻琦这样的大学校长，不仅长于办学实践，而且善于办学经验的总结和办学思想的提炼，这就使他们在近代大学校长群体中能够脱颖而出，成为校长中的杰出代表和被人们普遍认可的教育家。

2. 近代大学校长之成为教育家的知识结构

中国近代优秀大学校长，其知识结构具有中西文化兼容的特质，他们不仅熟知中华的文化传统，而且了解西方的科学技术以及社会的发展趋势。他们之中的一些人不仅有自然科学、社会科学背景和厚实的专业基础，而且不少人主修过教育学、心理学。如蔡元培、蒋梦麟、胡适、张伯苓、郭秉文、陈宝泉、雷沛鸿、许崇清、廖世承等。而他们能更准确地把握办学规律、人才培养规律，能更有效地提炼和总结自己的办学经验，进而形成自己系统的办学思想。事实上，具有教育学、心理学知识背景的校长，他们成为校长之后都能把主要精力投入到办学、办教育上，投入到对高等教育和人才培养的研究上，不像有些校长，身在校长之位，心里却割舍不下原来的学科和专业，由此而影响大学校长职责的公正履行。

3. 近代大学校长之成为教育家的性格特点

性格不是指个人对现实的态度和行为方式上那些偶然的表现，而是指那些稳定的经常性的特征。就与人交往和成就事业而言，性格至关重要。概括近代优秀的大学校长之优良性格，主要表现在以下方面：

深谋远虑。许多优秀的大学校长在办学治校过程中所表现出的深谋远虑，不仅体现在为其主办的学校谋长远的发展，还体现在为国家、为民族谋长远的发展。在为学校谋长远发展上，他们尽可能拓展办学空间，改善办学条件；想方设法加强师资队伍建设，扶持培养青年教师；千方百计加强学科专业建设，并使专业形成特色；同时，注重学校制度建设，努力使学校走上法制的轨道。在为国家、为民族谋发展上，这些优秀的大学校长们注重培养服务社会、奉献社会、引领社会发展的人才，反对简单地培养只知和只能自谋生路、解决个人生计的人才；他们重视科学研究，不仅强调科学研究为社会服务、要能解决社会问题，而且特别重视基础研究和理论研究，为应用研究、实用技术研究奠定基础。

大度宽容。大学之“大”主要体现在其包容性上，而这种包容性又与校长是否具有大度宽容的性格有密切的关系。近代优秀的大学校长性格之大度宽容，蔡元培是最为突出的代表，梅贻琦、竺可桢、陈垣、陈裕光等校长都做到了宽待教师、宽待学者，对教师的教学与研究，对学者的学说和主张不苛求、不挑剔。

守正不阿。近代优秀的大学校长都是富有理想和信念，具有社会责任感、正义感的校长，他们在大是大非问题上决不敷衍苟且。这种守正不阿的性格在蔡元培、竺可桢身上有鲜明的表现。与蔡元培相处过、共事过的人都评价蔡元培具有守正不阿的性格，尽管他大度宽容，但对待大是大非的原则问题则很倔强地坚持着。蒋梦麟曾评价蔡元培："无论遇达官贵人或行车卖浆之流，态度如一。但一遇大事，则刚强之性立见，发言作文，不肯苟同。"①蔡元培这种守正不阿的个性特征，赢得世人的钦佩。守正不阿还表现在一些优秀的校长坚持自己的信念、主张，遇到外力左右宁可辞职也不放弃自己的原则；更表现为日寇侵略占领下不低头、不屈服的民族自尊精神，如陈垣、唐文治、李登辉等。

率直率真。与守正不阿的性格相联系，近代许多优秀的大学校长对待学校的发展，敢于正视不足、差距和缺陷，不文过饰非，不向师生隐瞒真相和困难，对待学校存在的问题，敢于揭示暴露。对待社会问题、政府当局的问题，勇于直言，讲真话、说实话。这种率直率真的性格，尽管会得罪行政当局和权贵，但近代优秀的大学校长并没有去改变自己率直率真的性格。相反，他们将自己的率直率真保留着，给师生一个真实的校长形象，从而更加赢得师生的理解、信赖和尊重。

开拓敢为。近代优秀的大学校长都具有开拓敢为的性格，认准了的事业，即使充满困难也努力为之。不说蔡元培、张伯苓、竺可桢这样的校长之开拓敢为，就说曾为武汉大学校长的王世杰，他为了把武汉大学新校舍建设得坚固，富有美术性、系统性和体现中华民族的特色，克服了经费不足、征地困难、地方政府支持不力和社会有关舆论批评等来自多方面的困难和压力，基本完成了他要使武汉大学有一个系统的、巨大的、美观的新校舍的建设理想。在武汉大学发展史上及中国高校建设史上留下了一笔永久的财富。

坚韧执着。近代优秀的大学校长办学志向高远，但大学发展的现实条件与他们的理想追求形成了很大的反差。为了尽可能实现自己的办学理想，一些优秀的校长在十几年甚至几十年的时间里坚韧不拔、执着奋斗。竺可桢在抗日战争期间率领师生迁徙办学，一迁、再迁、三迁、四迁，历经浙、赣、湘、粤、桂、黔数省，在长达两年多的搬迁过程中，虽历经磨难，但始终坚持教学活动，保护图书仪器，使之几无损失。在艰苦环境中，竺可桢处处以身作则，与师生同甘共苦，并忍受着失子丧妻的巨大悲痛，率领浙大师生坚韧地跋涉向前。近代优秀的大学校长在动乱环境里尤其是在抗日战争极端恶劣的环境里治校办学所表现出的坚韧执着，也是中华民族不屈不挠、不向困难低头之民族性格的反映。

---

① 中国蔡元培研究会编：《蔡元培纪念集》，浙江教育出版社1998年版，第97页。

严慈相济。近代优秀的大学校长对待学生，坚持严格培养规格、严格过程管理、严格进行训练，从不放松要求；与此同时，他们又关心、爱护、保护着学生，对待学生的困难尽可能予以帮助，对待学生的合理要求尽量予以满足。当学生因参与政治运动而面临着遭逮捕下狱之危险时，他们想方设法给予保护，学生被捕后则想方设法甚至以身家性命担保予以营救。这种严慈相济还反映在对待教师的态度上，他们不放松对教师的严格要求，同时又处处关心教师的工作和生活，尽可能解决他们的后顾之忧，关心、扶植青年教师成长。

总之，这些好的性格促使近代大学优秀的校长们改善了与学校、与集体、与师生、与社会的关系，对他们解决治校办学过程中遇到的问题起到了极大的帮助作用。需指出的是，"金无足赤，人无完人"，近代优秀大学校长所表现出的上述优良性格，具体到可称为优秀的大学校长之身上，并不都是完全具备的，即在近代每一位优秀的大学校长的身上其优良的性格也具有差异性，有的在某些方面突出一些，有的在某些方面则鲜明一些。但上述优良的性格特征在优秀的大学校长身上都有一定的表现，只是表现的程度不同罢了。

4. 近代大学校长之成为教育家的品德特征

近代大学校长中的优秀代表都是堪为道德楷模的人物。一是具有公正无私、遵法守约、尊重信任、爱岗敬业的品德。他们公正无私。有人事、财务等方面的最终决策权和支配权，但优秀的校长们没有将其用来以权谋私，而是秉公运用权力，从维护学校整体利益、长远利益出发，从有利于完成大学使命的角度来行使自己的权力，做到了秉公办事，秉公配置人力、物力、财力。他们遵法守约。近代优秀的大学校长们在履行职权的过程中有着遵法守约的良好品德。这既体现在他们贯彻执行政府有关大学教育的法律、法规的过程中，也体现在他们对待学校所制定的各种规章制度的态度上。近代一些优秀的大学校长在政府规定不得兼职的问题上不打折扣，纵使参与一些社会活动也不拿报酬，推不掉者也用来为公，服务学校集体事业。他们尊重信任。在近代大学校长中，有些人受传统之影响，往往在对待管理对象或下属时容易表现出居高临下和盛气凌人，不尊重、不信任下属。而优秀的大学校长则不然，他们对下属非常尊重和信任，分派任务或授权之即放心地让下属去落实，而且还鼓励他们创造性地开展工作。正是这种对下属的尊重信任，才很好地激发出了下属的积极性，实现了校务分掌、责任分担。他们爱岗敬业。近代优秀的大学校长们对自己拥有大学校长职位往往有敬畏、神圣之感，对其承担的责任和使命也多有清醒的认识，在校长岗位上没有尸位其职，而是如王世杰所言："我不是来维持武汉大学的，此行的目的是要创造一个新的武汉大学。"①他们非常敬业，忘我工作，即使外出访问、演讲和参加社会活动也牵挂着他们主持的学校，可谓殚精竭虑，对校长之职位决不敷衍塞责。有的优秀校长如果意识到自己对于学校难有创新时，还会主动请辞，唯恐影响学校事业的发展。

二是具有忠诚博爱、责任奉献、学而不厌、诲人不倦、以身作则等优良品德。他们忠诚博爱。近代优秀的大学校长们有着对教育事业的无限忠诚，他们之中有的是有官不为、有钱不赚，而是终生以教育为职志，而不兼营他事；有着对学生无私的爱，有着对学校深厚的情，还有着对民族、对国家、对人类的大爱。他们具有的忠诚博爱之品德，是他们成为近代教育者群体中之杰出代表即教育家的重要原因。他们责任在身，乐于奉献。近代优秀的大学校长具有很强的历史责任感，他们不仅认识到教育事业对于学生个体、家庭责任重大，而且对于社会发展、民族振兴责任重大。在这种责任心的支配下，他们往往能够把自己的心智、精力以至财产无私地奉献给教育，在教育领域真正做到了只求奉献不求索取。他们学而不厌，诲人不倦。近代优秀的大学校长们是不知疲倦的学习者，不管多忙总是想方设法丰富自己的学识，同时利用课堂、集会、课余，可谓不分时间和场合地教诲学生，指导他们怎样学习，点拨他们怎样做事，启迪他们怎样做人。他们以身作则。近代优秀的大学校长在教育学生的过程中真正做到了要求学生做到的，自己坚决做到，要求学生不做的，自己坚决不做，他们实现了言传与身教的很好结合，因而他们在学生中享有崇高的威望。

三是具有谦虚审慎、求实求真、忧国忧民、清廉高洁的优良品德。他们谦虚审慎。近代优秀的大学校长们尽管是饱学之士，但依然保持着谦虚审慎、虚怀若谷的品德。他们能够正确地对待自己的研究成果，同时也能看到自己主持的学校乃至中国科学研究、学术研究与其他大学、与国际的差距，因而总是能保持积极进取的心态。他们求是求真。近代优秀的大学校长无论是从事科学研究，还是对待教育现象与社会现象，都重视规律的探寻，重视趋势的把握，不被现象所左右，更不被虚假现象所迷惑，能始终保持一份弄清真相、探求规律、尊重规律、遵循规律的品性。他们忧国忧民。近代优秀的大学校长们有很强的忧患意识，这种忧患不是

① 徐正榜，陈协强：《名人名师武汉大学演讲录》，武汉大学出版社2003年版，第109页。

为自己的处境和私利而忧，乃是为学校事业的发展而忧，为学生的健康成长而忧，为人民的命运、为国家和民族的命运而忧。因此，他们不断对师生进行危机意识的教育，提升师生的危机感、紧迫感和社会历史责任感。他们清廉高洁。近代优秀的大学校长们具有清廉、清高、脱俗的品德特征。他们为校长不享受特殊的待遇，不贪占公家一分便宜；他们不屑与社会腐败之人和官场之政客为伍；他们往往爱好丰富，富有情趣和美感；他们不追求奢华的物质生活，但求有丰富的精神生活。

需要指出的是，近代优秀的大学校长的上述素质即能力、知识、性格、品德等方面彼此是相联系的，有时很难进行截然的区分。譬如性格与品德，或性格中此一方面与另一方面，品德中的此一种表现与另一种表现等，彼此也具有联系性和相互渗透性。因此，应整体把握近代大学校长之成为教育家的素质特征。大学校长是否具有上述优秀校长之能力、知识、性格、品德，是其能否实现由校长向教育家转变的关键。

三、当代大学校长如何实现向教育家的转变

拥有校长职位，并不意味着都能干出成绩，是大学校长并不意味着都能走向成功或都能成为教育家。相反，不少大学校长在任上平庸无为，甚至走向失败。怎样才能促使当代大学校长避免平庸，防止失败，走向成功而成为教育家呢？研究中国近代大学校长的成长，以下几点是可供思考的。

第一，要为大学校长施展才华、实现抱负创造宽松的环境。随着社会的发展和改革开放的不断深入，尤其是构建创新型国家战略的提出与实施，政府对高等教育的管理处于不断放权的过程中，对大学的控制由过去的直接已逐步转向间接。应该说当代大学校长在遵守国家法律法规的前提下，有了施展才华、实现抱负的空间。但从把大学办出特色、办出水平的要求看，从培养创新人才、打造创新型学校的要求看，从校长要成为社会主义教育家的要求来看，大学校长可以进行改革创新的环境依然是欠宽松的。目前，大学校长所面临的办学经费紧张的压力、稳定学校秩序的压力、保障学生安全的压力、社会舆论误解甚至苛求的压力、办学条件不足改善困难的压力，以及对大学之多头、多面、多次检查的压力，等等，不是在减少而是在增加。因而当代大学校长往往陷入事务堆之中，处于疲于应付

的状态，而少有时间对学校发展、对人才培养、对大学功能的实现进行战略的、深入的、富有个性的思考和创新，也就很难提出独到的办学主张、办学理念，难以进行富有成效、显现特色的办学实践。由此可知，要使当代大学校长实现向教育家的转变，政府还需要进一步为大学校长施展才华、发挥主动性和创造性创造宽松的环境。

第二，应实行大学校长选任的公开竞聘，赋予师生选择大学校长的权利。这需要大学主管部门尤其是组织部门进行改革。当代大学校长的任用主要是委任制，这种委任制还处于少数人选少数人的阶段，学校广大师生在大学校长被任命之前一般处于不知情状况，因而对谁当校长，也就不予关心。从近代大学校长的任用方式看，尽管有多种任用形式，且不同形式任用的校长都有走向成功的，但综合来看，通过竞聘选任大学校长，并赋予师生投票选择的权利，有利于大学校长的择优，有利于大学校长对“选民”负责和对学校负责，而不只是对任命者或上级负责。其实，通过竞聘，师生投票来选任大学校长，并没有削弱上级的权力，上级既可以确定大学校长竞聘的基本标准，还可以制定校长竞聘的“游戏规则”，上级有着最终的任命权限，只不过是根据竞聘后师生投票数遵循由高到低的原则进行取舍罢了。实行大学校长选任的公开竞聘，赋予大学师生选择校长的权利，对于调动广大师生关心学校、关注校长治校是具有积极价值的。

第三，应赋予大学校长充分的办学自主权。拥有办学自主权是校长能够实现抱负的重要手段，校长没有充分的办学自主权，就不能实现对学校的有效管理，校长的办学理想、确定的办学目标也就难以实现。《中华人民共和国高等教育法》明确规定：高等学校拥有根据社会需求、办学条件和国家核定的办学规模，制定招生方案、自主调节系科招生比例等八个方面的自主权。但至今大部分高等学校还没有自主招生、自主设置和调整学科专业的权力，专业培养计划的制订还受国家对公共课设置指令性要求的限定，等等。这些都表明大学校长在治校办学过程中还不拥有充分的自主权，法律规定的权力也还未落实。同时，《中华人民共和国高等教育法》确定高等学校实行党委领导下的校长负责制，也使大学校长充分运用自主权面临着如何处理好党委领导与校长负责之关系的问题。其实，大学校长之拥有充分的办学自主权，是校长能够有所作为、做出成绩转而成为教育家的关键条件之一。近代一些由校长而成为教育家的人物，如蔡元培、梅贻琦、竺可桢、陈垣、李登辉、张伯苓等，他们在校长任上能按自己的办学理想、办学目标办学，很大程度上与他们拥有比较充分的办学自主权有关。譬如，蔡元培认为北大应办成纯文理的研究高深学问的大学，便把工科从北大分离出去；梅贻琦认为工学重要，便创办了清华工学院；陈垣认为国学重要，便在辅仁加强国学研究和国文教育；李登辉认为为社会培养应用型人才重要，便在复旦创办应用型专业。这些都表明校长要将学校办出特色，离不开办学自主权。

第四，构建大学校长任期跟踪考评制，赋予师生要求撤换校长的权利。赋予校长充分的办学自主权，其目的是发挥校长的才智，使之对学校进行有效管理，将学校办出特色。但近代以来，在大学校长办学治校过程中，也曾出现过有些校长滥用权力的现象：有的校长在学校里实行集权，管理专制；有些校长则任人唯亲，搞自己的小圈子；有的则拥有权力而不作为，使学校发展失去机遇；有的则以权谋私，贪赃枉法，走上犯罪的道路。这些表明，构建大学校长任期跟踪考评制，赋予师生要求撤换校长的权利，对于保证大学校长正确对待和行使权力有着积极的价值。

大学校长的任期，目前还没有统一的规定，一般以 4 年为一任期，可连任。有些大学校长认为 4 年一任期太短，难以做出成绩。从近代大学校长之任期与其成就的关系看，任期短不利于校长创造成绩，但任期长校长也不一定能做出成绩。真正有作为的校长往往在出任校长后 2 到 3 年的时间内就能打开局面，使学校出现新气象。因此，大学校长的任期可以考虑与政府任期同步，实行一届 5 年制，可连任，考虑到教育的特殊性，可实行最高任期不超过 15 年的规定，这有利于大学校长向教育家的转化。为防止校长在任期内不作为或胡作为，学校上级主管部门要实行对校长的任期考评制，这种任期考评制应包括校长任期内的年度述职报告制、年度民主测评制、年度财务审计制、任职中期业绩评估制、奖励制和警示制、问责制等内容。通过任期考评制的实施，以保证校长在任期内积极地、正确地运用权力并有所作为。

当代社会发展迅速快捷，给高校带来了机遇和挑战，校长面临着越来越复杂的不确定环境，如果以维持的心态对待校长岗位，或以冒进武断的方式进行非科学的决策，都会给学校发展带来不利的影响，进而损害师生的利益。因此，为防止校长在任期内的不作为或胡作为，还应赋予大学师生要求撤换校长的权利，即校长的民主测评应面向高校全体师生，至少应面向高校全体教职员工和 3、4 年级学生与研究生，而不是只在少数学校中层干部中对校长进行民主测评；民主测评的结果应通过传媒予以公示，而不是像现在将测评的结果变成师生不知晓的秘密。如果民主测评中有超过半数的人认为校长任职不合格，师生就有权利要求上级主管部门免去该校长职务，重新进行公开竞聘。建立校长任期跟踪考评制，赋予师生要求撤换校长的权利，可以从内外保持对校长行使权力的适当压力，将校长的积极性、创造性激发出来，使校长有作为而不胡作为。

第五，强化大学校长任职的专业化要求。从近代大学校长中一部分转化成教育家的情况看，校长任职的专业化是一个重要的促成因素。大学校长任职的专业化，是指作为大学校长候选之资格应有专业化的要求，譬如是受过专业训练的、有高深学术涵养的学者、教授等，任职后的大学校长应保持专业化。这里讲强化大学校长任职的专业化要求主要是就任职后的大学校长而言的。这种要求应体现在以下两个方面：一是大学校长要有学术追求，即大学校长应从事或保持自己的专业与学术专长；二是大学校长要有教育追求，要从事教育研究，尤其是要有从事高等教育研究的追求，将大学教育、大学管理作为研究对象，使自己成为大学教育、大学管理研究的行家里手。就这两个方面而言，大学校长任职后应把教育追求、从事高等教育研究放在首位，通过对教育的研究，来了解、理解并把握教育规律，把握高等教育的发展规律，把握大学的办学规律。近代大学校长群体中成为教育家的那些校长，就具有这种明显的特征。如果当今的大学校长们把大学校长的专业化要求只停留在自己原有的专业、学术追求上，而不在任期内将自己的研究转向对教育、对高等教育、对大学管理等问题的思考和探讨上，那么，要想实现校长向教育家的转变将是困难的。

第六，大学校长要淡化官员意识，努力提升自己的教育家素养。由于受我国长期存在的官本位思想的影响，实际工作中把校长当官使用，并给予官位级别，这就使我国不少大学校长对行政级别非常在意，并有着急切的追求。在这种追求中，有些大学校长开始习惯于向行政官员看齐，开始在意自己的行政级别。大学校长对行政级别的追求不仅表明其官位意识的浓厚，更重要的是会助长学校管理的官僚化，进而使校长成为官僚型校长，而一位官僚型校长是难以转化为教育家的。因此，大学校长要有正确的自我意识，具有反省、反思的品质。校长在相信自己力量、能力的同时，更要相信下属尤其是广大教师和学生的力量，要注意在学校管理中的分权，注意实施民主管理和参与管理，调动师生的积极性；在相信自己决策的正确性时，也要意识到自己所具有的局限性和不足，对自己管理学校的言行时刻警醒，对自己所能发挥的作用保持清醒的认识。只有回归自己作为人的意识、作为教育者的意识和作为教师的意识，校长才有可能在办学过程中做到以师生为主，做出令师生满意的成绩。

需要指出的是，不同的时代都会产生成功的大学校长，诞生杰出的教育家。但是，在一个可以发挥人的主动性、积极性和创造性的时代，在一个重视人才、重视教育的时代，大学校长有着成为教育家的更大的成功概率和较少的失败概率；相反，在一个不重视教育，不重视人才，不重视发挥人的主动性、创造性的时代，大学校长失败的几率要大于其成功和成为教育家的几率。当今时代，是一个重视教育、重视人才、重视创新的时代，是一个有助于更多的大学校长成为教育家的时代，但愿大学校长们把握住时代发展的脉搏，真正把兴学育才与国家民族的命运、与人类的命运连在一起，把学校管理与学校的命运、学生的命运、教师的命运以及自己的命运连在一起，在使自己作为校长角色取得成功、成长为教育家的同时，促进学生的发展、教师的发展、学校的发展和社会的发展。

呼唤新时代著名的教育家*

刘道玉

中国是一个拥有13亿多人口的大国，在校学习的大中小学生约有2.5亿人，各级学校的教师多达1 249万人，是名副其实的教育大国。但是，教育大国并不等于教育强国。为了实现教育强国之梦，必须采取强有力的措施，其中包括：选拔堪为教育家的人士担任校长，营造自由、民主的育人环境，遵循教育规律办学，立志教育改革与创新，努力提高各类学校的教育质量，进而培养出各类专业领域的杰出人才。为此，必须造就和依靠大批教育家，他们既是有理论素养的教育家，又是笃行教育改革的实干家。

一

教育家在中国是一个沉重的话题，不免勾起了一桩难于忘怀的往事。记得在20世纪80年代末，当时教育部的部长到一所大学做报告，他带着批判的口吻说："有个大学校长自称是教育家，教育家能够自封的吗？他是经过哪一级政府批准的？他是哪个阶级的教育家？"我们姑且不考证那个校长是否自封过是教育家，也不必评论他是否符合教育家的标准，倒是应当对那位部长的讲话进行一番分析。根据我的回忆，国家从来没有颁布过评选教育家的条例，也没有授权哪一级政府审批教育家的资格，显然那位部长是借题发挥，是醉翁之意不在酒。同时，经过拨乱反正以后，中央已经明确提出把全国的工作重心从阶级斗争转向"四化"建设上来，今后不得再搞政治运动，也不得再划分左中右。然而，那位部长却公然要划分

---

* 本文选自《教师教育论坛》2013年第4期。作者刘道玉，原武汉大学校长，现任刘道玉教育基金会会长。

教育家的阶级性，这不是明显地坚持左倾路线又是什么？

什么是教育家？其实，教育家只有在汉语的词汇中才能表现出特殊的意义，而在西文中是翻译不出来的。在英文中，教育家叫 educationalist，也翻译为教育者或教育工作者，就像科学家(scientist)、数学家(mathematician)、物理学家(physicist)、化学家(chemist)、生物学家(biologist)、地质学家(geologist)、哲学家(philosopher)和作家(writer)一样，“家”与工作者是同义语，只是反映人们所从事的职业而已。然而，由于汉语词汇博大精深，教育家与教育工作者的意义就有天壤之别了，同时也反映出中国人对“家”情有独钟的一种心结。

所谓专家，是指对某一门学问有专门研究的人，或擅长某一技术的人。为什么中国人对专家情有独钟呢？在民国时期，专家的称谓并不流行，对专家推崇备至是从 20 世纪 50 年代初“一边倒向苏联”的口号提出以后开始的。中华人民共和国成立初期，面临建设的重任，我们没有建设的经验，于是就请求苏联向我国派遣了大批各领域的专家，从文化教育到工业各个部门，分布在全国各地。据不完全统计，自 1949 到 1960 年，苏联派遣到中国的专家超过 2 万人，仅向教育部门派遣的专家就有 896 人。[1]中国各地为这些专家修建了高级别墅式的公寓，享受着特殊的供应。在建设和工作中，他们一言九鼎，享有不可置疑的绝对权威，这是当时苏联“一长制”所赋予的权力。这一切使人们对专家顶礼膜拜。与此形成鲜明对比的是，美国人对专家的称谓并不以为然。记得改革开放初期，美国一些学者到我国进行学术交流，我们一些教师以“专家”称呼他们，却惹得他们不高兴，说什么是专家，修鞋的，刷油漆的，做木工的，他们才是专家。由此看出，不同的文化理念和习俗，对某一称谓理解的差别竟如此之大，本来是想恭维对方，却引起了他们的反感。

对教育家的权威解释当属英国德·朗特里编纂的《西方教育词典》，他的解释是“指教育领域中知名的研究者或理论家，和具有比教师威信更高的人(他们可能不再当教师，或者甚至从未当过教师)”[2]。从这个诠释可以看出，作为一名教育家应当具有三个特点：一是知名的研究者；二是知名的理论家；三是比教师享有更高的威信。很显然，教育家不同于教师或教育管理者，也不同于教育领域的劳动模范或先进人物，他们应当是属于具有特定要求的群体。同时，教育家又是分类别和层次的，如高等教育、中等教育、初级教育、幼儿教育、职业教育和特殊教育等，在这些领域里都应当有相应的教育家。

这么说来，教育家似乎有一点神秘，包括前面提到的教育部那位部长，也都抱有迷信思想，不然怎么会提出教育家需要政府批准呢！试问：我国众多的科学家、作家、画家、歌唱家和企业家，都是由哪一级政府批准的呢？其实，教育家与这些领域里的行家们一样，他们都是在各自工作或研究领域里自然形成的，当然需要得到同行们的认可，但并不需要经过政府的批准。因此，一个教育工作者，只要他们热爱教育，敢于改革创新，积极开展教育改革实验，在教育研究领域卓有建树，发表了有代表性的教育论著，把毕生贡献给教育事业，那么他们就无愧于教育家的称谓，即使自称为教育家，又何罪之有呢？

对教育家的迷信，不仅中国人有，外国人在看待中国教育家的问题上，也有迷信思想或是抱有偏见。日本有些人评价说："中国五千多年的历史上只有两个半教育家，一个是孔子，另一个是朱熹，那半个就是陶行知。"[3]北京师范大学一个教授的说法是：一个是孔子，一个是蔡元培，教育界其他的人加起来算半个教育家。一个德国著名大学校长也说："中国在民国时期还有教育家，而当代的中国没有。"显而易见，这些评论是极为苛刻的说法，带有极为狭隘的民族偏见，并没有反映我国教育界的真实情况。

应该说，我国无论是古代或是近现代，都有很多很多的教育家。[4]在古代除了孔子以外，至少还有孟子、庄子、墨子、荀子、韩非子、董仲舒、王充、韩愈、李商隐、柳宗元、王夫之，等等。在我国近现代史上，也有数不清的教育家，除了蔡元培以外，至少还有梅贻琦、张伯苓、蒋梦麟、傅斯年、胡适、杨秀峰、徐特立、吴玉章、成仿吾、叶圣陶、竺可桢、陈望道、陈垣、马寅初、蒋南翔、周培源、刘佛年、匡亚明、顾明远、潘懋元、朱九思、林迪生、朱清时、杨东平、朱永新、吕型伟、孙敬修、魏书生、斯霞，等等。

二

一个无可争辩的事实是，虽然我国拥有众多的教育家，但是在国际教育界，有重大影响的教育家却不多。[5]尤其是以独特的教育理论或学说影响世界教育的教育家，我国几乎没有。当我们翻开世界教育史，被列入著名教育家的都是西方人。例如，古希腊的苏格拉底、柏拉图和亚里士多德；捷克的夸美纽斯；英国的洛克、欧文、斯宾塞、怀特海、纽曼、罗素；法国的卢梭、傅里叶、萨特、德里达；德国的赫尔巴特、福禄培尔、第惠多斯、巴西多、洪堡、费希特；美国的杜威、布鲁纳、艾略特、科南特、桑代克、哈钦斯、克拉克、博克、巴斯卡里亚等；苏联的克普鲁斯卡娅、马卡连柯、凯洛夫、苏霍姆林斯基、赞科夫等。这些著名的教育家，不仅留下了他们代表性的经典著作，而且大都亲自参与教育改革的实践，从理论和实践两个方面影响和推动着世界教育的发展。

自洋务运动以来，在“中学为体、西学为用”的口号下，我国从欧美引入各式学堂，后来一部分逐步演变为高等教育机构。很显然，我国的新式学堂和教会大学，基本上都是模仿西方的办学模式。解放以后，在“一边倒向苏联”的口号指导下，我国高等教育实行了“全盘苏化”的政策。在理论上全面推行凯洛夫的教育学说，在实践上全部采用苏联的教学计划、教学大纲和教材。因此，在长达百多年的时间内，我国高等教育要么是欧美模式，要么是学习苏联的一套，基本上没有我国本土的教育特色。20世纪70年代末，经过拨乱反正，我国高等教育开始步入改革开放的时代。当时，上海交通大学、中国科技大学、华中工学院和武汉大学先后掀起了教育改革的热潮，在实践中从不同的方面摸索出了一些经验。但是，实事求是地说，那些改革举措，模仿的多而创新的少，也未能把实践经验上升为理论。从总体上说，我国高等教育依然还是一种混合体，既有欧美的，也有苏联的(如专业设置和专业化的教学)，甚至还有中国古代教育的某些影响，如科举制度和孔子的“学而优则仕”等。

我国教育理论落后，没有出现世界级的教育家，这是不争的事实。[6]在尴尬之余，我们不得不追问：究竟是什么影响了我国出现世界著名的教育家呢？原因当然是多方面的，但我以为主要的原因有三点：

首先，是“大一统”的教育领导体制，制约了广大教育工作者从事教育学研究的积极性，破坏了教育家生长的沃土。所谓“大一统”的教育领导体制，也就是教育集权的领导模式。教育部是我国教育的最高领导与决策机构，它几乎垄断了国家的一切教育资源，把持着一切教育的决策与管理权。在这种体制下，广大教育工作者既不能从事自己感兴趣的教育课题研究，更没有自行开展教育改革的试验空间，所以就不能产生教育家。

教育学既是一门理论学科，又是一门实践学科，既不同于人文学科，也有别于自然科学。教育科学也需要试验，但不同于自然科学的实验，它的试验对象是有生命的受教育者，试验手段是精心设计的教案或教学法，检验试验成功的标准是培育出杰出的人才。依此而论,中国拥有最丰富的教育试验资源,这是任何国家都不可比拟的。按理说,我国应当产生最多的教育家,形成大批教育学派,然而我国却未能出现世界著名的教育家,这是令人痛心的。

与教育家形成鲜明对比的是,全国评选"名师"活动,进行得轰轰烈烈。自2003年开始,国家教育部启动了评选名师活动,其初衷是鼓励教授上讲台。截止到2011年,已经评选了六届全国名师,每届100名,共计评出了600人。从教育界的反映来看,对名师的评选活动并没有获得教育界普遍的认可。存在的主要问题有:一是没有真正地面向教学第一线,官本位比较严重,竟有90%的名师有大学各级官衔,其中20名是"校座";二是没有体现公平竞争的原则,在很大程度上名额还是平均分配的,甚至存在对各地区和不同类型学校照顾的因素;三是重视学科课的教学,忽视对教育学、教材和教学技法的研究。名师,不仅应当热爱教育,具有深厚的学术功底,精通教学的艺术,也应当是一位成功的教育家。但是很可惜,在先后评选出的600位名师中,既没有看到出版教育论著者,也无人进行教学改革的试验,因而他们都未能成为有影响的教育家。

其次,理论脱离实际,教学与教育学以及教育管理与教育学研究相割裂,堵塞了教育家的成长道路。1951年全国院系调整以后,教育学系全部归入师范学院,而且都是研究基础教育,从而使高等教育学的研究成为空白点。自20世纪90年代初高等教育大跃进发展后,全国各大学又一哄而起建立了许多教育科学学院,下属教育学各分支学科的研究所。可是,我国教育界有一个怪现象,搞教育学研究的,不关心教育改革,更没有亲自抓教育改革试点的。全国各级教育行政部门,虽然拥有很大的权力,但他们也少有把教育管理与教育学研究结合起来的,因此从这两类人中都没有出现知名的教育家。

苏联教育学家阿·波瓦利阿耶夫曾说过:"教育领域是一块伟大的试验场地,发展个性,教育技术需随之改变。"[7]西方国家与中国教育界的情况完全不同,欧美国家的教育家,为了实践他们的教育理念,往往都亲自创办一所学校,以检验自己的教育理论是否正确。例如,古希腊的柏拉图,创办了柏拉图学园,以实践他的金字塔的教育模式。学园前后延续了900多年,从中培养出许多杰出的人才,如哲学家亚里士多德、天文学家哥白尼、著名数学家欧多克索斯等。其他试验者也进行了教育改革,包括捷克教育家夸美纽斯创办了夸美纽斯实验学校,美国杜威创办了杜威实验中学,德国黑格尔创办了黑格尔中学,德国洪堡创办了柏林大学,甚至连英国哲学家罗素也创办了比肯山学校，等等。因此，这些人能够成为著名的教育家，正是他们以自己先进的理念指导办学实践，再从实践中把经验上升为理论，是理论与实践结合的光辉典范。

中国没有世界著名的教育家，是因为没有独立自主的办学者，当然也不可能创立新的教育学说。不过有一个人例外，他就是人民教育家陶行知，他本是美国教育家杜威的学生，回国后在东南大学任教。1927 年 3 月，他辞去了东南大学教务长、教授的职务，创办了晓庄乡村师范学校。[8] 他提出了募集 100 万元基金，征集 100 万位同志，开设 100 万所学校，改造 100 万个乡村的愿景。他历时 10 年，培养了许多优秀的学生。但是，由于时局和条件的限制，他的雄伟目标最终没有实现。但是，他在办学实践中，留下了宝贵的教育文稿，被编辑成 18 卷的《陶行知全集》，他不愧是杰出的人民教育家。

除了陶行知先生以外，中国几乎没有为实践自己教育理念而独立的办学者。自 20 世纪 80 年代初，我国先后出现了几次兴办民办学校的热潮，既有中小学也有大专学院。但是，由于我国公立教育是绝对的主体，留给民办教育的空间十分狭小。民办学校既受到政府政策的限制，又受到公办学校的歧视和打压，其创办者只能为生存而奔波，哪有心思和精力摸索教育改革的经验？

再次，狭窄的专业化教育，削弱了教育家成长所需要的广博学识基础。这种局面是两个原因造成的：一方面是自 1951 年全国院系调整以后，我国高等教育全面学习苏联的一套制度，包括按照专业培养人才的方向，致使大学生的知识面越来越窄。我国教育界不少人士质疑专业化培养人才的做法，呼吁实施通才教育，但是争论已经 60 多年了，专业化教育至今仍然在我国高等教育中占主导地位。

另一方面是中学按文理科分班教学，大学按文理科录取学生，这是从 20 世纪 60 年代初开始实行的，目的是为了提升高中的升学率。这样一来，致使文科的学生基本上是"科盲"，而理科学生的人文素质低下。从人才成长的规律来看，人的才华是相通的，而且各学科的知识是互补的，这有利于科学的发展。而我国功利主义的教育，把文理割裂开来，违背了人的全面发展的原则。

一个最显著的例子是哲学与教育学的关系，二者犹如孪生的姊妹学科。什么叫哲学？哲学的英文是 philosophy，它是源于希腊文的 philia（爱）和 sophia（智慧），哲学的意思是爱智，即智慧的科学，而教育学是启迪学生的智慧；哲学起源于惊讶，而教育的目的是要发现学生的惊讶（或好奇）。因此哲学家必须研究教育学，而教育家必须具有厚实的哲学功底。这一点在西方国家体现得尤为明显，他们的教育家不仅是哲学家，而且也是数学家或文学家。古希腊的柏拉图、亚里士多德既是哲学家和教育家，也是数学家；英国的怀特海和罗素，既是哲学家，也是教育家，师生共同撰写了《数学原理》和《数理逻辑学》；德国洪堡也是哲学家和教育家，而且还是语言学家，等等。在西方国家，哲学家与教育家集二者于一身，这几乎是一条普遍的规律。

可是，在中国有一个十分奇怪的现象，哲学家与教育家是鸡犬之声相闻，老死不相往来。我国的哲学家都是从文科班“单科独进”上来的，也基本上是“科盲”，他们既不研究教育学，更鲜有亲自进行教育改革试验的，当然也就成不了教育家和思想家。反之，我国从事教育学研究的一些学者，哲学素养低下，缺乏研究教育学需要的哲学基础。虽然我国拥有众多的教育学研究机构，也有许多教育学的教授，但他们也未能成为有影响的教育家。看来，我国的教育体制到了必须彻底改革的时候了，首先要摒弃为了提高升学率而设立的中学文理科班，大学也不能再按文理科录取学生，唯有通才教育才能培养综合素质的人才。

三

为了提高我国教育在国际上的地位，我们必须造就一批国际知名的教育家，进而创建中国教育学学派。那么，怎样才能造就在国际上知名的教育家呢？热爱教育，认真学习和研究世界教育经典著作，亲身躬耕教育改革的试验田，这些都是重要的前提。

真正做到热爱教育并不是一个简单的问题。有一个资深记者，走访了百多所重点大学，她发现为数不少的大学校长并不热爱教育，而依然钟情于他们的专业研究。这是一个非常严重的问题，一个不热爱教育的校长，怎么能够全身心地投入到教育事业中去，又如何能够办好自己领导的大学呢?！我也从接触到的各地大学生中发现，现在的教师也并不怎么热爱教育，他们是把教师当作一种职业，是为了生存的需要，并没有树立“蜡炬成灰泪始干”的情怀，否则某大学的副教授怎么会说“我是不会认真教学的，那是照亮了别人而毁灭了自己”。说出这样话的人可能是极个别的，但对教学敷衍塞责，把研究生当作打工仔的却不乏其人。更有甚者，体罚或变相体罚学生，摧残学生身心的事件也屡屡发生，这些人配得上称为

"人类灵魂的工程师"吗?

什么叫热爱教育?一个热爱教育的人,他们应当是教育的理想主义者,视学生如爱子,不计工作条件,不顾病痛,不管风里来雨里去,把全部的爱和心血都倾注到学生的身上。深圳中学语文老师马小平,就是这样教师的杰出代表,他在生前曾说过:"干教育这一行,如果不是十分热爱,干得不愉快,而且还痛苦,那就真正要赶紧改行。"[9]他实践了自己的诺言,他坚定地推行英国历史学家汤因比"与灾难赛跑"的教育理念,受到了广大学生们的欢迎。在与病魔作斗争期间,他从千余册藏书中挑出了130篇杰作,编辑出《人文素质读本》,并率先开设出选修课,连续3年被评选为最受欢迎的老师。他以56年的生命和30年教育生涯,谱写出了一个中学老师的教育家梦!

不学习和研究教育经典著作,也是存在于当今大学校长们中的普遍现象,这也是他们不能成为著名教育家的原因之一。我曾经提出了大学校长和管理者必读的12本教育名著,这是借鉴与创新的需要。这些经典著作有:柏拉图的《理想国》、卢梭的《爱弥尔》、夸美纽斯的《大教学论》、福禄培尔的《人的教育》、纽曼的《大学理想》、赫胥黎的《自由教育理论》、怀特海的《教育目的》、杜威的《一个教育学的实验》、洪堡的《关于人的教育理论》、康德的《教育论》、柯南特的《教育与自由》、哈钦斯的《学习型社会》等。为什么要阅读教育经典著作?阅读经典著作,就是与经典著作的作者进行心灵对话,从中呼唤出你自己来。但我敢断言,我国大学校长和管理者们,可能大多都没有读过这些著作,这不能不说是重大的缺失。

教育者必须躬耕教育改革的试验田,这是产生著名教育家的沃土。教育是一块伟大的试验场地,这是教育家们的英雄用武之地。纵观世界教育的历史,正是一批又一批的教育改革躬耕的试验者们,以他们的教育理论推动了教育不断向前发展。然而,中国少有这样的拓荒者和试验田的躬耕者,这是我国不能产生世界教育名著的主要原因。这也是东西方人思维方法的差别。中国人思维方法特点是整体性和辩证性,而西方人思维特点是个体性和逻辑性,因而西方人更愿意通过试验认识事物。一个非常典型的例子是苏联著名教育家W.A.苏霍姆林斯基,他仅仅只是师范学院函授部语文科的毕业生,先后担任过小学、中学教师,担任帕夫雷什中学校长26年。为了推动教学改革,他曾教授过这所中学除体育课以外的所有课程,以取得第一手的经验。一个语文科出身的人,要讲授文理各科的课程,这该需要多么顽强的毅力呀!通过改革试验,他总结出了丰富的经验,出版了

41部著作，发表了600多篇论文，1 200篇童话和故事。这所中学就是他躬耕的试验田，他获得了丰硕的成果，他在教育理论和改革实践方面的成就是惊人的，是一位创造了累累硕果的著名教育家。他的著作被翻译成世界多种文字，广为流传于世界各地，是世界教育学界的泰斗。

总之，一个教育家既要有“见”又要有“行”。“见”是远见、创见，真知灼见，这是成为教育家的灵魂。所谓的“行”，就是行动，言传身教，要笃行不移，做到“知”和“行”的统一。J.A.熊彼特是奥裔美国经济学家，他于1912年，年仅29岁时创立了创新理论，一时声名鹊起。他于1950年1月8日逝世，在弥留之际留下了遗言：“行动——光有理想和理论是不够的，只有行动起来，努力改变现状才是真正对理想的拓荒。”[10]由此可见，付诸行动的教育改革实践，对一个教育家的成长来说是何等重要啊！

营造自由研究和探索的氛围，开展百家争鸣的教育改革实践活动，鼓励大胆开拓和创新，这是教育家成长不可缺少的环境。自由是人唯一的自然权利，是人类永恒的追求，任何人都无权剥夺。英国《自然》杂志网站曾提问：中国大力驱动创新战略，但反观现实，存在巨大的差距，瓶颈到底在哪里？从根本上说，创新还没有真正形成一种文化。何为创新文化？它主要表现有三点：一是创新的社会风气浓郁；二是创新实体遍布；三是创新成为人心所向，当创新成为人们心中的一个情愫和价值追求时，这时创新就步入高境界了。[11]

真正开创性的科学研究，应当是以个人的好奇和兴趣来驱动，而不是以某个集团的利益去推动，因为任何重大的科学发现和发明，最初都是源于个人的新奇的思想。因此，尊重个人的好奇和兴趣，保护“异端邪说”，鼓励研究者大胆冒险和实践，这是创立教育学新理论和建立新学派的重要保障。如果要真正追求真理，最好做一个永远持异见的学者，因为只有异见才会有创造，只有异见才有光明的未来。[12]

可是，我国并没有这样的氛围，既没有研究者的高度自由，也没有真正的百家争鸣。学术领域里的计划经济思维和长官意志依然严重，往往设置某些人为禁区，使人们望而生畏，谁还敢闯入研究领域未开垦的“处女地”！特别是教育学，需要大力解放思想，无论是公办学校还是民办学校，都要允许改革试验的探索，唯有如此，才能创立我国教育学的新理论，才能涌现出世界级的著名教育家！这是现今时代的需要，是创建中国教育强国的需要！

参考文献：

[1] 李涛.建国初期苏联教育专家来华的历史考察[J].山西大学学报(社会科学版),2006(1).

[2] [英]德·朗特里.西方教育词典[Z].上海:上海译文出版社,1988.

[3] 田慧生.走出缺乏教育智慧的困局[N].中国教育报,2007-02-08.

[4] 中国现代教育家编委会.中国现代教育家传(第1—8卷)[M].长沙:湖南教育出版社,1986.

[5] 顾明远等.当代教育家离我们有多远[N].中国教育报,2004-09-12.

[6] 刘道玉.中国为什么不能产生著名教育家[J].教育评论,2003(6).

[7] [苏联]阿·波瓦利阿耶夫.未来教育面临的困难与挑战——面向21世纪教育国际研讨会论文集[C]//联合国教科文组织.北京:人民教育出版社,1991.

[8] 华中师范大学教育科学研究所.陶行知全集(第二卷)[M].长沙:湖南教育出版社,1985.

[9] 曾鸣.一个中学教师的教育家梦[N].南方周末,2012-02-10.

[10] [美]杰克·贝蒂.吴勇等译.管理大师德鲁克[M].上海:上海交通大学出版社,1999.

[11] 于新东.创新离我们有多远[N].学习时报,2013-03-14.

[12] 康慨.永远的异见者[J].新闻周刊,2003(10).

当代教育家的社会责任*

杨九俊

雨果在《纪念伏尔泰百年忌辰讲话》中写道："一百年前的今天，一颗巨星陨落了。但他是不朽的。他拥有长寿的岁月，留下了等身的著作，还挑起过最荣耀的、最艰巨的责任，即培育良知，教化人类。"①雨果其实也写了自己。1885 年 6 月 1 日，法国巴黎万人空巷，近 200 万人，整个法国都在为一个人送葬，这个人就是雨果。雨果亦如伏尔泰，高举社会责任感的大旗，成为国家、欧洲乃至世界的良心，得到了人民永远的热爱和怀念。

在讨论教育家，追望前贤时，我们发现，蔡元培、陶行知、晏阳初，等等，一个个伟大的名字，都是与社会责任感紧密联系的。今天，提倡教育家办学，首先就是要求我们如同教育家，或者多少有些教育家的意味，尽到自己的社会责任。这个问题可以从三个方面展开讨论。

一、教育家需要什么样的社会责任感

教育家的社会责任感由一些基本的元素构成：

1. 教育家的社会责任感是一种文化自觉

自觉，就是我们知道在做什么事情，主动积极地去做。教育家的自觉意识，往往来源于对教育价值的深刻认识。陶行知在大学毕业时就认识到，"人民贫，非教育莫与富之；人民愚，非教育莫与智之"，"不教育其群者，必受外侮，而臻于之"。

---

* 本文选自《江苏教育(教育管理版)》2008 年第 9 期。作者杨九俊，特级教师，研究员，江苏省教育学会会长。

① [法]维克多·雨果著，周瑛译：《雨果散文精选》，长江文艺出版社 2013 年版，第 217 页。

于是，陶行知在办教育的过程中，表示“哪怕卖掉裤子也要坚持下去”，“穷到要饭也要办教育”。自觉，还往往来自使命意识。20世纪初，儒学遭受灭顶之灾，梁漱溟挺身而出，砥柱中流，竭力扶大厦于将倾。自觉，还可能来源于对于知识的责任。罗家伦说知识的责任包括对思想负责。季羡林先生在德国哥廷根大学读书时，瓦尔特·施密特教授常常为他一个人讲授印度学。二战爆发，导师应征入伍。已经退休的原印度学讲座教授西克年逾八旬，重返讲坛，并把毕生绝学教给这位东方学子，其中包括用20年时间才解读出来的吐火罗文。如果征求意见，季羡林可能不一定学吐火罗文，但西克教授不由分说，一定要教给他，正是知识和知识分子的责任所致。

2. 教育家的社会责任是一种角色意识

在汶川地震中，我们看到了一批校长、老师为了保护学生，顾不上自己的安危，献出自己宝贵的生命。这是角色意识使然。蔡元培先生出任北京大学校长之前，北大前身京师大学堂还是封建主义的一统天下，一些教师不学无术，热衷于攀龙附凤，学生中的富豪子弟带听差，打麻将，吃花酒，逛妓院。社会上曾将它与北京上等妓院集中区“八大胡同”和参众两院，并称为“八大胡同两院一堂”，可见其腐败混浊的程度。蔡元培先生就职后，大刀阔斧，坚持解聘后台强硬不学无术的教员，留用和聘请了一批像李大钊、陈独秀、鲁迅、沈尹默、刘半农、马寅初、钱玄同、陈垣、李四光、马叙伦等左派和进步人士，大胆地“仿世界各大学通例，循思想自由原则，收兼容并包主义”。在蔡元培的倡导下，学校成立了由李大钊、邓中夏主持的“少年中国学会”“马克思主义研究会”等多种学会以及“新潮社”等社团组织。由陈独秀、鲁迅等七名编委轮流编辑的《新青年》杂志，畅销全国，成为一代青年的向导。蔡元培亲自批准一位勇敢的女性王兰（王昆仑的姐姐）入校当旁听生，最终赢得女禁开放。学生中的种种不良习气大为改观，研究学问，追求真理，关心国家民族前途的越来越多。蔡元培先生倡导的科学与民主思想，为轰轰烈烈的五四运动开拓了道路。北京大学一时间成了中国社会前进的灯塔。杜威在评价世界大学校长时，曾说过，蔡元培先生对中国社会进步的影响力，是其他世界著名大学校长无法比拟的，这是因为蔡先生把“北大校长”这个角色做得有声有色，做得无愧社会，做得名垂青史。

3. 教育家的社会责任感还应当是一种国家思维

真正的教育家都应当急国家之所急，想人民之所想。“近代留学生之父”容闳，曾就读于美国耶鲁大学。“整个大学期间，中国可悲状况时时出现在我的脑海中，那令人痛惜的一幕幕，使我的心情一直都很沉重，特别是到了最后一年，我的心情更加压抑。……我决心要做的事就是：中国的年轻一代应当享受与我同样的教育利益；这样通过西方教育，中国将得以复兴，变成文明富强的国家。我的志向就是实现这一目标，而此目标犹如一颗明星，时刻指明我前进的方向。我竭尽我的全部智慧和精力朝着这一目标奋斗着。”①毕业后，容闳一直致力于中国留学教育事业，历时 18 年，终获成功。在当代讨论“国家思维”还有另一层内涵，即现实生活中，很多校长、老师也是非常负责的，但许多人是为一种短视思维负责，为部分“家长思维”“校长思维”负责。所有的教育只是为了学生参加高考，干着牺牲学生终身发展的蠢事。强调“国家思维”就是要真正从国家根本利益着想，从民族振兴的未来着想，坚持国家的教育方针，努力把国家的需要和学生本体的发展内在统一起来，贯彻教育方针，遵循教育规律，才是真正尽到了我们社会责任！

二、当今教育面临的历史使命

在当今教育界，我们应当在哪些方面尽到社会责任？有教育家追求的校长的社会责任感用武之地何在？

1. 做一个精神高贵者，办理想的教育

精神高贵者与精神中庸者有什么区别？雅斯贝尔斯有过一个分析，他认为，前者会昼夜不停地思考，并为之形销骨立，后者则将工作与自由时间分开；前者有冒险精神，能静听内心细微的声音，并随着它的引导走自己的路，而后者则要别人引导，要别人为他订好计划；前者有勇气正视失败，而后者则要求在他努力之后就有成功的保证。事实上谁也不会给这种保证，因此，他们也很少做出努力。江苏海门市东洲中学张炳华校长的教育信条是以灵魂唤醒灵魂，以思想孕育思想，以素养托起素养。精神高贵者一定能培养更多的精神高贵者，现在应试教育已经到了无以复加的时候，尤其要呼唤精神高贵者的出现，呼唤理想的教育。办理想的教育，底线就是如锡山高中的唐江澎校长所说：忠诚——忠诚于国家教育方针，忠

①《容闳自传》，百家出版社 2003 年版，第 44—45 页。

诚于国家课程方案。从规范做起，在规范的基础上创造，办理想的教育，办大气的教育，从容办教育，真正培养出民族的脊梁。

2. 在信息化背景下，深入推进教育变革

这是所有教育面临的问题，基础教育亦不能例外。信息化风起云涌，带来人们生活方式的重大变化。根据有些国外学者的见解，起源于希腊的书写时代，其文化意义是地方的；起源于意大利的印刷时代，其文化意义是西方的；起源于美国的视听时代，其文化意义是全球的。在万维网上，“主体间性”得到最普遍的体现，因为网络社会就是个性间的共在。汪丁丁等学者认为，万维网带来的变化，一是超文本的出现，二是网络记忆逐渐代替大脑记忆。而我们置身于信息化，面对万维网，仅仅把它当作一种工具，这是远远不够的。怎样在“我与它”的关系的基础上，不断激活网络世界中潜在的主体性？形成“我与你”“我与我”的关系，怎样适应万维网带来的深刻变化？改变教育方式，创新学习方式，我们有很长很长的路要走。

3. 真正以学生发展为本，创新人才培养模式

当前，中小学尤其要重视两个问题。第一，要改变师生的生活方式，还师生自由时间。马克思认为，时间是人的发展空间，自由时间是人的主体性的确证，是人的自主、全面发展的必要条件。学生学习的时间应是制度性时间与选择性时间的有机结合。选择性学习往往都是自主性学习、探究性学习。何况我们还应有时间让学生自由支配以得到更多的发展呢！所以，现在讨论人才培养模式的创新，很重要的一条就是以师生拥有合理的自由时间为前提。第二，创新人才培养模式要以课堂教学改革为重心，在现阶段，课堂教学是学校教学的重头戏。关注课堂，提高质量，在相当长的时间内都是改革深化的重点。从共性角度看，课堂教学要关注基础目标的达成度，有效思维的时间长度，情感内化的深度，教学个性的亮度。

4. 在大众教育的背景下，创造适应学生发展的教育

我们的教育在规模、数量上，已经实现从精英教育向大众教育的转变。精英教育转向大众教育，最深刻的变化主要是，要从学生适应学校、适应教育，转而成为学校和教育适应学生。现在学校的教育规模较大，班容量较大，指向学生个体的教育是远远不够的。当前要认真研究在班级授课制的情况下，将共性的学习和个性化的学习结合起来，个体学习与合作学习结合起来，课内学习与课外学习结合起来，教学要关注不同层次的学生，要学会为特殊的学生制定教育教学的方案，上不封顶，下要保底，使每个孩子都得到充分的发展。

5. 积极培养学校的课程能力

从我国基础教育课程改革的顶层层次来看，课程管理的改革是基于分权的。新课改建立国家、地方、学校三级课程管理体制，普通高中课改更是要求培养学校课程自主权。课程改革是一个由上而下与由下而上相结合、相呼应的过程。如果只有顶天，没有立地，如果课改不在学校层面扎根、生长，那么就意味着失败。学校是课改发生的基本单位，是课改多主体中的核心主体，是课改积极可能性生成的土壤，当前课改的瓶颈一方面是某些评价制度改革不到位，另一方面就是地方和学校课程能力不足，因此要大力加强学校课程能力建设，学校要在课程规划、课程实施、课程资源开发和配置、校本课程设计、课程评价、课改调整等方面，形成能力，确保课改落到地上，生根开花。有一批学校在课改中脱颖而出，无一例外都是因为这些学校形成了较强的课程能力，大批学校应当跟进，在课程能力建设中创造新天地。

6. 与社区融为一体，真正实行开放式办学

当我们接触到西方中小学时，我们都会感受到人家办学的开放性，学校与社区是互动相融的。我们也有这样的探索，比如江浦五里行知小学的杨瑞清校长，他的教育哲理是“人人都是办教育者，人人都是受教育者”，师生与村民形成一个发展的整体、管理的整体。但这样的典型是极少见的，大多的学校以围墙隔绝与社区的联系，精神的围墙则更高。现在不少学校在探索校本管理。校本管理的主体是学校利益相关者，其中有校长、师生，也有教育行政部门和社区民众。办现代教育一定要突破围墙，融入社区。美国旧金山的一位教育主管，每个学期都有深入学生家庭的家访计划。如果我们感到与社区融合在制度、文化上还没有到时候，就学学这位“老美”，每学期有计划地家访，应该说不是很难。我坚信，只要坚持这样做，一定会给我们的办学带来许多新的气息。

7. 把学校建设成学习型组织

彼得·圣吉在《第五项修炼》出版后，又于 2000 年推出了《学习型学校：献给教育工作者、家长和所有关心教育的人的第五项修炼》，其中的很多思想都会给我们带来深刻的启迪。我们要注意的是，讨论学习型学校，不能仅仅从管理学角度，同时也应该从教育学角度，把握学习对一个组织发展的意义。从管理学的角度，也应在本质意义上把握，比如我们在谈论共同愿景时，都会重视集思广益，但不少校长的“讨论”，只是征求意见，只是一种管理的策略，学习型学校建设要求进行深

度会谈，要求会谈双方或各方有思想的充分自由。有创见的见解能够如泉流涌出，汇合在一起从而形成共同愿景。生物学家刘易斯·托马斯在科学研究中惊奇地发现："群体拥有自己的智慧，自己的能量，一个结构有序的群体就是一个相互作用的磁场。"学习型组织这样的群体虽然由若干个体组成，但具有与个体不同的性质与特征，这样的群体不是个体数量的相加，可以通过合理的结构凝聚成一个整体，从而具有了整体的性质和特征。要把学校建设成学习型组织，需要我们在学校精神层面、愿景层面、管理层面、文化层面，进行真诚的富有成效的探索。

8. 处理继承与创新的关系，建设百年名校

我们有很多百年名校，这些学校怎么发展，是我们应当给予关注的。苏州有一种工艺品叫双面绣，百年名校就是要织成双面绣的艺术品，就是要实现古典与现代的完美结合。教育本身是一种文化传承，百年名校在这方面最有条件，资源最丰富。文化传承一旦跟一些社会组织，特别是学校这样的组织融合在一起，与具体的物质环境、建筑空间融合在一起，就看得见、摸得着，感受深刻。百年名校的建设是一篇文章，需要我们充满深情地、富有创意地写好。

三、我们怎样去落实社会责任

以上谈了八个方面，都是富于挑战性的，当然还可以列举一些，这说明我们创造的空间很大，时代需要大批具有社会责任感的教育家，或者是"在路上"的前行者，无论从哪个方面突破，"教育家们"都会坚持一些基本的东西。

1. 坚定信仰

信仰是人生前进的灯塔。情怀生成信仰。陶行知的"捧着一颗心来，不带半根草去"，是其人生的一根红线，是其教育思想的灵魂。马寅初人在校园，心系苍生，思考的是理论，关注的是实际，着眼的是中国，辐射的是世界，探索的是历史，透视的是未来。正是博大的情怀成就了这样一位"马克思的'马'"！思想支持信仰。教育家应当有深邃的思想。林贤治写陀思妥耶夫斯基：深邃的灵魂比峡谷还深，多少人谈陀思妥耶夫斯基，一望不见他那黑暗的底部，然而却又同时感受到从谷底升腾起来的温暖的雾气。肤浅难以形成伟大的信仰。作为教育家，思想的湖泊里，应当包容了对教育的深刻理解，应当有自己成熟的教育思想。执着是信仰的标识。有了内在的信仰，就会有外在的执着，就会有卓尔不群的高贵气节。陈

寅恪“独立之精神，自由之思想”，顾准成为“用鲜血做墨水的笔杆子”，陶行知办教育如同“背着爱人在游泳”都是因为信仰而人格闪光。

2. 绘制蓝图

教育家的改革蓝图应当有前瞻性，应当是理想教育的设计图纸。巴尔蒙特说：“为了看看阳光，我来到世界。”天降大任于斯人也，教育家的蓝图应当有朝霞般的灿烂作底色。教育家的蓝图，又应当有凝聚力，应当是一个团队共同愿景的生动表述。当然还应当具有可操作性，应当立足现实，切实可行，或者是创造条件后具有可行性。

3. 反思实践

教育家的改革是需要坚持科学精神的，因此在教育实验的过程中要大力提倡科学精神。应当不断怀疑，不断追问，不断调整，不断完善。只有这样，我们才能追寻到生命的意义，才能真正感受到太阳每天都是新的。

4. 学会传播

影响力是衡量教育家的重要标志。在改革中我们要做的：第一，用事实说话，高质量的改革成就就是最好的证明。第二，要勤于记载。苏霍姆林斯基在繁忙的教育与管理之外，以顽强的毅力从事研究，坚持写教育日记，并针对 3 700 名学生作个案记录，他能详尽地说出 25 年中对 178 名“最难教育”的学生所进行的工作和学生曲折成长的过程。如果没有勤奋的记录，苏霍姆林斯基很难成为教育大家。杨瑞清从教以来写了 140 多本教育日记，可能是难以替代的重要研究资料。第三，善于提炼。提炼的过程是一个反思的过程、总结的过程、提升的过程，精当的提炼还会大大增加改革成果推广的可能性。洋思中学的先学后教，东庐中学的讲学稿，都是在实践中逐步提炼，逐步完善而成的，精当的概括对推广他们的经验起了很大的作用。第四，学会传播。在信息化时代，利用各种平台，传播自己的思想，在传播中不断完善自己，也是非常重要的。酒醇香门面又好，自然会产生强大的影响力。

新时期教育家的成长之路*

顾明远

《国家中长期教育改革和发展规划纲要(2010—2020 年)》里提到:“创造有利条件,鼓励教师和校长在实践中大胆探索,创新教育思想、教育模式和教育方法,形成教学特色和办学风格,造就一批教育家,倡导教育家办学。”

为什么要提倡教育家办学?其意义首先在于让全社会都来重视教育。很多行业都有“家”,如歌唱家、艺术家、作家、科学家……我国现阶段,包括大中专院校,共计 1 539 万教师,需要出现一批教育家。第二,是要鼓励广大教师和校长不断努力,成为教育家。我们有一批优秀的教育工作者,一辈子献身于教育事业,培养了大批的人才,有自己的教育思想,可以是当之无愧的教育家了。但是,我们的社会却没有给予足够的重视,往往把教师看成一个很平凡的职业。第三,是要吸引优秀的青年从事教育工作。懂得教育规律的教育家办学,就能够使每一个教师真正发挥才能,这样会吸引一批有志青年参与到教育事业中来。

一、如何成为教育家

一名教育家,首先是长期从事教育工作,热爱教育事业,热爱孩子;其次在工作中敢于研究和创新,有自己的理论见解和思想体系;第三是经验丰富,有自己的教育风格,在教育界有一定的影响,被广大的教师所认可。

如何成为教育家呢?2014 年 9 月 9 日,习近平总书记同北京师范大学师生

* 本文选自《河北师范大学学报(教育科学版)》2016 年第 6 期。作者顾明远,北京师范大学教授,中国教育学会名誉会长。

代表座谈时提到，好老师的四条标准是：理想信念；道德情操；扎实学识；仁爱之心。[1] 这也是成为教育家的标准。

第一，理想信念。这里有两层意义，第一层是教育工作者对我国社会主义的路线、政策、制度的信念，要坚持走社会主义道路。如果老师没有这样的信念，怎么教育学生走社会主义道路，怎么教育学生热爱我们的祖国，怎么实现我们中华民族的伟大复兴？第二层是对教育事业的信念。教育事业不是一般的事业，教师职业不是一般的职业。教育事业从大处说关系到民族的未来，关系到我们国家的兴亡，关系到我们培养的下一代能不能成为国家的栋梁，能不能担负起我们国家发展的重任；从小处讲，关系到一个家庭的幸福；对一个孩子来说，关系到他的一生。

第二，道德情操。人民教师作为社会的公民要有公德，要有一般人的道德、一般人的公德，同时还应该有教师的师德。教育部也出台了关于师德建设的相关条例。所谓师德最重要的就是四个字：敬业爱生。敬业是对我们的职业勤勤恳恳，有充分的认识，不断钻研；爱生就是爱每一个学生。要真正提高师德，就要提高教师的专业水平。

第三，扎实学识。什么是扎实的学识？既要有学问，还要有见识，有眼光，有广阔的视野。所以，我们的基础教育教师校长培训，重要的是提升教师校长的认识。我们过去的培训效率不高，就是因为常常就事论事，如怎样提高考试成绩，怎样应试，怎样猜题，这种培训是培养不出教育家的。所以，重要的是要培养我们的教师校长，有正确的教育思想，懂得教育规律，有理论思维。要重视理论学习，要读点教育史，以史为鉴。列宁说过，没有理论的实践是盲目的实践。毛泽东历来重视理论的学习，在战争年代，他给抗大学员讲《实践论》《矛盾论》，就是用理论思维来武装我们的干部，就是让我们的干部懂得用理论思维来思考问题，就是强调理论对实践的指导价值。

第四，仁爱之心。教育事业就是爱的事业，我们要爱每一个孩子。“没有教不好的学生”，应该是我们每一个老师的信念。当然不同的孩子，天赋不同，家庭环境不同。除了残疾以外，每个孩子都能教好。即使是残疾的儿童也有健康的地

---

① 习近平总书记2014年9月9日同北京师范大学师生代表座谈时讲话：《做党和人民满意的好老师》。

方，也要挖掘他的潜能。所以，仁爱之心就是相信每一个孩子都能成才，关心每一个孩子。总书记说，我们不能因为我们喜爱哪个孩子就关心哪个，而是要关心每一个孩子，“不要把学生分成三六九等”。

著名教育家吕型伟概括得很好：教育是事业，其意义在于奉献；教育是科学，其价值在于求真；教育是艺术，其生命在于创新。

教育是最幸福的事业。因为看到儿童的成长，你会感到无比幸福，所以教师是最幸福的人。虽然目前教师的社会地位还不高，工资也不高，但是，从精神上来讲，我们看到每个孩子成长了，就有一种成就感、幸福感。所以我们教师应该是最幸福的人。

当前我们的教育正在遭遇多元文化、多元价值的挑战，社会各种思潮通过各种信息媒体向我们的青少年涌来。所以，我们要用正确的人生观、世界观、价值观来引领学生。2016 年“教师节”，习总书记到北京八一学校视察的时候也讲到：老师是引路人。作为学生的引路人，要用正确的人生观、世界观、价值观来培养学生，使我们的学生不至于迷失方向。特别是在当前互联网时代，学生可以通过各种渠道获得信息，我们更要指导学生学会筛选正确的信息，不迷失方向。

二、教育家应信守的教育信条

一个教育工作者，要不断总结自己的教育实践，发现教育规律，确立自己的教育信条；教育家，要坚持按教育规律指导自己的教育实践，要树立科学的教育信条。[①] 我认为最根本的教育信条有：

（一）没有爱就没有教育

我们要爱每一个学生，但是什么叫爱学生？并不是每一个家长和老师都能理解的。老师体罚没有完成作业的学生，有的甚至让同学体罚同学，说是为了孩子好，为了他将来能成才，是恨铁不成钢。我们的家长把孩子各方面照顾得都很好，是不是就是爱孩子？这是值得我们好好研究的问题。老师对学生的爱应该高于父母的爱，这种爱，是对民族的爱、对未来的爱，而且是不求回报的爱。

---

① 顾明远：《中国教育路在何方》，人民教育出版社 2016 年版。

真正的爱，首先要相信每一个学生，相信他们都愿意努力、都能成功。相信是具有能量的，只要你相信学生，相信每一个人都能成才，那么，学生就能把老师的信任变为动力，走向成功成才。第二要了解学生，了解每一个学生的需要，了解他遇到的困难，了解他为什么犯错误，找到了这些问题的根源，很多问题就能解决了。如有时候学生跟老师顶起牛来了，就是因为不了解。老师看见学生犯错误了，就往往找他谈话，想要说服教育他，结果越说越不服。就是因为不了解他为什么如此。第三是沟通。有的家长说："我的孩子五年级了，怎么就不愿意跟我沟通说话呢？小学一二年级还跟我讲学校里面的事情，到了五六年级什么都不跟我讲了，为什么？"这是因为我们很多家长和老师，不等孩子把话说完就开始批评他，请问还怎么沟通！所以，沟通要有耐心，要倾听对方讲话，跟对方平等地讨论、对话。最后，也是最根本的一条是尊重，尊重学生的人格，不伤害学生的自尊心。要平等对待每一个孩子，不偏爱、不歧视，不要把学生分为三六九等。

十多年前《山西日报》曾刊发了一篇文章《谁毁了我的一生》，这是一个女孩子的亲历：她通过努力由一所普通初中考上了重点高中，一次英语课上，英语老师让她读课文，她读得不太好，老师就用语言讽刺她，说像你这样的学生怎么能考上我们这重点学校！过了两个礼拜，老师又让她读，她更紧张了，读得更不好了，老师又羞辱了她一番。本来是一个很优秀的学生，结果所有的功课从此一落千丈，这个好孩子因此一蹶不振。这个学生的经历很让人难过。所以，什么叫爱？什么叫真正爱学生？绝不是只要让学生考上大学就是爱他。

还有一个例子，北京某学校一名学生到美国去读书，学成回来以后，送给母校一个放大镜。他说，在他的母校，老师就像放大镜，让他找到了自己的优点，使自己能够很好地成长，是老师用放大镜发现了自己的优点，让自己充满自信和力量。

所以，老师要尊重每个学生显得尤其重要，尊重学生的个性，理解学生的情感，包容学生的缺点和不足，善于发现学生的长处和闪光点，让所有的学生都成长为有用之才。我们一定要用放大镜来寻找学生的优点，不要用显微镜去寻找学生的缺点。

（二）没有兴趣就没有学习

培养创新人才，首先要培养学生的兴趣爱好。强调要发挥学生的主体性，主体性表现在哪里？就表现在他对学习的兴趣上，有了兴趣才能在学习上发挥他的主体性。

我们现在的教育存在着很大弊端就是学生是被学习、被教育，而不是自愿地学习、自愿地接受教育，学生没有自己的兴趣爱好。尽管我们在制定教育规划纲要时一再提出，要培养学生的兴趣：幼儿园要保护孩子的好奇心，小学、初中要培养学生的兴趣爱好，到了高中就要培养学生的专业志向。但是，我们现在很多的高中生没有志向，对学习没有兴趣。你问他考什么专业，不知道。问他喜欢什么专业，不知道。一个人如果没有志向，将来怎么能成才？怎么能成为一个杰出的人才？历史上杰出的人才，都是从小就有一定的志向和兴趣爱好。

在美国，很多学校学生负担也很重，但是学生是自愿负重、自愿学习。要选某种课程，到大学去选课，都是自愿的，所以，他们并不认为负担重。而我们的学生大都是被迫地学习，为了应试而被迫地学习。差距就在这里，不在于负担重不重。应该说，我国的基础教育重视打好基础，学生的水平有高原，但没有高峰，这是因为我们的学生没有专业志向。

国外有一种教育研究提出，要研究学生的学习是怎么发生的。学生为什么要学习？是为了爸爸妈妈，还是为了老师的要求学习？学习是怎么发生的？这是最重要的。兴趣也是可以培养的，兴趣是出于学习的动机，学习的发生就是学习的动机。学习动机可以有外部和内部动机。外部动机可以是怕惩罚，可以是为了得到奖赏，但是这些动机最后都会消失。只有内部的动机，即对学科知识的兴趣，才是持久的。所以我们要从幼儿园起，保护孩子的好奇心，小学阶段要慢慢培养学生的兴趣。苏霍姆林斯基说，一个孩子到了十二三岁，如果还没有兴趣和爱好的话，就要为之担忧，担心他将来对什么都不感兴趣，成为一个平平庸庸的人。所以，现在我们提倡要把教育权还给学生，要让学生自己选择。现在的高考改革，就是要引导高中阶段多样化发展，给不同的学生创造不同的条件，培养他们的兴趣爱好。高中的课程要改革，甚至初中的课程也要相应改革。高中要多样化的课程，将来高考考语文、数学、外语，其他的按照专业来要求学生，考试的科目按照专业来选择。

（三）教书育人在细微处

学生的情感是非常丰富的，但也是很脆弱的，情绪容易变化，自我控制的能力不强。所以教师要随时注意学生的情绪变化，运用教育艺术和智慧来引导学生，化解学生的困惑，鼓励学生的积极情绪。

当前，我们都在强调培养学生的核心修养。最近《中国学生发展核心素养》总体框架正式发布，推出了六个方面十八条。而现在国外各个国家也都在研究核心修养，其中特别强调的是社会情绪。所谓社会情绪就是有没有合作的精神，有没有社会责任感，能不能和别人沟通，能不能有交往的能力。这种社会情绪对一个人来讲是至关重要的，这种社会情绪要从幼儿园开始培养。我们中国现在特别要强调这一点，孩子以自我为中心，特别是一些独生子女，父母溺爱，养成了自我中心，容不得别人，不能理解别人的习惯。这种社会情绪影响下，将来他怎么能成功，怎么能成为一个创新的人才？

我们现在的孩子被送到幼儿园，就开始学习各种知识。而美国的孩子送幼儿园，主要是让他们去体会人与人之间的关系，培养社会情绪。在美国，有的孩子一个礼拜只去幼儿园两三天，其目的就是去体验生活，是体验他的同伴关系，不是去学什么知识。

教育提倡创新。如果我们培养出来的是自我中心的学生，不理解别人，不尊重别人，那么将来怎能适应时代的要求？“天宫二号”的升空，是无数的人共同合作、相互配合的结果。所以世界上各个国家就核心素养来讲非常强调社会情绪。

（四）学生成长在活动中

这是建立在学生为主体的理念上。无论是知识的学习还是道德品质的养成，都需要学生在活动中去体验。学习需要学生开动脑筋，更需要在活动中培养学生的责任心，尊重他人，培养学生与人沟通、与人合作的能力。说教和说服都是苍白无力的。

我曾撰文提倡活动教育。所谓活动教育主要是要启发学生的思维活动，并不是说让学生动动手就叫活动教育。动手的过程一定伴随着脑力活动，就是调动学生的思维。现在我们经常讲研究性学习、小组合作学习等，据我观察，所谓的课堂小组讨论，一般都是五六个孩子一起讨论，总是少数几个孩子非常积极，而其他几个孩子并不积极，站在一边不发言。因此，要回答“什么是好课”的问题，我认为老师如果能够启发学生的思维，那么45分钟都是老师一个人在讲也是一堂好课。只要老师在讲课的过程中能够启发学生的思维活动，就是一节好课，不一定所有的课都要进行小组讨论。

现在有一个新的课程，叫作基于项目的学习，特别是高中生基于项目的学习，通过项目让学生去探索、去搜集资料、去学习、去动脑筋。一个美国学生写了一本书送给我，这就是一个基于项目学习的例子。这个学生在高中一年级学习历史课，讲1884年到1994年一百年的历史，老师布置了一个作业，作业分十个项目：(1) 为这100年建一个历史年表；(2) 给反映这段历史的电影做一个评论；(3) 对反映这段历史的一本书做一个评论；(4) 选一个事件来进行描写，比如鸦片战争；(5) 访问一位历史人物；(6) 对你崇拜的人物写一段颂词，如果已经去世就写一个讣告；等等。要求两个月完成。这是真正的项目学习，这样的学习，不是让学生记住哪一天发生了什么事，而是对整个历史有一个全面的了解，这是一种基于项目的学习。

还有一种STEM课。S是科学，T是技术，E工程，M是数学，现在又增加了一个A，A就是艺术。要求科学、技术、工程、艺术以及数学相融合，成为一个新的课程，现在有些国家正在推广。这种课程就要求学生动脑筋。我国现阶段高中课程有一门通用技术，现在很多高中不大重视通用技术这门课，因为它不考试。但是，这是非常重要的一门课程，通过通用技术设计出一件东西，这里既有数学问题又有技术问题，甚至还有艺术问题。所以，我们高中的通用技术课程是一个很好的培养学生创新的课程，对培养人才来讲非常重要，不应该被忽视。我2015年到芬兰访问，参观了一个培养小学教师的教育学院，他们的实验室里，就有木工、刺绣、缝纫等手工业制作，他们培养小学老师必须都要会这种精工技术。芬兰的教育为什么创造性那么高，就是因为他们从小就通过这种简单的、普通的技术来培养学生的创新精神。

科学知识日新月异，不学习我们就要掉队。因此，对一个教育家、一位名师来讲，应该不断学习、终身学习。一名教育家，其自身的文化修养是至关重要的。文化修养提高了，品味提高了，境界提高了，就会对教育有悟性、生智慧，就能够创造出各种有效的方法。

“名师”是歧路，“良师”是正途*

储朝晖

近年来，“名师工程”“教育家培养项目”层出不穷，不乏邀请笔者当项目专家、评委的，着实为难了我。考虑再三，决定一吐为快，直言多年来的所见所闻所思，旨在对教师的培养或教师专业成长产生积极的作用。

“名师”场，选秀场

目前，社会各界对“名师”都有着极强烈的需求，家长希望自己的孩子能够进入“名师”门下，以获得更好的培养、成长和发展；学校需要以“名师”为招牌对自身加以宣传，提高学校的竞争力；教师希望自己成为“名师”，不只面子上好看，待遇亦会有质的不同，同时还能增加更多的工作机会；教育管理部门希望有“名师”，因为“名师”是管理者的政绩，“名师”越多越有名就越能显示出教育管理的优秀；教研部门希望有“名师”，这样有利于编辑发行“考研、教参、复习”资料；当地社会希望有“名师”，这样才能增强人们对教育的信心；就连媒体也希望有“名师”，这样记者才有题材，版面和节目上才有内容……

于是各地“名师”辈出，各地各校都能看到“名师”专栏，贴上他们的照片，标上他们的业绩。当然，不同“名师”所占的位置、空间也是不一样的，特意安排显示了教师的尊卑差异，也显示了其背后的功利取向。眼下，多数学校想方设法制造着“名师”，有的学校设置了“名师办公室”，出台了“名师”管理暂行办法；有的学校像选“快男超女”似的发动学生评选“名师”；教育管理部门也层层评比“名师”。除了

* 本文选自《中国教师报》2012 年 5 月 23 日。作者储朝晖，教育学博士，中国教育科学研究院研究员。

形形色色的评优就是各种大赛，让教师参加赛课、赛论文、赛设计，赛与教师职业相关的各种可赛的内容；媒体也参与其中并大做宣传，优胜者当然一举成名，更有各地屡禁不止的考试成绩排名，每年都能排出一系列的"名师"。"名师"也按级别管理：国家级名师、省市级名师、地市级名师、区县级名师、校级名师……真是实实在在的选秀场啊！

异化的"名师"

虽然历史上教师多是默默奉献者，但也不能全盘否定教师成名。相反，作为教师的一员，我真诚地希望优秀教师能够脱颖而出，成为实至名归的"名师"。然而当下的"名师"以及与"名师"相关的一些行为已然走上了歧路。

这一点，只需看看这么多的"名师"是怎样出笼的便可了然。各地各校雷同的评选标准和程序中，常用的几个关键词有：充分发挥"名师"的示范作用和辐射影响；具有"全天候"教学开放能力和水平，公开发表文章，承担市级以上的科研课题，具备"市学科科学会常务理事长"资格；计划培养"名师"多少名，"名师"试行年薪制，"名师"办公室在区教育局党委领导下具体开展名师的评选、认定和管理工作，本办法解释权归"名师"办公室。

各种办法的字里行间不难看出三个词：功利、计划、行政。即评选"名师"的动机是急功近利的短期行为，只能制造教师专业成长的泡沫；程序是事先计划好的，给你"名师"的名额就会有"名师"产生，各校当然争着要名额；在决定是否当选"名师"上，经过一些程序之后最终由行政部门决定。简而言之，它不是根据优秀教师内在成长和发展的规律，而是出于外在的、功利的需求，某个地方需要"名师"时，"我要唱戏你来演个事先安排的角色，当然会给你甜头"的戏码便会不断倾情上演。

断定"名师"是一条歧路，重要的依据是它可能产生的不良后果。

首先，它对学生成长真的有益吗？这种评选直接冲击正常教学。本来，教师做好教学工作的重要前提之一是了解学生，依据学生成长和发展的需要来组织、设计教学行为。不同学生的知识、能力、潜能各不相同，评价教师应该依据教育教学对学生产生有效影响的大小来决定，而非教学成绩。仅依据教学成绩评价教师，使教师的教学脱离了学生的实际需求，不得不采取应试、填鸭、强迫式的教学方法来凸显教学业绩。这种评选造成了多地多校忙于作秀，忙于上公开课，忙于开会评比的恶劣现象。

其次，它对教师发展真的有益吗？现在的“名师”评选在价值上存在误区，很多教师追求“名”而忽视“实”；追求外在而忽视内在，目光盯着各种优胜的标准而非学生的成长与发展需要。依据现在流行的量化标准进行“名师”评选时，不仅有可能对一般的教师产生误导，也可能断送那些被评选出来的所谓“名师”的前途。因为他们大多还未到“名师”的境界，还处在成长和发展之中，“名师”的光环使他们失去了成长和发展的自主性，断送了他们进一步发展的潜力，这样的评比让教师间关系恶化、协作困难，大大动摇了教师安身立命的根基，破坏了校园的教育氛围。

再次，被冠以“名师”的人经得起时间检验吗？“名师”的成长与发展是一个极为复杂的职业发展与生命成长的过程，而不是一个简单的量化教学成绩的过程，教学成绩的量化只是成为“名师”必备条件中的一部分，而且是表面的外在的部分，若评选“名师”流于表面，就会导致学校和教师把作秀般的公开课作为课堂教学改革的全部，把写论文作为教学研究的全部，把题海般训练所得成绩作为教育的全部。这样做亵渎了“名师”的称号，不出数年，“名师”们便会原形毕露。有些实地调查更让人吃惊，有些学校“名师”只是工具，是漂亮的装饰品，只在领导检查考察时出现，在公开示范时出现，在校际活动时出现，在为学校争取资源时出现，也就是说，“名师”实际上很少或干脆不从事教学工作。大量的教学工作由那些没有名的教师做，这些教师即便是做了实质性的优质工作，也不能名正言顺地得其名。简言之，“名师”已经异化了。

至善乃“良师”

中国基础教育正经历一个从数量增长向质量提升的过程，在这一过程中，需要大量的优秀教师，而“名师工程”却将它引上了歧路，这与整个教育理念和管理体制直接相关，只有“悬崖勒马”的呼声是远远不够的，于是我只能告诉那些有良心，有责任感的教师、教育工作管理者：摆脱对“名师”的盲目追求，做一名实实在在的“良师”。“良师”不只是一个目标，还是一个由每个人自由探索的路径和广阔空间。

“良师”是相对的，对我来说是“良师”，对你未必是“良师”，所以，师生两者互动互进的效果是评价“良师”的核心关键标准。“良师”是通过实践来体现的，不能由静态的品行和能力评价就得出结论。真正的“良师”不仅学问高、能力强、品德好，他更了解学生，有为学生的成长与发展迎难而上的勇气，才有可能成为学生心中真正的“良师”。因此，只要教师潜心为学生的成长发展服务，即使有这样那样的不足但仍是“良师”。相对的，即使教师的各种素质过硬，有类似“名师”的荣誉称号，但心智却游离于学生之外，也不能算是“良师”。

一个人是否能成为“良师”在于对学生的爱与关注，它能唤醒教师的成长意识，激励教师不断前行；一个人是否能成为“良师”在于是否能走进学生的内心世界，那里有众多让你百思不得其解的教育难题，求解的过程便是教师的成长过程；一个人是否能成为“良师”，在于他能否形成深厚的人生积淀。真正的“良师”，会通过理性的判定确立自己成长发展的路径，绝不外骛于一时的名利得失。

“名师”只是少数人的追求，“良师”则应该是每位教师不辍追求的境界！

实现“中国梦”：期待教育家群体履行时代使命*

潘 涌

2012年11月29日，习近平总书记在国家博物馆“复兴之路”展览上庄重发表演说，代表新一届中央领导班子站在新的历史起点上深沉而坚毅地宣示了东方民族伟大的“中国梦”。“中国梦”是积淀了厚重历史内涵、闪耀着鲜明时代特色的“国家信念”，是中华民族在全球化背景下面对多元政治、文化和经济等诸多博弈而发出的“时代强音”，是充满着现实主义精神、凝聚了社会各界心灵共识的当代中国伟大的“政治理想”。基于这种“圆梦”成真的特定时代背景，教育家群体的崛起必然是中国教育改革乃至社会整体发展的现实亟需和历史逻辑。虽然，教育家真正的“角色到位”，一方面需要“宪法赋权”“教育立法”等一系列制度性程序和社会生态的全面完善；而另一方面，从理论上探讨清楚“教育家办学”这个中国社会发展的现实问题、澄清种种可能的观念迷思，无疑首先是教育界一项义不容辞、为国分担的学术使命。

一、“中国梦”的历史内涵和时代特色

“中国梦”包蕴着极其丰富的历史内涵，中华民族的全面复兴是其基本目标。汉唐以下，盛景不复；晚清以来，内忧外患。鸦片战争国门失守以来，以“救国”为急务的国家独立这个主题骤然浮现时代之表：力挽趋弱的国势、化解生存的危机，已经成为亿万万炎黄子孙的首要目标。其中，除“革命救国”论的主流之外，“实业救国”论、“科学救国”论、“教育救国”论均有之……而其核心不外乎亟须视野开阔、思想先进、襟抱弘大的卓越人才和时代精英之强势崛起，以之作为引领中华民

* 本文选自《南京社会科学》2017年第1期。作者潘涌，浙江师范大学教育学院教授。

族走向解放和新生的先驱和旗帜。在此民族濒危的背景下,无论实施广义或狭义的“救国”途径,教育在国家“救难”或“止衰”过程中都发挥着无法估量的特殊功用——从洋务派到维新派莫不秉持广育人才、以济世艰的卓越共识。在“人才乏绝”“危亡岌岌”这种民族艰险时期,富于历史使命感的卓越知识分子围绕着“教育救国”的基本目标,提出了“开民智”“育人才”(康有为)的诸多主张。尤其是民国初年,开国总统孙中山先生即自觉地意识到:“教育为立国之本,振兴之道,不可稍缓。”①其后蔡元培先生作为中华民国首任教育总长,针对以“忠君”“尊孔”为特征的封建主义教育宗旨,力倡基于人本主义、以“五育”并重为方针的新教育价值取向,开创了旨在造就“共和国民健全人格”的中国现代教育新里程。② 此后,教育家群体在国运衰败的晦黯时代背景下纷纷崛起,凸显出民族危亡背景下感动人心的“教育家本色”:以晏阳初领衔的平民教育、以陶行知引导的生活教育、以梁漱溟代表的文化教育和以黄炎培倡导的职业教育、以雷沛鸿实践的国民基础教育,等等,很有气派地开创了民国时期“教育救国”这种蔚为壮观的历史局面。他们怀抱独特的教育信仰,凸显鲜明的人格精神,在当时中国社会苍凉贫瘠的背景中留下了筚路蓝缕、负重拓荒的悲壮历史影像;而视大师胜于大楼、致力于高等教育创建和改革的蔡元培、梅贻琦、张伯苓等高等教育家,道德文章誉满天下、育人襟怀海涵四方的“白马湖名家”③,思想自由、敢为人先的“清华国学四大导师”④,诲人不倦、学而不厌的红色教育家徐特立等精英人物,则早已作为内涵丰富、后人景仰的著名教育符号而载入现代中国追求独立和发展的伟大史册。

在现代教育诞生之初,上述狭义“教育救国”的理想和实践,正是基于对国事危急、民智未开、人才匮乏的深切反思,符合近现代中国固本强体、智力兴国的内在理性逻辑,但在军阀割据、内战纷扰、外侮频仍的特定历史背景下,由于“救亡图存”这种国家危局暂时压倒了更为深远、更具内涵的文化建设和人才培育,致使通

---

① 李华兴主编:《民国教育史》,上海教育出版社 1997 年版,第 7 页。

② 蔡元培:《对于教育方针之意见》,商务印书馆出版《东方杂志》1912 年 2 月号。

③ “白马湖名家”又称“白马湖作家”,是指夏丏尊、朱光潜、朱自清、丰子恺等一大批国文教师,20 世纪 20 年代齐聚于浙江上虞春晖中学,弘扬艺术、倡导美育,形成了一个内涵丰富、特征鲜明的教师作家群体。

④ 指曾经在 20 世纪 20 年代任职于清华大学国学研究院的四位杰出导师梁启超、陈寅恪、王国维、赵元任。

过“革命”手段化解民族生存危机成为当时中国社会的第一急需。“救国”与“兴国”是联系密切、逻辑贯通的两项不同时期的历史急务，而前者更需“革命”这剂“猛药”来救急，后者则更需要酿造创新智慧来源源不断地滋补和强健中华民族的心灵和人格。换言之，后者更需要各级各类的学校教育广开智力资源、深培卓越人才。因此，历经数十载风云激荡的政治革命和军事战争以后，自20世纪40年代末叶开始，新中国在危机纾解、百业待兴的新时代条件下，以崇高的社会主义政治信仰重启文化建设、科教兴邦的历史新里程。这里暂不计新中国十七年时期和“文革”十年时期“教育革命”这股极左政治思潮所带来的波澜曲折，只是重点回眸党的十一届三中全会以后恢复高考、振兴教育的历史新阶段。在通过“真理标准”讨论、启动思想解放运动以后，以邓小平同志“面向现代化、面向世界、面向未来”为核心的新时期教育理念，自然成为教育推进并实现国家现代化目标的实践指南。[①] 值得关注的是由中共中央、国务院颁布的《中国教育改革和发展纲要》(1993年)，这个经过广泛调研、凝聚各方深思熟虑的纲领性文件，前瞻性地面对全球化背景下中国社会向市场经济转型的发展远景，再度强调从十二大到十四大所达成的基本共识：“教育是社会主义现代化建设的基础，必须把教育摆在优先发展的战略地位。”并且颇具全球意识地预见到：“谁掌握了面向21世纪的教育，谁就能在21世纪的国际竞争中处于战略主动地位。”[②]次年召开的具有重要影响力的全国教育工作会议继续重申了这个颇有战略内涵、意义深远的核心观点。

从战事纷起时的“教育救国”到和平建设年代的“科教兴国”，虽然特定背景不一、具体口号有异，但是“以人才兴国、以教育立人”的思想主旨则鲜明贯穿前后一百七十余年的中国近现代历史，成为中华民族富有远见卓识的先进分子之伟大梦想。纵观历史风云变幻，尽管复兴之路逶迤曲折、复兴内涵与时俱进，但是“强我中华”无疑是近现代东方历史宏伟变奏曲中的一个嘹亮主题。无论是从封建帝制到民主共和的过渡，还是从民国时期向社会主义的本质转型，抑或从“文革”终结直至改革开放的深刻蜕变，每逢整个社会重大的转折关头，每当历史在重温“中国梦”的时候，总是难忘人才与教育所释放出来的深远而强劲的发展动力——唯有

---

① 邓小平：《建设有中国特色的社会主义》(增订本)，人民出版社1987年版，第98页。

② 中共中央、国务院：《中国教育改革和发展纲要》(中发[1993]3号)，1993年2月13日印发。

高品质的卓越教育，才能孵化出“中国梦”真实的绚烂和辉煌。正如最近习近平总书记鉴于“教育的基础性、先导性、全局性地位”而高度强调的那样：“中华民族伟大复兴中国梦的实现，归根到底靠人才、靠教育。源源不断的人才资源是我国在激烈的国际竞争中的重要潜在力量和后发优势。”①

作为中华民族伟大理想的“中国梦”，在今天国际竞争剧烈、文化博弈加深的全球化时代具有自身鲜明的特色。当中国国家尊严获得空前提升、国际声望蒸蒸日上并且逐渐融入全球市场经济的一体化体系，当“经济中国”已经在全球“坐二望一”，又面临更深层次的多元文化博弈之时，这个表述质朴、政治理想与民间憧憬相得益彰的“中国梦”，被赋予了“小康社会”“五位一体”“统一大业”“和谐世界”等更为丰富、更为深刻和更为精彩的多层次与多维度内涵，最终趋向学有所教、劳有所得、病有所医、老有所养、住有所居的21世纪新理想境界。当然，就实施途径而言，新世纪的“中国梦”在很大程度上依然还是“美丽的教育梦”：重在确立社会整体发展中各类人才优先培育的战略布局。中共中央、国务院2010年新颁布的《国家中长期教育改革和发展规划纲要(2010—2020年)》指出：“中国未来发展、中华民族伟大复兴，关键靠人才，基础在教育。”②无疑，孕育着重大改革契机的教育必将在开发智力、培植人才、振兴中华这种重大战略布局方面开辟实现“中国梦”的关键路径，在完成“从人力资源大国向人才强国的转变”这一时代使命中做出难以为他者所替代的独特历史贡献。简言之，在“经济中国”向“文化中国”(文化建设)、“和谐中国”(政治建设)、“幸福中国”(社会建设)和“美丽中国”(生态建设)的全方位发展过程中，我们呼唤着“教育中国”的坚强崛起——毕竟，唯有内涵丰富、品质卓越的“教育中国”，才能担当起使“中国梦”完美成真的独特历史使命。

二、当代教育难以“圆梦”：教育家群体缺失

通过对近现代教育历史和社会进程的回顾与比较，我们不难作出这样一个清晰的判断：中国教育现代化进程的实质性深入，首先亟待肩负民族厚望和复兴重

---

①《习近平同北京师范大学师生代表座谈时的讲话》，人民网：http://politics.people.com.cn/n/2014/0910/c70731-25629093.html。

②《教育规划纲要》工作小组办公室：《教育规划纲要辅导读本》，教育科学出版社2010年版，第7页。

任的教育家群体之崛起。唯有抱负远大、视野开阔的教育家群体,才能去创造那种孵化"中国梦"的品位高迈、意韵深远的优质教育,才能去建构引领全球化背景下中国社会可持续发展的教育新理念、新思维和新实践。由此而言,探讨"教育家群体崛起"问题应该比研究如何实施"卓越教育"或者"素质教育"一类话题更具有本源价值和本体意义;换言之,教育家群体崛起是"教育中国"乃至"现代化中国"崛起的前提条件和关键环节——这也就是现代中国曾经高调出现"教育救国论"的历史逻辑。正如国务院前总理温家宝在主持征求对教育改革与发展建议的座谈会时所着力强调的那样:"大力倡导教育家办学。充分发挥教育家的办学才能和特长,让那些有终身办学志向的人不受任何名利干扰诱惑,把自己完全献身于教育事业。"①这个曾经一度被热捧的"教育家办学"话题,一定程度上反证了教育家群体的缺失。该话题当时激起了社会各界多么广泛的关注、何等热烈的讨论并获得持续攀升的学术增值,已经成为21世纪新的历史条件下实现"中国梦"的基本前提——而温家宝所强调的"教育家办学",其实质就是呼唤富有远大志向、高尚情怀和卓著才华的教育家群体之崛起,呼唤在从东方人力资源大国走向全球人才资源强国的历史进程中发挥教育家群体无法为其他力量所替代的创造性"孵化"作用。

一方面,我们需要重新审视和冷静反思所谓"官员吃教育饭"这种单一办学模式及其弊端。新中国伊始,自苏联引进的文教建设模式因需要适应彼时计划经济的一统化需求而高度集中,各级各类学校教育普遍流行的单一办学模式就是不同层级的行政官员代表国家教育意志而规范实施全国通用的课程标准或教学大纲。这种统一领导、上情下达、重在宏观掌舵的"行政管理"模式,对于确保落实国家的教育意志、构建各级教育的正常秩序,曾经发挥过积极稳健的基础性作用。但是,伴随着历史新时期社会经济体制改革的深度推进,愈来愈暴露出传统教育体制与改革时代,尤其与今天全面深化改革的新形势之间明显的不适应。当代中国科教界的杰出代表、深得历代党的领袖和各届政府领导高度尊重的钱学森先生,在晚年面对历史遗留的教育缺憾时,曾经向看望他的胡锦涛、温家宝等前任国家领导人反复表达对新中国教育未能达到预期目标的深深遗憾:"问题在于中国还没有

① 中央政府门户网站 www.gov.cn:《温家宝主持五次座谈会征求对教育改革和发展建议》,2010年2月7日。

一所大学能够按照培养科学技术发明创造人才的模式去办学，都是人云亦云，一般化的，没有自己独特的创新东西，受封建思想的影响，一直是这个样子。我看这是中国当前的一个很大的问题。"①这个内蕴丰富、忧思深刻的教育诘问，在当时对话语境中委婉指向各级办学主体（包括高等教育和基础教育）及其运作体制的某些弊端，引发社会各界展开更全面、更深入的建设性反思。由于问题获得了社会各界广泛和深远的共鸣，此后甚至形成了一个颇具学术探讨空间、堪与世界著名"李约瑟之谜"等值的专门术语——"钱学森之问"。虽然，改革开放以来中国教育的办学条件和社会生态得到了持续不断的改善，教育在社会全面进步中的基础地位和关键作用已经获得从中央到地方的各级政府之普遍共识，然而"教育家办学"这个问题依然未能得到合规律、合目的的根本解决。时至今日，对大学官员"去行政化"的呼吁仍然停留在舆论层面，高校甚至中小学日常教学和科研的运作依然从属科层化的行政管理体系。就现在学校管理主体而言，通常来自两种身份。其一，以纯粹行政管理而主导自身职业生涯的"官员"。他们以先进的政治思想和必要的行政资质把握着学校教育正确发展的宏观方向，只是较为缺少专门教育家从事教学活动的学科背景和丰富的实践经验。这在"前改革开放时期"并不乏见。其二，以"专家"身份和声望而跻身学校行政管理。改革开放 30 多年以来，精通学科业务、教育观念先进并且卓有社会影响力的学者、专家陆续被任命为各级主管校长，而且比例正在逐步上升。虽然，这类专家型官员的治校比较接近于"教育家"主体之办学，但是，某个学科的"专家"并不完全等同于"教育专家"——两种社会身份还是存在显著差别的。而且，这类"专家"被校内外的人事体制和管理套路所缠绕而常常难以自主"出格行事"，结果往往难免无奈多于雄心、权衡多于进取、妥协多于作为，甚至出现令人嘘唏叹息、颇有代表性的所谓"根叔的遗憾"、朱清时的感慨，等等。② 这种"专家治校"最后常常出现难以避免的变异：逐

---

① 钱学森：《钱学森讲谈录（增订本）》，九州出版社 2013 年版，第 294 页。

② 华中科技大学校长李培根院士在离任演说中用 19 个"遗憾"表达了一位教育家对大学管理、大学精神的深沉思考，被学生尊称为"根叔"。参见周虎城：《"根叔的遗憾"与教育家精神》，《南方日报》2014 年 4 月 3 日，第 7 版。原中国科技大学校长朱清时 2009 年在深圳创办自主招生、独立教学、自颁学位和毕业证书的南方科技大学，开始了对高等教育重大改革的艰难探索，被誉为"中国高校改革第一人"。参见百度网百科"朱清时"条目：http://baike.haosou.com/doc/911257－963145.html。

渐被淡化了“专家”的意识、被异化了“专家”的角色，只是被动地“适应着”粗放型行政管理的硬性要求。上述办学中某种程度的“角色错位”或者“角色异化”现象，不同程度地制约了中国教育有深度、有创意、有特色的持续发展，最终弱化了走向卓越境界的教育理想精神，即偏离了以学校特色和教师特长来自觉地引导学生的差异化、多元化和创新化的成长。这是中国教育曲折发展中最大的迷失。钱学森先生以尖锐而睿智的诘问形式所表述的，正是这样一种对抽空教育内涵、缺失创新人才的办学模式之深邃忧思，对失去诸如西南联大以艰苦创业来造就英才这种教育佳境的深沉感喟。总之，反思那种纯粹由行政官员包办、“教育家”角色常常缺席的单一的国有教育办学模式，其思想根源来自苏联教育学家凯洛夫那种机械狭隘、社会本位的传统教育理论，因此，这种单一办学模式的运行周期更是吻合行政权力过度集中、主流意识形态长期固化、社会各阶层流动迟滞的“计划经济时期”，其人才培养也许是“适应”了已经凝定的昨天和今天之“现实需求”，却未必能够前瞻性地“引领”动态变化着的“社会未来”与日新月异的明日国际大趋势。由于政府管理主体与学校责任人之间在权力、利益和职责等方面并不完全吻合或高度一致，久之，导致学校责任人追求权益扩大化、责任最小化。至此，可以推断：期待教育家群体的崛起与教育家办学的“角色到位”，当然是中国教育改革乃至社会整体发展的现实需求和“未来逻辑”。无论探讨这个“话题”可能涉及“话题之外”多少复杂的因素，都不会改变这种依循历史走向而必至的“未来逻辑”。

另一方面，需要充分和深刻认识“教育家办学”的独特优势。教育家与非教育家的区别显然不仅仅是职业化及其程度差异。教育家抱有超越现世之上的心灵志趣和人生襟怀。在教育家眼里，唯有超越稻粱之谋的事业而不是职业才是人生的憧憬、心灵的寄寓，从而视创业教育为立身之本、视树人育才为人生化境，“牺牲自我”就是走向教育成就的必然途径，“培植创造希望”就是教育家办学境界的最根本标志。正是这种高尚境界和志趣赋予其艰难困苦的人生事业以他者所无法体验的成就感、享受感和满足感。“有教无类”“诲人不倦”“学而不已，阖棺乃止”的中国古代教育大圣人孔子，超越尘世、鄙视功利、挑战“普遍秩序”、世称“教育圣徒”的古希腊先哲苏格拉底，信奉“捧着一颗心来，不带半根草去”、践行“生活教育”、培养“创造人格”的人民教育家陶行知……所谓“教育家”者，无不是以教育的“境界”和“志趣”拔萃杏坛、名垂青史——也许，在一定的历史时期内，他们并没有某种亮丽的政治头衔，甚至暂缺同道公认的学术徽号，他们可能也无世俗称羡的其他种种生平的荣耀，但是对平凡甚至卑微和清贫生活的坚守、对日常思想探索的艰难之超常忍耐，往往造就他们在教育历史上值得深深回眸、心灵为之感动的高迈影像。这就是前总理温家宝同志指出的教育家办学最独特的优势：源自高尚人格境界的坚定的“办学志向”。除此以外，教育家精神世界中，还必深刻蕴涵温家宝称之为“办学才能和特长”的重要思想元素，包括对教育陶冶个人灵魂和提升社会文明的深刻洞见、对教育开发潜能进而深远地创生未来的高迈视野、对教育场域中心灵平等对话并走向思想共同成长的高度自觉，等等。这些珍贵的思想元素，通过教育家长期的实践活动而融合为一种生机蓬勃、贯通历史的强劲思想力——而大凡真正的教育家首先必然是杰出的教育思想家，正是卓尔不凡的教育思想力支配其坚韧不折的教育行动力并持续创生出品位高妙、意韵深长的教育境界。要言之，教育家清醒自觉、高迈卓越的精神特质决定了其反流俗、反平庸的建树风格，必然要突破简单化上情下达、周转协调甚至近乎刻板管理、浮于形式这种平面的“物化模式”，必然要突破过度关注可量化和可表格化的数据统计却难免抽空师生个体生命丰富的人文内涵这种狭隘的“任务模型”。

而且，能冠之以“教育家”者，必然要突破一般意义上“教学名师”的局限而拥有更丰富的思维含量、更系统的创新理论和更阔大的人格襟抱。应当承认，当代教育实践曾经产生了教有特色、自成风格的诸多“名师”(社会各界在褒奖其教学技能或教学艺术的同时，常常也尊之为“教育家”)，他们为当代课程与教学的改革和发展贡献了自己的专业实践智慧。但他们的特点、成就和身份可能更接近止于学科框架、重在教法变革的“教学专家”——其教学创意更多表现为追求课堂效率的方法、手段和行为之蜕旧更新。从这层意义上说，教育家超越于“课堂名师”或“教学专家”之处不在于仅仅引领学生在学习内容上的“认知”和在学习思维上的“长智”，更在于前瞻性地为学生谋划“立身”和“创业”，释放其一生可持续建树和创造的才华，从而极其深远地撬动人类文明发展范式的螺旋形上升。这正是教育家更高远和更深邃的价值追求向度——由此，他们卓然成为开启世界未来发展空间的“钥匙”。[1] 由此观之，教育家之“育人”理想，必然与“兴邦”和“强国”的时代使命、与“创新未来”和“造福后人”的历史责任逻辑地紧密联系在一起，从而表现

① 潘涌等：《比较与反思：教师是开启世界未来的“钥匙”》，中国人民大学报刊复印资料《教育学》2015 年第 3 期。

出超越狭隘生存时空和特定社会阶层利益的宏伟的文明世界。这样，只要学校内外的社会综合改革持续深化，那么，被充分“赋权”了的教育家办学必然趋向比现实教育更高迈、更卓越和更理想的大境界。

当如此反思建国后的当代教育历史及其隐含的是非得失，归根结底是为了追问教育的办学主体及其创业身份的合理性和专业权威性——毕竟，这是比教育实践本身更具前提性意义的要素。学校教育与其说是一项只需要教技组合、教材拼贴、类似物质生产线上的“工艺流程”，还不如说是一种融合着大智慧、大艺术和大才情的伟大的“心灵事业”，以至苏格拉底将自己视作给每一位教育对象接生内心灵思的精神“助产婆”①。作为宇宙的精华、万物的灵长，人的心灵世界有多么丰富、深邃和繁复，教育的艺术亦当有多么精彩、深奥和绚烂。换言之，如果抽空了教育场域中办学主体的心智、人格、意志和激情等重要的精神元素，教育自身就可能异化为一种工业流水线般的机械形式。历史已经深刻地启示我们：教育从来就是真正意义上“人的事业”，应是由特定的“事业人”即教育家主体所谋划和耕耘的“心灵的事业”（正如顾明远先生所说“心作良田百代耕”）。唯有怀抱教育信念的教育家群体对一己责任的坚定自觉，同时其作为开辟未来社会发展空间的精神拓荒人身份获得广泛的确认，他们才能激情洋溢地去开辟适合特定语境和特定对象的教育发展的特色化道路。

总之，发展中的我国教育，固然需要富有胸襟、眼力和领导艺术的“行政官员”，毕竟改革诸多行政弊端后的教育管理，本身就是一种催生学校教与学的创造精神和创新智慧的积极生产力；同时，更需要优化社会生态、更新教育体制，前瞻性地顺应当前落实“四个全面”这种历史“新常态”，积极催生当代教育家群体的相继崛起，为实现以造就世界杰出人才为要旨的“中国教育梦”而注入可持续发展的鲜活原动力——而且，必须是“一批”个性灿烂、风格鲜明、思想领先并意志坚定的教育家群体，必须是“一批”为中国社会长远发展敢于探险、善于试水、使命重于生命、身后重于生平这样献身当代教育的卓越群体。事实上，在教育改革的丰富实践中已经诞生了业绩斐然的学科型教育家，如“情境教育”的创立者李吉林、“民主教育”的力行者李镇西、“情感教育”的构建者于漪等，他们在有限的课堂空间中拓

① ［爱尔兰］弗兰克·M.弗拉纳根著，卢立涛、安传达译：《最伟大的教育家：从苏格拉底到杜威》，华东师范大学出版社2009年版，“引言”第7页。

展出了新的教学境界。而全球化背景下中国教育发展的宏伟远景，需要更多超越课堂、放眼未来的教育家群体，同时，持续深化、全面推进的改革新时代，也将为教育家群体的崛起愈来愈充分地提供开放的生态环境和值得期待的发展前景。因此，我们应该有信心迎接由教育家群体所主导的“教育新时代”。

三、教育家圆“中国梦”：新时代的使命

就“教育立国”的战略而言，“中国梦”在相当意义上就是“教育梦”。“教育立国”的内在逻辑是：“国”之基是“人”，“人”之基是“心”——发展每一位国民的志商、智商、情商、语商和媒商等为基本要素的“人”本身，则是全球第一人力资源大国的特色化发展之战略路径。

换言之，教育家助力圆“中国梦”，是新时代赋予名师荟萃的当代教育界的一项历史使命。这里蕴含着改革开放以来社会政治发展必然的历史逻辑。从人才兴国战略到教育强国宏图，邓小平、江泽民、胡锦涛和习近平几代领导人无不强调教育在振新中华、变人口大国为智力强国过程中的关键作用，而且，随着“人才”内涵的深化和外延的拓展，教育在化解中国社会发展“人才瓶颈”制约中的突破作用益显重要。2013 年 9 月 25 日，习近平主席为支持联合国秘书长潘基文关于“教育第一”的行动倡议，在联合国总部公开发表电视视频贺词，宣示“教育是人类传承文明和知识、培养年轻一代、创造美好生活的根本途径”[①]。习主席所说“根本途径”这一概念，已经精辟道出了“教育强国”最重要和最核心的历史逻辑。如果没有观念超前、思维深邃、存志高远的教育家，就不可能对“立人”教育作出影响深远的前瞻性设计和前卫性探索，就不可能孵化出改变未来国家命运的杰出人才及其创新思想，就不可能充分开发地球上最丰富、最具创造性增值前景的“第一资源”——即比黄金更珍贵的“脑力资源”。决定一个国家发展的明天，无疑是今日教育的品质；而决定今日教育的品质，非精心设计并打造教育工程的卓越教育家莫属。因此，各国社会发展的“根本途径”，当是教育家由“梦”而生的思想力与实

---

① 联合国新闻：《习近平向联大峰会特别活动发表录像致辞　支持联合国“教育第一”倡议》。http://www.un.org/chinese/News/story.asp? NewsID＝20576：（2013 年 9 月 25 日）。

现美“梦”之行动力两相融合而开辟——这就是应当高度强调的从古到今人类文明演绎的历史逻辑。

教育家何以圆“中国梦”？何以能够承担这种民族的使命和历史的重任？在国家全面现代化的历史进程中，真正教育家的实践活动必然以“立人为本”这种价值特质而焕发出卓越、鲜活的理性魅力。教育家所表现的理性魅力包含下述诸层面。第一是卓然不凡的教育理念。人类文明发展的历程和当代教育改革的曲折历史告诉我们，教育兼具科学的严谨和缜密与艺术的想象和空灵，教育家以科学和艺术的双重品格创造性地开拓着面向未来的事业。他们以培育那些创造民族美好未来的各界英才为自己一生的最高理想，以生命的激情——普适世人的“大爱”融入这种超越性的事业。伟大的教育理念是将教育家精神和肉身深深融通一体的神奇力量，支撑其超越身边利益和眼前功名而追求深远博大、立人为先的终极目标。第二是坚忍负重的教育意志。一旦具有以美好理想为价值引领的理念，就必然产生常人难以想象、穿越岁月的耐久意志力，一生始终不懈地保持凝精聚神、守护杏坛的高度自觉境界。古往今来那些得到历史公认的教育家，诸如孔子、朱熹、陶行知、蔡元培、叶圣陶等就鲜明具备这种从青丝到白发而以身“殉教”的求道精神。他们以长期淬砺的意志力深度倾注在传道、授知、启思和励人的大业之中，成为逶迤行进在教育大道上的“高尚圣徒”，肩负起普通教育匠人所不能承受的创业艰辛乃至坎坷和挫折。第三是持续创新的教育才力。教育的价值应指向未来、指向对已有社会文明体系的超越；教育家的才力特质就在于动态刷新固步自封的旧观念、旧思维和旧方法，以此为逻辑起点而开创新思维、新途径和新方法，进而以伟大的实践来陶冶莘莘学子的创新之魂。正如陶行知先生所道：“有胆量创造的人，即是创造的教育家；有胆量开辟的人，即是开辟的教育家。”①伴随着全球化时代知识更新周期的日益缩短，当代国际竞争在相当程度上就聚焦于人的创新意识和创新能力之博弈——在此背景下，教育家的创新才力深刻地决定着教育的未来乃至国家的命运。由此推论，“中国梦”本质上就是“教育梦”，而“教育梦”本质上又是“创新梦”。创新才力既是教育家的本质特征之一，又是他们积极推进国家长远发展且能持续增值的重要文化资本。

---

① 陶行知：《第一流的教育家》，方明编《陶行知名篇精选》，教育科学出版社 2006 年版，第 5 页。

回眸当代教育半个多世纪的坎坷历程，展望全球化时代人类教育发展的未来趋势，教育家在为中华民族“圆梦”的新征途上必将发挥根本作用。由于教育家的前提身份当然是教育思想家，因此，只有在汲取中外教育思想史精华、确立一己培育兴国英才的宏大抱负基础上，才能以全新的姿态投入到以“构建大课程、创造真课堂”为核心内容的新教育中去。换言之，先有思想力，再有行动力，教育家当需将卓越的思想力转化为学校师生课程与教学的实践力，乘全面深化改革的“中国风”而放飞教育梦。所谓构建大课程，即以发展性、综合性和思想性为基本的价值维度来重建被封闭的应试教育所异化的课程体系。今日中国之教育，是为明日世界之博弈而养精蓄锐——课程建设的发展性、综合性和思想性皆有备于此。其一，教育家从发展性维度来追求课程建设。置身于全球化时代，富有高迈使命感的教育家，必然以强烈的未来意识去构建面向未知之挑战的发展性课程，前瞻性地适应未来时代创生与风险的诸多复杂性要求，这就是联合国教科文组织早就倡导的“为一个尚未存在的社会而培育新人”①。唯有这样不是“适应”昨天而是“适应”明天的发展性课程，才能从根本上扭转教育被异化的深层价值取向，深远地赋予未来新人们超越既成、解构确定、挑战风险、创生未有的精神特质和能力。这将引发课程建设的一系列实质性的革命：课程知识模块跨学科动态重组，课程目标与评价服务于“人”的个性活力创生，课程实施途径与方法则是导向“问题化”“项目化”和“创造本位”。质言之，课程与教学——一切都是围绕着“人”的精神结构发展这根主轴而运转(包括志商、智商、情商、语商、媒商等互为融铸)。其二，教育家从综合性维度来追求课程建设。淡化课程之间边界、促进学科交叉融通、拓深课程自身内涵，这已成为国内外教育界推进课程改革的基本共识。其目的在于：让学生在广阔的课程世界中通过与特定对象的“教学邂逅”来“发现”本我——“发现”本我深藏的潜质潜能和别才别趣，并在持续“开发”中辟出自我成长的个性化道路。而唯有突破单一化“必修”课程的标准框架、拥有开放性课程视野的教育家，才能让办学思路突破“学科知识本位”的这种传统单一立场，避免以封闭的学科知识形态去限制学习者广泛选择的视野，预防遮蔽对个人潜蕴材质的深度开发——这就是全球化时代对课程创新的特殊需求，即激励学生走出封闭性“专业

① 联合国教科文组织国际教育发展委员会编著：《学会生存》，教育科学出版社1996年版，第36页。

知识”之框架、迎接“知识视界融合”后的“跨学科”大课程，在多维开放、边际消解的综合性课程世界中灿烂多姿地绽开生命的美丽心智。真正的教育家，必然自觉要求通过开放的综合课程来鼓励新人们经过课程流水线以后而获得能够俯视古今、一览天下的文化高度，为对应性地释放自己的潜智潜能、别才别趣而赢得自主选择特色化发展前景的课程主动。其三，教育家从思想性维度来追求课程建设。思想性维度既是现代课程的根本标志，也是现代教育的核心旨趣。详言之，以培养学生发现问题、善于质疑、独立评判和创新观念这种思想特质为课程建设的价值目标，淡化结果、强化过程，祛蔽“接受”、深化表达。在当代中国本土条件下，真正能够“翻转”课堂的不仅仅是现代信息技术，更是以“真问题”为抓手、直抵思想核心的“批判性教学”——正是探索“问题”过程中所释放出来的思想活力，将深刻地促进应试教育背景下课程范式由指令性向解放性的深刻转型，并以“头脑风暴”的表现形态来最大化地提升新人们应对地球未来之风险和挑战所必须具备的卓越思想品质。

真正的教育家，必然以远大的目光而追求课程建设中这些发展性、综合性和思想性目标维度，进而深度撬转教育的价值取向。这样的课程建设，最终都归结为对未来公民深刻、缜密和远大的思想力之精心培育，以期未来教育能够由质疑性评判和创新性表达的思想力来刷新单向认知、理解和记忆的知识力。无疑，唯有以自主性、可持续和建设性为价值特征的思想力，才是贯穿知识体系的灵魂主线。这种以批判和建树、开放和多元、深刻和缜密为逻辑特点的创新性思想力，才是国家迎接当前全球化时代多元文化博弈的本源性力量，才是国家文化发展具有长远成长价值的战略性资本，才是中华民族化解未来各种风险和挑战，甚至超越某些“硬实力”的最重要软实力。当上述“大课程”一旦落实，必然强劲地催化开放型“思想课堂”的生成，从而实现中国教育历史上最深刻的一次课堂蜕变——由从未被质疑的守成式“知识课堂”到充满增值前景的“思想课堂”之深刻演变。① 所谓“思想课堂”，即是每位学生作为鲜活个体而积极存在的“生命场域”，从中自由地释放表达的天性，享受表达的愉快，满足表现的尊荣，体验创造的尊荣。教育家由上述“大课程”建设所启动的课堂转型，深切地标志着自身价值在国家教育现代化乃至整个社会现代化进程中的鲜明彰显，即培育创造中华民族明日伟大历史的

① 潘涌：《新中国课堂教学思潮的跨世纪的演变》，《课程·教材·教法》2015年第8期。

最重要力量——可持续增值的创新性思想力。深而言之，这也是正在或必将崛起的教育家群体对中国社会文明史演进所可能做出的最伟大贡献。

概而言之，教育家群体，乃“中国梦”实施者之谓也。正是有襟怀、有抱负、有激情的教育家，才会基于对中国当代应试教育的痛切反思而实施对教育的心脏手术，即重构面向未来的“大课程”和“真课堂”，实质性催生积极语用、才智洋溢的“思想课堂”之早日问世——而这种和谐理性、文明开放的“思想课堂”，正是将来活力四溅、生机勃发的“思想中国”逐渐发育、成长壮大的精神摇篮。“思想中国”是与“现实中国”相对应的国家现代化发展的新境界，因为“丰裕中的思想贫困”已经成为当前国家文化建设中突出的“瓶颈制约”①，而如何彰显社会主义核心价值观指导下的“思想中国”之深远价值意蕴，正在上升为国家未来发展战略的一种新趋势（国家高度重视培育智力资源的思想库建设，就是新证明）。植根于强大和富足的“现实中国”之上的“思想中国”，无疑是对未来中国社会现代化境界的高度概括和集中写照，是对中华民族精神文明与物质文明发展之卓越程度的根本提炼和典型浓缩。因此，当我们作出这样的判断：今日“思想课堂”才是明日“思想中国”之生动雏形和深刻象征时——其实这就是在凸显教育家之所以能够圆“中国梦”的最核心逻辑和最本质特征。同样，亦唯有教育家才能自觉和理性地认识到自己这种必须履行而他人无法替代的独特的时代使命，并且自觉地将卓越的思想力转化为坚定而持续的教育行动力。

实现“中国梦”：期待教育家群体履行伟大的时代使命！

---

① 杨光斌：《丰裕中的思想贫困》，《中国社会科学评价》2015 年第 1 期。

观点荟萃

教育家应该信仰教育为万能的事业

(教育家须)有信仰心,有热心。比方教育家应该鼓舞信仰教育的热心,信仰教育为万能的事业。更须用宗教家对上帝的心理对待儿童,便能帮助社会训练许多人才出来。这可算得满了教育的本分,也就是教育家的修养。我的热心同着信仰心,多在这里面。

[美]杜威:《杜威在华教育讲演》,教育科学出版社 2007 年版,第 420 页。

只有教育改革家才感到需要教育哲学

我想,只要稍微有一点教育史的知识,就足可证明,只有教育改革家和革新者才感到需要教育哲学。那些墨守成规的人只是需要一点点动听的话语来为现存的实践作辩解。

[美]杜威:《杜威教育文集》第 5 卷,人民教育出版社 2008 年版,第 319 页。

所有的哲学家自然都会是教育家

每一个哲学思想体系都蕴含着特定的教育意义。每个哲学家都按照自己的方式定义人的本质和人类命运,他们自然也就对教育目的和方法等教育问题具有不同的结论。只有少数哲学家试图撇清与教育的关系,解释他们的哲学理论与教育理论及其可能产生的结果没有必然联系,但是,所有的哲学家——不管是否符合他们的意愿——都是教育家。笛卡尔就是这样的教育家。

……(洛克)在成为一名颇有成就的哲学家之后毫不费力地成为教育界的权威。

[法]加布里埃尔·孔佩雷著,张瑜、王强译:《教育学史》,山东教育出版社 2013 年版,第 142—143、147 页。

教育家必须于懂得教育之外同时明白社会问题

在中国，讲到教育家，一般人的意识中以为是他对于教育也和无线电工程师对于无线电工程一般，只要能懂得建造广播电台或装置无线电收音机的工作方法，便可加以专家的称号。但教育的对象，到底不是无机物的物料，而是活泼泼的人，同时活泼泼的人，又是由社会孕育而来。这是说，个人的动机虽然是生物中的物质，但他的意识与思想，则绝对离不开社会；也就是说，教育是社会演进的一种功能，绝不能离开社会而存在，教育家要施教育也必须于懂得教育之外，同时要明白社会各方面的问题。

舒新城：《舒新城教育论著选》下册，人民教育出版社，第 977 页。

相信孩子的教师才不愧为真正的教育家

相信人——这是一种巨大的精神力量，其中包含着我们这个社会人与人之间关系的真谛。在学校里，每位教师都应该随时随地把这种信念充分表现出来。教师只有把自己的每一个学生都看成是未来的人，他才不愧为一个真正的教育家。

[苏联]苏霍姆林斯基：《苏霍姆林斯基选集》第 5 卷，教育科学出版社 2001 年版，第 162 页。

教育家能使那些落后的孩子享受到高尚人的快乐

教育家的真正意义是使那些低能、落后的孩子不感到自己是个不够格的，且帮助他们能享受到高尚人的快乐、求知的快乐、智力劳动的快乐、创造的快乐。

[苏联]苏霍姆林斯基：《家长教育学》，中国妇女出版社 1982 年版，第 77 页。

教育先驱者：富于幻想和奉献精神

教育思想的发展与教育实践水平的提高都是构成社会有机整体的不可或缺的要素，而且它们还作为解释自身发展的部分动因而存在。这二者的发展绝不是偶然的事情，都是无数富于幻想和奉献精神的人们用他们的热情和牺牲换来的。不管他们是男人还是女人，是贫穷还是富裕，是出身高贵还是地位卑微，他们都值得后人尊敬和学习。这些教育先驱者中绝大多数人都默默无闻地生活着，甚至连他们的死亡也不会引起多少人的关注。他们的一生都无私地奉献给了其所在的社区或者社区周围的孩子们的教育事业。……

教育先驱者施教的动机不仅来自他们对学习的热爱，更重要的是来自他们对生活在特定社区里、特定儿童群体中以及在特定历史条件下的孩子们所表现出的人性的热爱。

当然，并不是所有推动教育发展的先驱者们都已被历史遗忘。许多教育家的名字像灯塔一样照亮了漫长的启蒙运动之征程。且不管那些教育家的动机是精神的、政治的、文化的、人本主义的，还是综合了以上几种动机或全部的动机，他们都创造了新事物，他们都提出了新思想，这些新思想可能改变同代人以及子孙后代的世界观和价值观，他们认识到了教育青年人的重要性，实际上他们还承揽了挑战无知的具体任务。

［爱尔兰］弗兰克·M.弗拉纳根著，卢立涛、安传达译：《最伟大的教育家：从苏格拉底到杜威》，华东师范大学出版社2009年版，第2页。

教育家是追求教育真理、突破体制障碍的勇者

许多人说，现在是一个没有教育家的时代，甚至有人断言，陶行知是到目前为止中国最后一位教育家。诚然，我们不得不承认，现在是一个难以产生教育家的时代。应试教育大行其道，不仅让孩子们远离了童话与传奇，广大教师也丧失了生活的从容与诗意。全体教育人都被困守在应试教育的堡垒里，要从里面冲出来并不容易。

纵观历史，教育家大都是从对体制障碍的突破中产生出来的。一方面，体制的障碍影响了教育家的产生，但是没有对体制障碍的突破，又很难成就教育家。这看起来是一个悖论，却又不足为怪。教育家和一般教育人的区别就在于，他们都会选择冲破障碍，因为他们都是追求真理、追寻理想的教育勇者。

……

仁者加智者，勇者就脱颖而出。在勇者的世界里，只有理想，没有他想；只有事业，没有副业；只有学生，没有自己；只有坚持，没有放弃；只有前进，没有后退。勇者总是循着自己的理想，在路上跋涉，不达目标，不会让眼泪开花。这就是勇者的精神，勇者就是行者。

孙光友：《教育家是追求教育真理的勇者》，《中国教师报》2015年4月29日第13版。

教育家首先是思想家

苏霍姆林斯基说过一句经典之语："校长领导学校首先是教育思想的领导，其次才是行政的领导。"他道出的也正是教育思想对于教育管理者的重要性，而对于未来教育家的专业成长来说，是否具有深刻而鲜明的教育思想也尤为重要。……

打个不一定恰当的比喻：思想应该成为教育家成长所需营养元素中的"钙"，使众多教育人在向"家"的华丽转身过程中，因"钙"的充足而筋骨强健，在专业成长之路上走得更好。

孟祥杰：《教育家首先是思想家》，《中国教育报》2016年11月9日第2版。

教育家要"我行我素"

现在有一个通病，就是谁都强调"大气候不好""大环境不好"，把问题都归咎于"大气候"与"大环境"，孰不知我们每所大学、每个院系本身也是环境的一部分、气候的一部分。大家把自己的事情努力做好，就会逐步改变大环境，形成良好的气候。……所以我认为大学校长应当懂教育、有决断、能担当。我们应该做什么？能够做什么？对"应为"与"可为"都很明白，看准了就要做起来，不能仅仅流于"坐而论道"，更重要更有意义的是"起而行之"。

中国教育的问题较多、差异较大，如果想要做到四平八稳、众口一词，那往往什么也干不成。看准了就做，教育家们有时还需要"我行无素"，敢于负责，敢于坚持。我们的改革与发展，既要尊重人民群众的首创精神，也要注重大学校长的勇气和胆识，还有各级教育行政主管部门的勇气和胆识。……

教育家要"我行我素"，但一定要坚持原则。媒体和社会要宽容，要给予教育家们探索的可能和尝试的空间。

龚放：《教育家要"我行我素"》，《中国社会科学报》2010年4月6日第5版。

选编后记

20 世纪末，我尝试将教育家作为全体、整体、“类”进行研究时，面临参考文献匮乏的困境。当时学界的研究多集中于教育家个体，关于教育家全体的研究成果极为罕见。广为搜索，终于在林崇德主编的《师德通览》中发现了梁启超的《中国教育之前途与教育家之自觉》(节选)一文，以直觉判断，这极有可能是最早的一篇泛论教育家的文章，我自然盼望读到全文，于是根据《师德通览》提供的出处，到南京图书馆找到梁启超的《饮冰室合集》(中华书局 1989 年版)，然而，在此版本和 1936 年版本中，以及在 2013 年北京出版社出版的 1400 万字《梁启超全集》中，均未找到这篇文章。无奈之中，我只能直接请教《师德通览》的主编。几经周折，《师德通览》的副主编、北京师范大学郭齐家教授来电致歉：他的学生在协助编辑时出了点差错，现已查明，此文并未收入《饮冰室合集》和《梁启超全集》，它最初发表于《教育公报》第 4 年第 2 期(1917 年 1 月)，题为《梁任公莅教育部演词》，后来由舒新城编入《中国近代教育史资料》(人民教育出版社 1981 年版)并改为现在的题目。按照郭教授提供的准确线索，我终于找到了这篇寻觅多日的文章。

上述过程说起来仅需一两分钟，实际上花费了我半个多月工夫。我在走马观花地领略梁任公文采的同时不由得感叹：“千军易得，一将难求！”即使在高度信息化的今天，想读到某篇适切的杰作未必都很容易。由此想到，将我近 20 年来搜集到的论述教育家的一大堆文章精心筛选，与更多读者分享作者们的真知灼见，岂非善事？于是自去年起，我在中国知网内外继续搜寻文题中含“教育家”的所有著作，上自军事教育家蒋百里于光绪二十八年(1902 年)出版的《教育家言》一书，下至 2018 年 3 月发表的《尼采的“教育家”镜像及其价值》一文，从中精心筛选，编成本书。少数文章看似未直接论述“教育家”，而实质内容则与“教育家”密切相关。这些精选出来的文章，有的已成了经典，有的将成为经典，均具较高的研读价值。

当前，关于“教育家”的讨论亟需获得高品位的理论指导和精神营养，这些文章可谓时雨春风！诚然，各篇作者的社会背景、论述视角、理论观点、表述方式各不相同，有些观点与论证可能会引发异议、争议，但选编者相信，这些各成其说的著述一定能为读者提供宽广视野与深刻启示，进而引发关于“教育家”的新一波热议，引发更深层次的理性思考和更为清醒的实践选择，此乃本书的最高宗旨与殷切期待。

本书的构想最早获得江苏教育出版社金玲社长的肯定与支持，选编者在此深表感谢！陈宗海、万思两位编辑具体负责本书的出版及与诸作者保持联系等事宜，不辞辛劳；诸位作者慨然应允大作入选本书，使更多读者分享他们的思想，也让我结交了好几位新朋友，我在此一并致谢！不无遗憾的是：因容量限制，本书只能对一些观点独到深刻的佳作做摘要转发（读者可根据线索寻读全文）；还有一些佳作在初选入围后，最终亦因篇幅限制而忍痛割爱，在此谨向原作者致以深深的歉意！

孙孔懿

2018 年 6 月 18 日